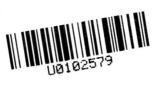

“十一五”国家重点图书出版规划项目
北京市社会科学理论著作出版基金重点资助项目

启功全集

（修 订 版）

第十九卷

签
匾
联

北京师范大学出版集团
BEIJING NORMAL UNIVERSITY PUBLISHING GROUP
北京师范大学出版社

图书在版编目（CIP）数据

启功全集（修订版）. 第19卷，签、匾、联 / 启功著. —北京：北京师范大学出版社，2012.9

ISBN 978-7-303-14712-0

Ⅰ. ①启… Ⅱ. ①启… Ⅲ. ①启功（1912—2005）—文集 ②汉字—法书—作品集—中国—现代 ③中国画—作品集—中国—现代 Ⅳ. ①C53 ②J222.7

中国版本图书馆CIP数据核字（2012）第180961号

营销中心电话 010-58802181 58805532
北师大出版社高等教育分社网 http://gaojiao.bnup.com.cn
电子信箱 beishida168@126.com

QIGONG QUANJI

出版发行：北京师范大学出版社 www.bnup.com.cn
北京新街口外大街19号
邮政编码：100875
印　　刷：北京盛通印刷股份有限公司
经　　销：全国新华书店
开　　本：170 mm × 260 mm
印　　张：372.5
字　　数：5021千字
版　　次：2012年9月第1版
印　　次：2012年9月第1次印刷
总 定 价：2680.00元（全二十卷）

策划编辑：李　强　　责任编辑：李　强
美术编辑：毛　佳　　装帧设计：李　强
责任校对：李　菡　　责任印制：李　啸

启功先生像

目 录

箴

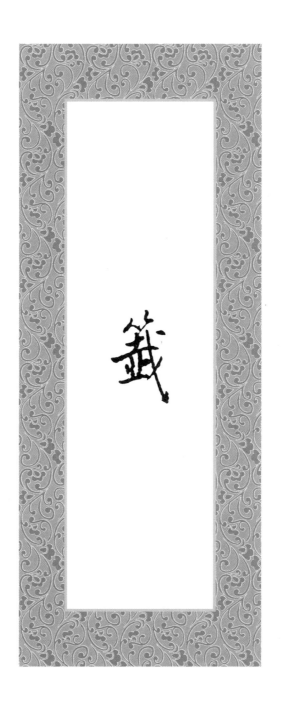

3

签

舊五代史輯本發覆三卷
千頃堂書目
己卯八月
元白題

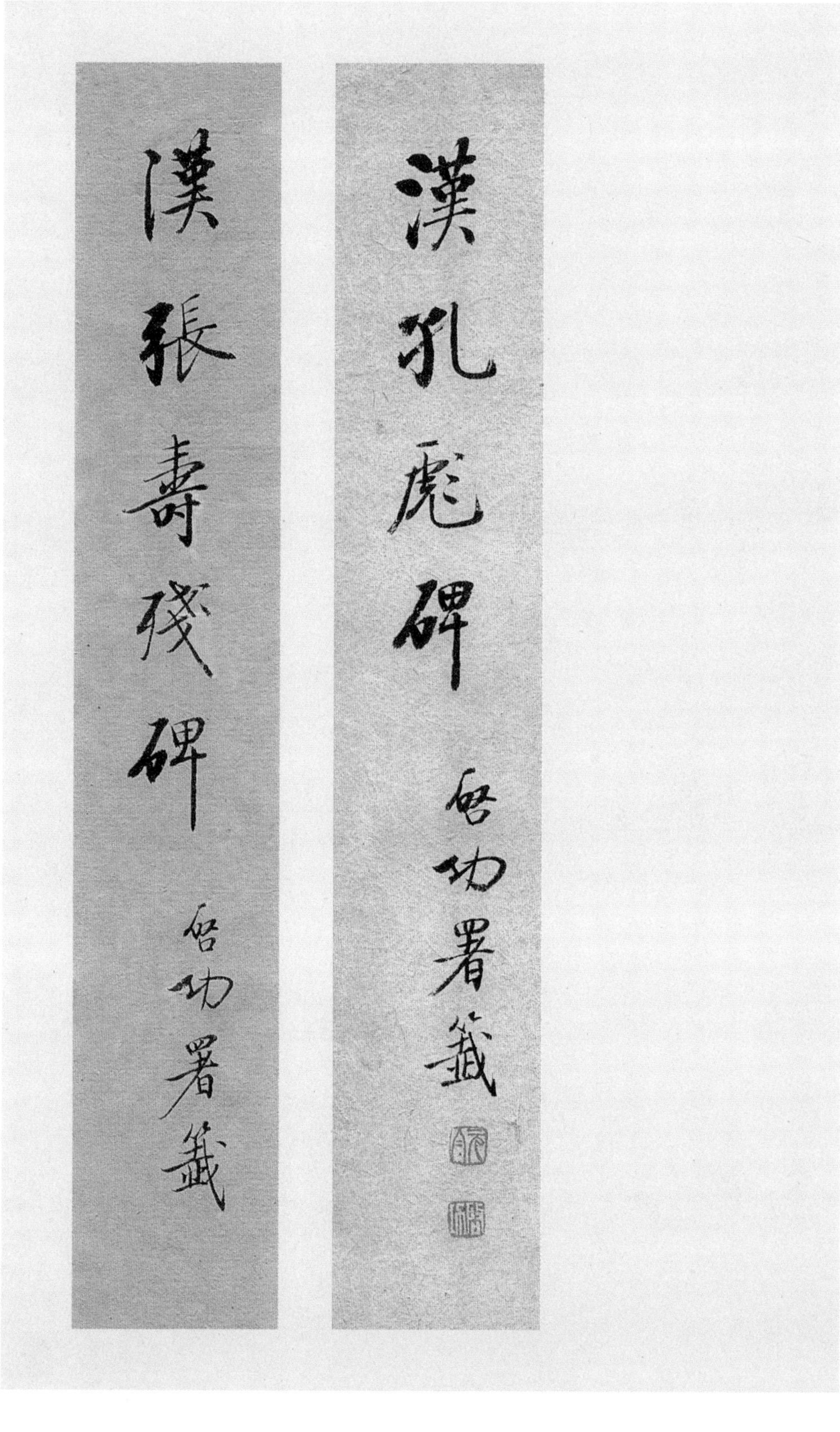
漢孔彪碑
啓功署籤
漢張壽殘碑
啓功署籤

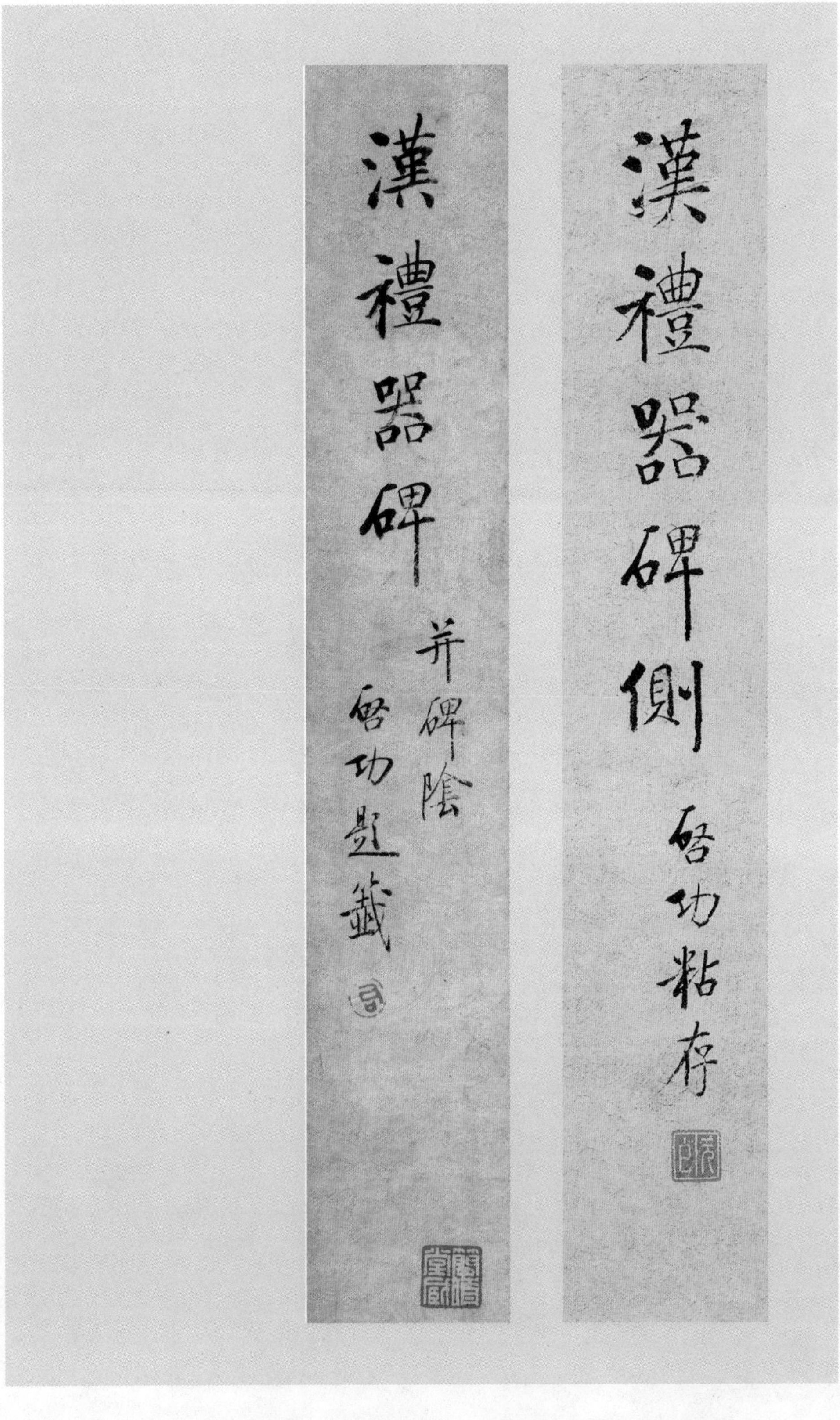
漢禮器碑側
啓功粘存
漢禮器碑
并碑陰
啓功題籤

漢史晨碑
啓功題籤
漢石門頌
啓功題籤

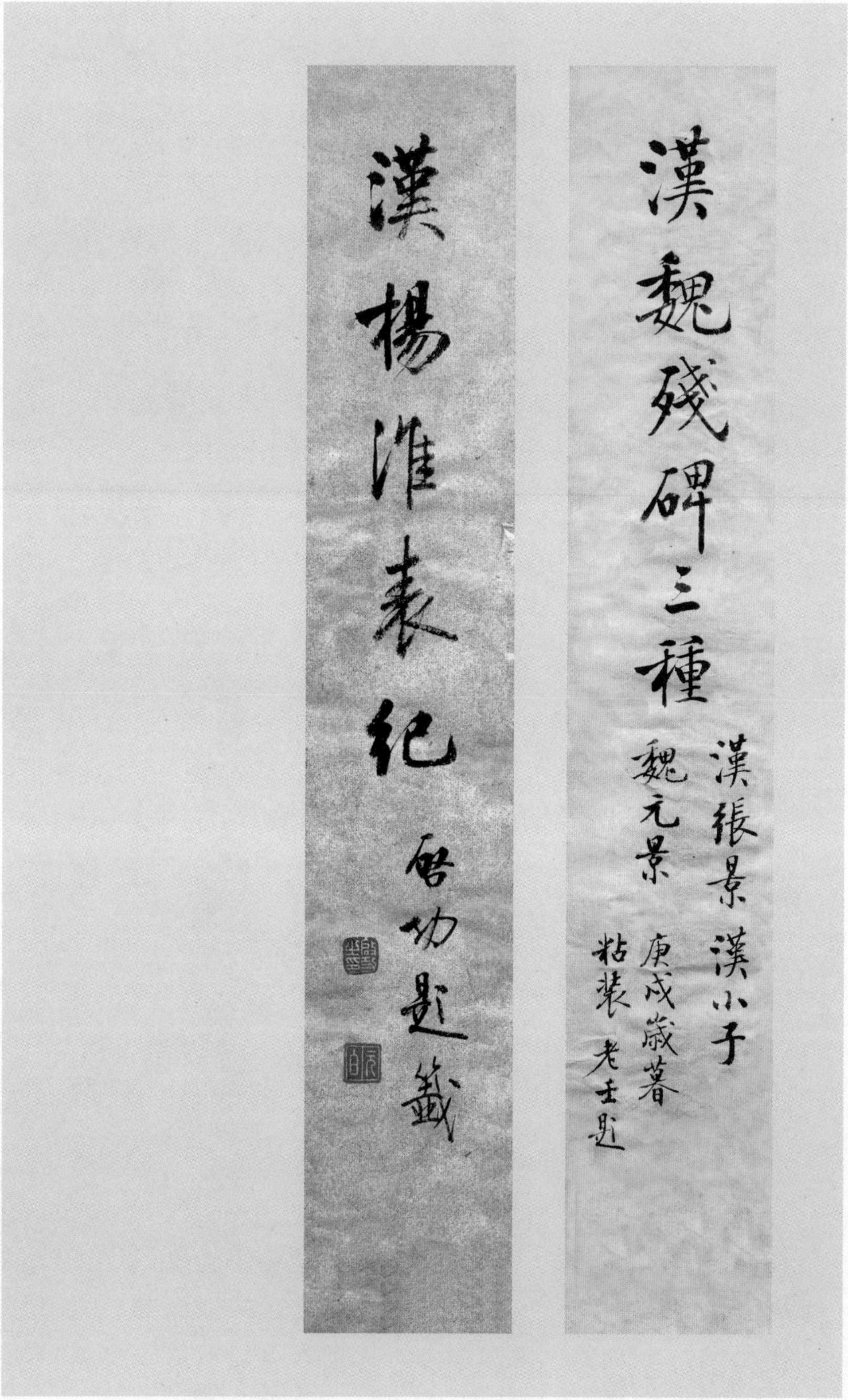
漢魏殘碑三種
漢張景 漢小子
魏元景
庚戌歲暮
粘裝 老壬題
漢楊淮表紀
啓功題籤

漢啓母少室太室石闕銘
啓功題籤
漢司隸校尉魯峻碑
啓功題籤
漢熹平石經殘石
啓功題籤

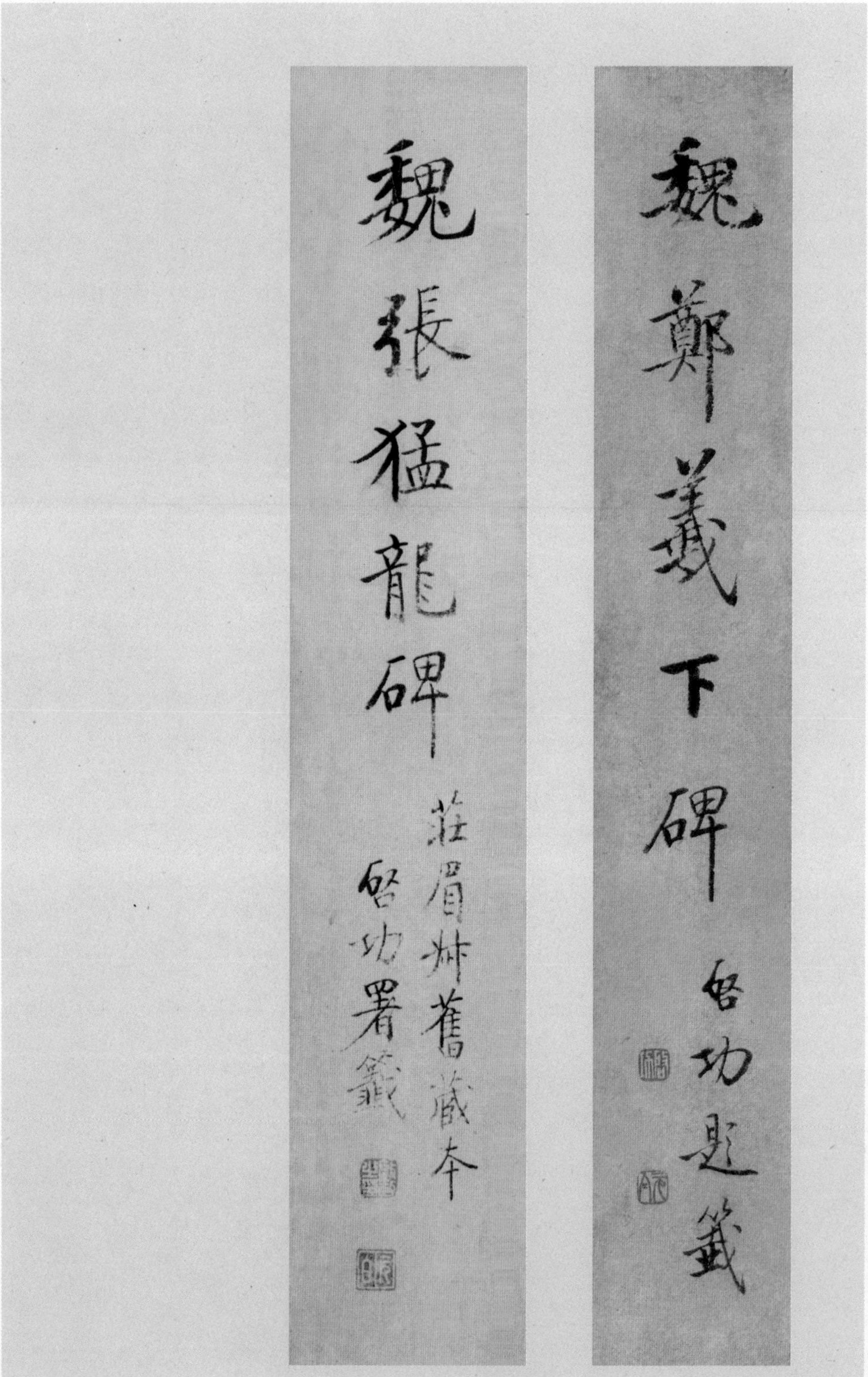
魏鄭羲下碑
啓功題籤
魏張猛龍碑
啓功署籤

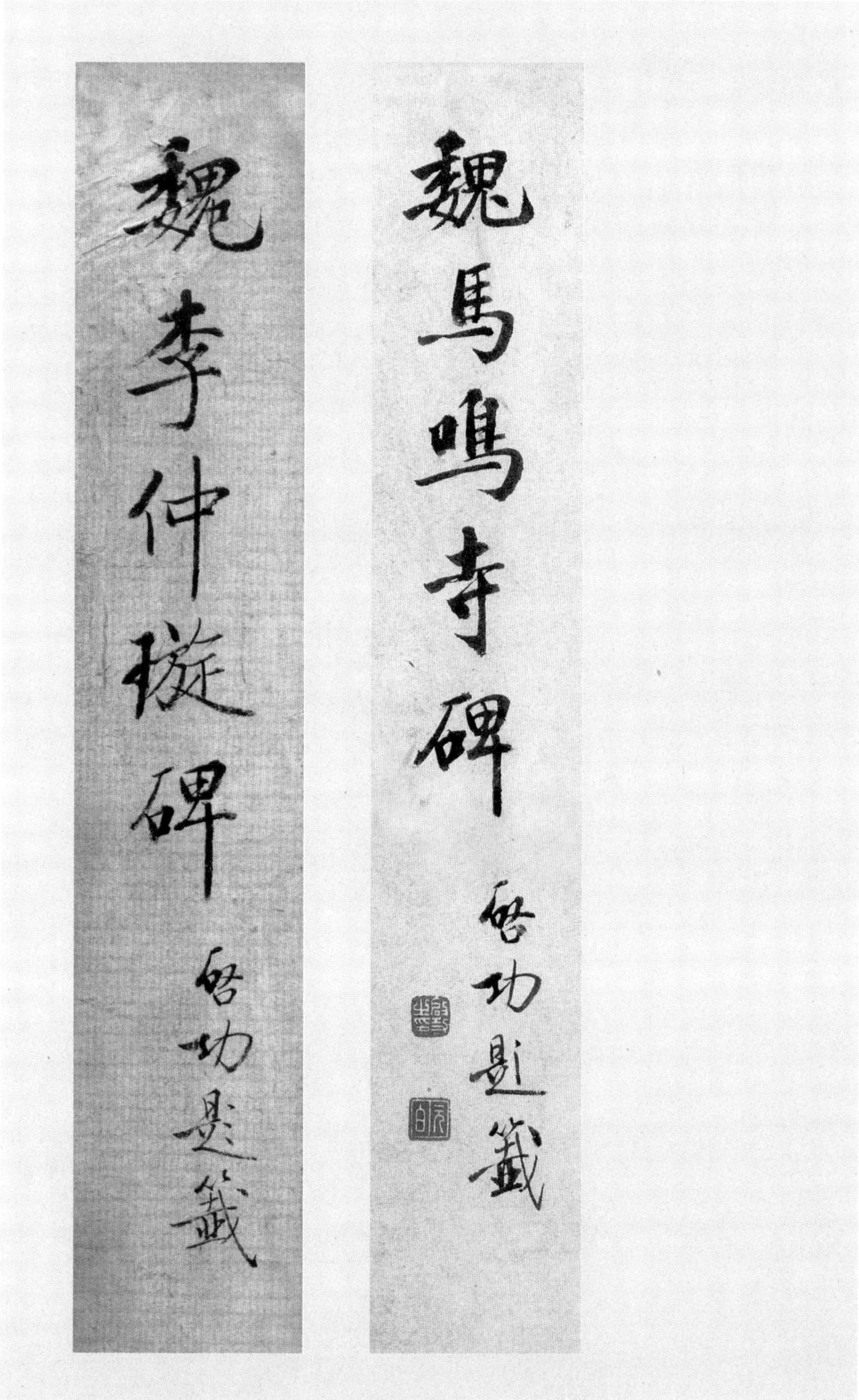
魏馬鳴寺碑
啓功題籤
魏李仲璇碑
啓功題籤

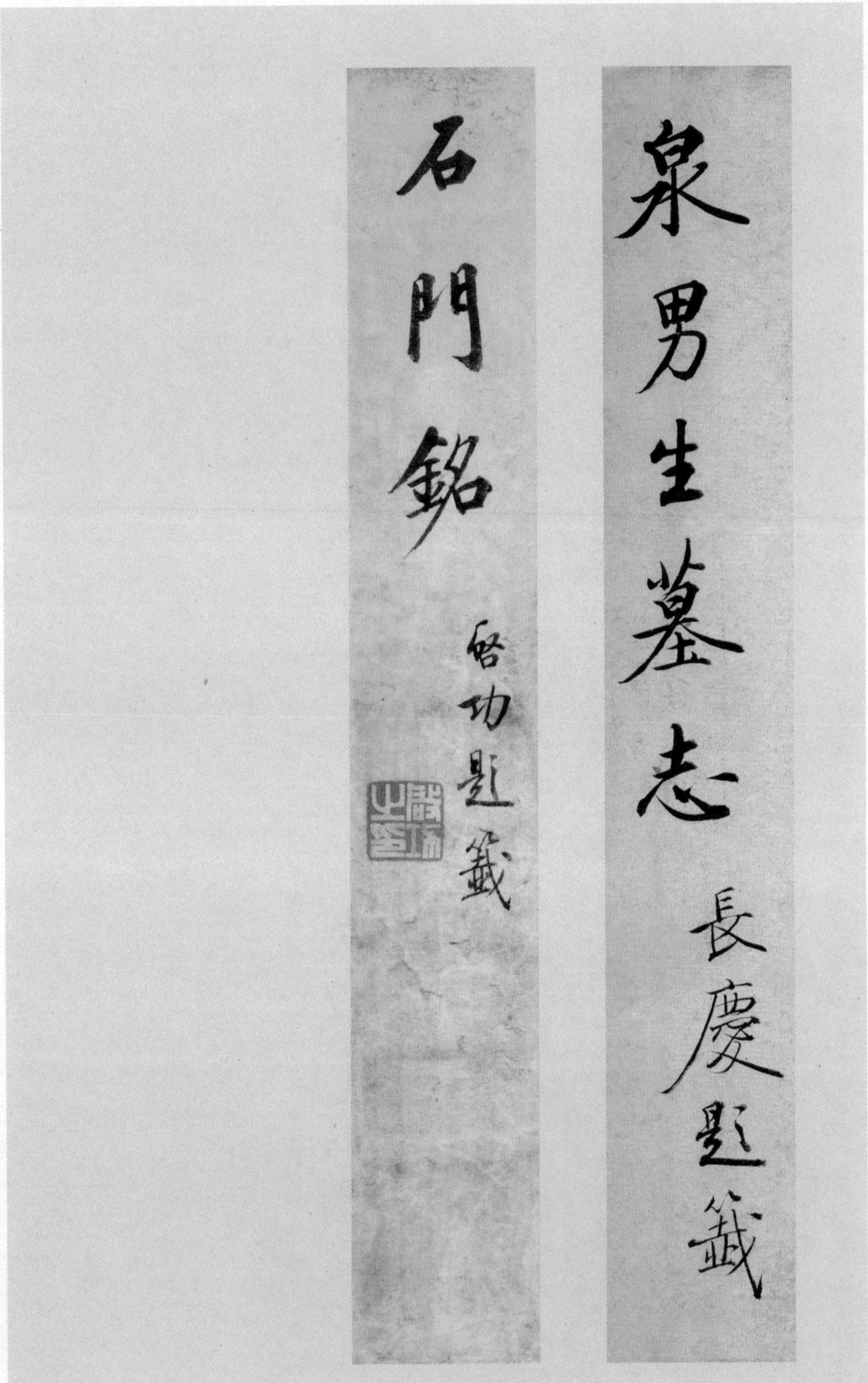
泉男生墓志
長慶題籤
石門銘
啓功題籤

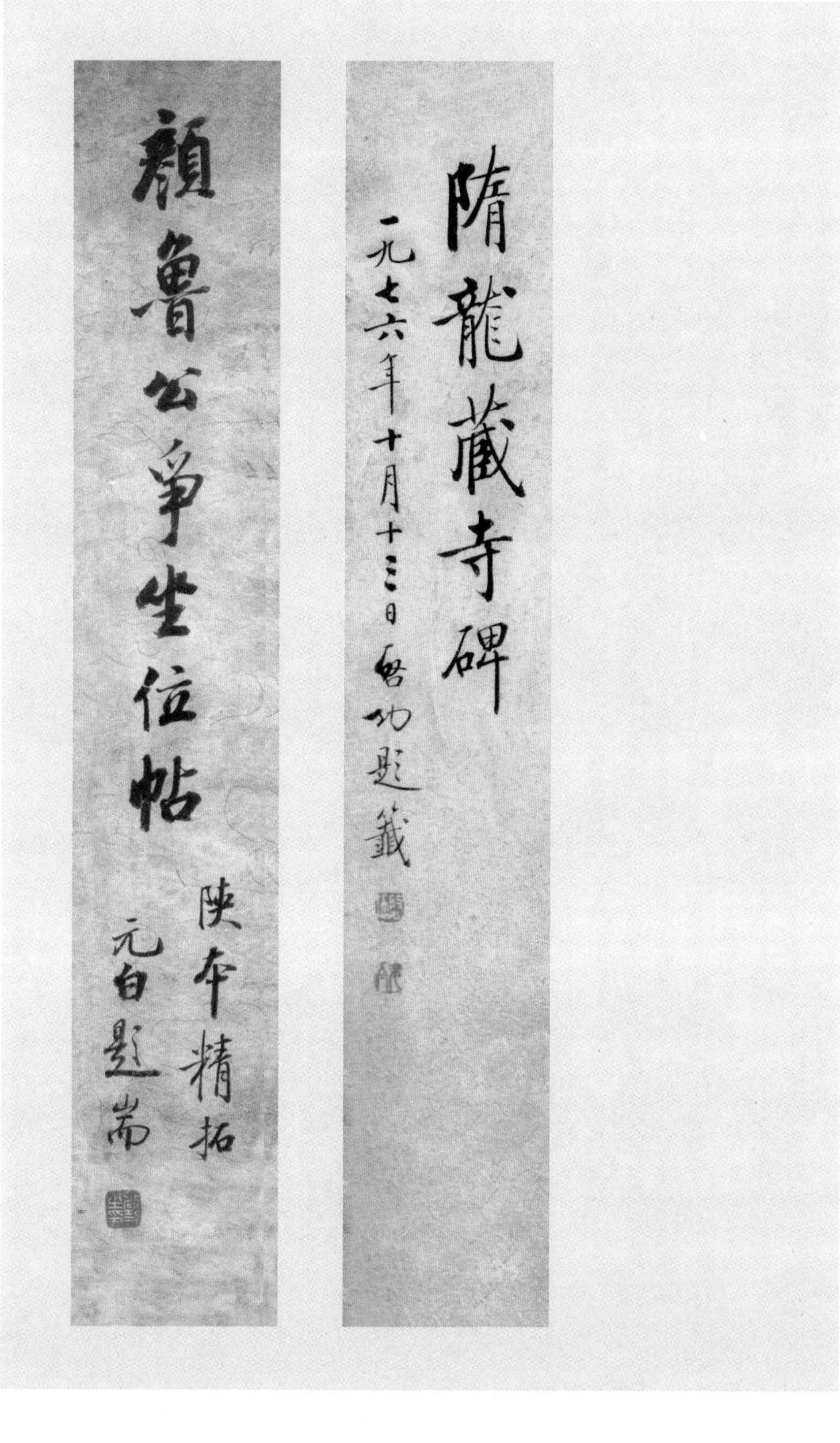
隋龍藏寺碑
一九七六年十月十三日啟功題籤
顏魯公爭坐位帖
陝本精拓
元白題耑

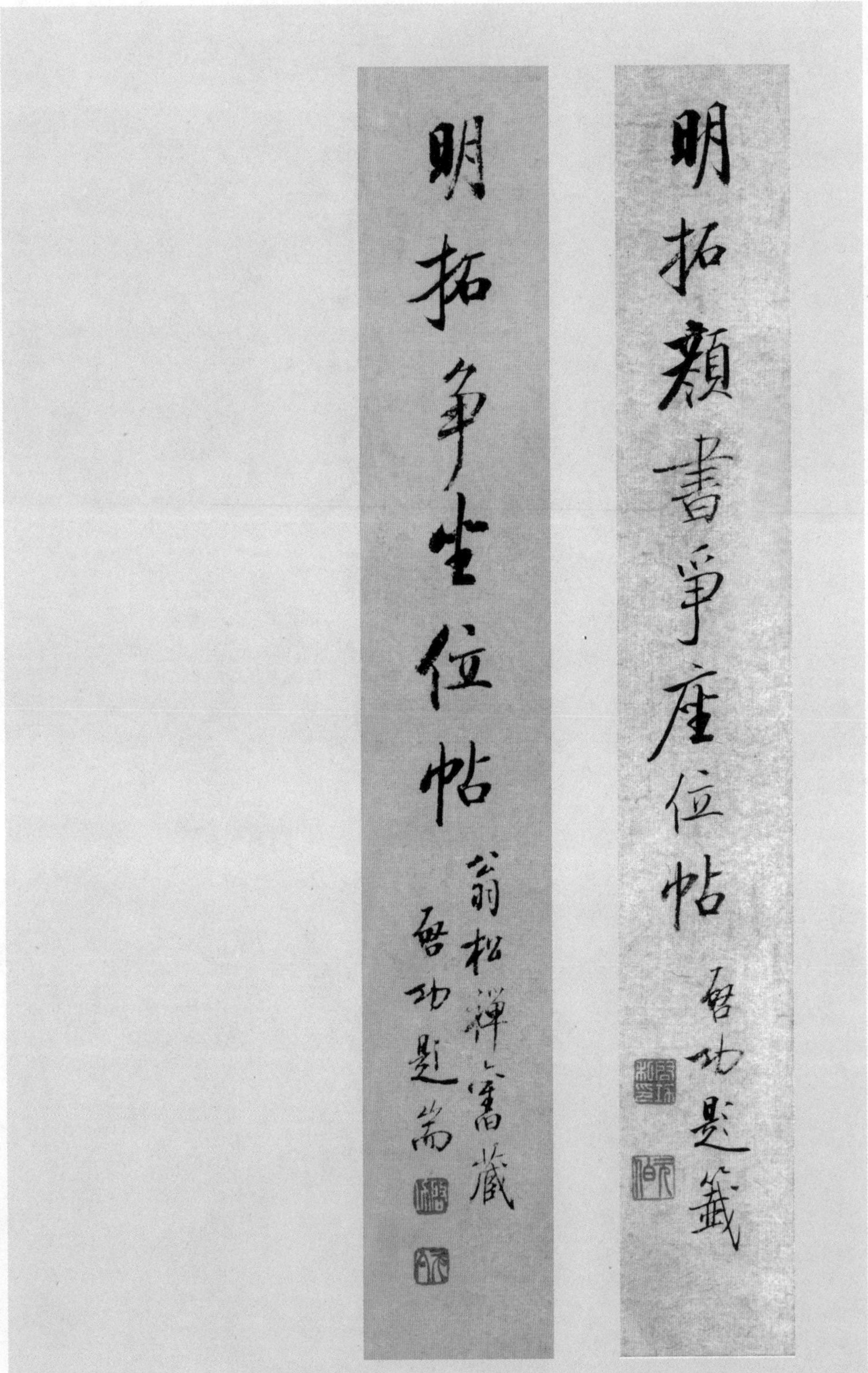
明拓顏書爭座位帖
啓功題籤
明拓爭坐位帖
啓功題耑

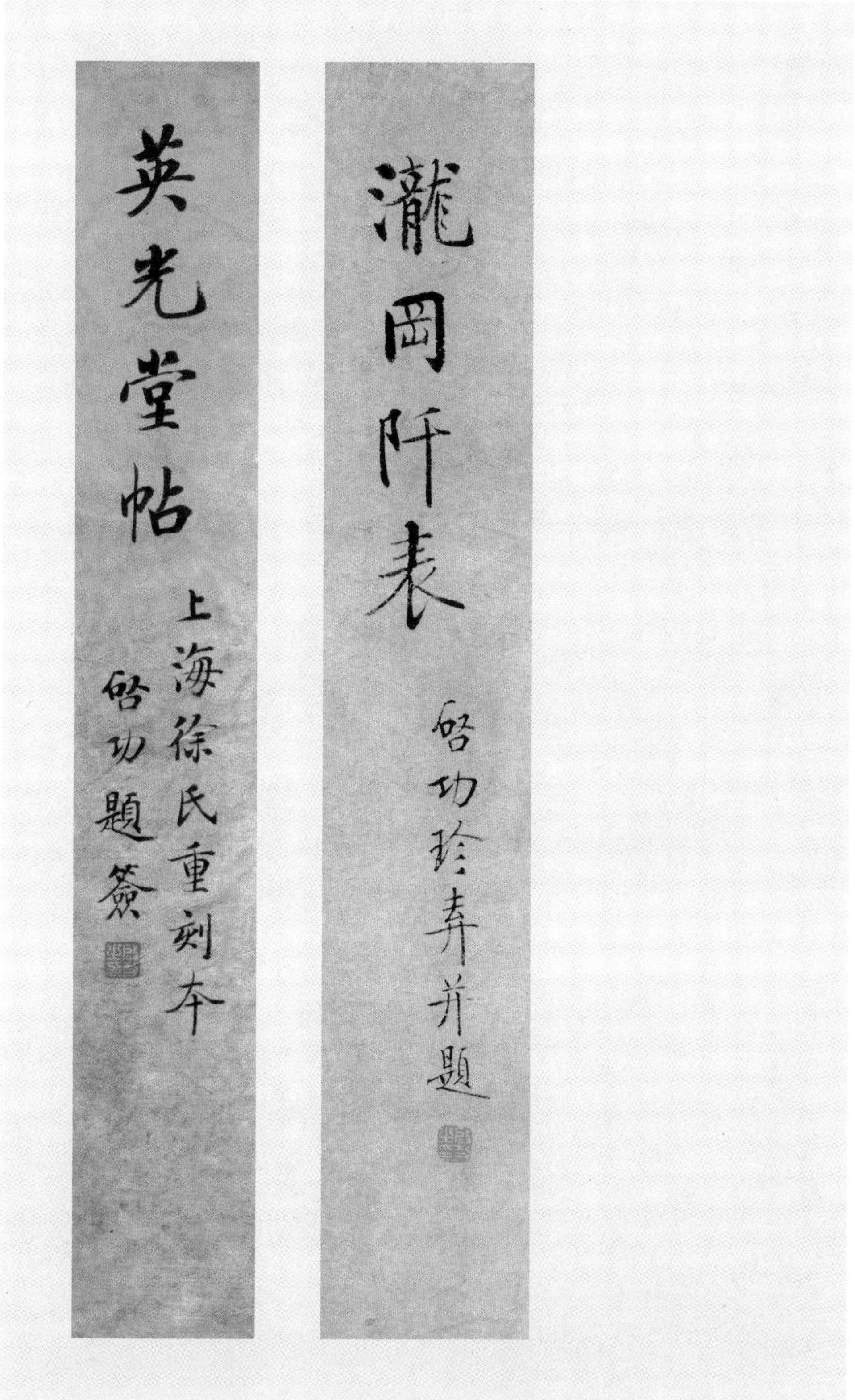
瀧岡阡表
启功珍弆并题
英光堂帖
上海徐氏重刻本
启功题签

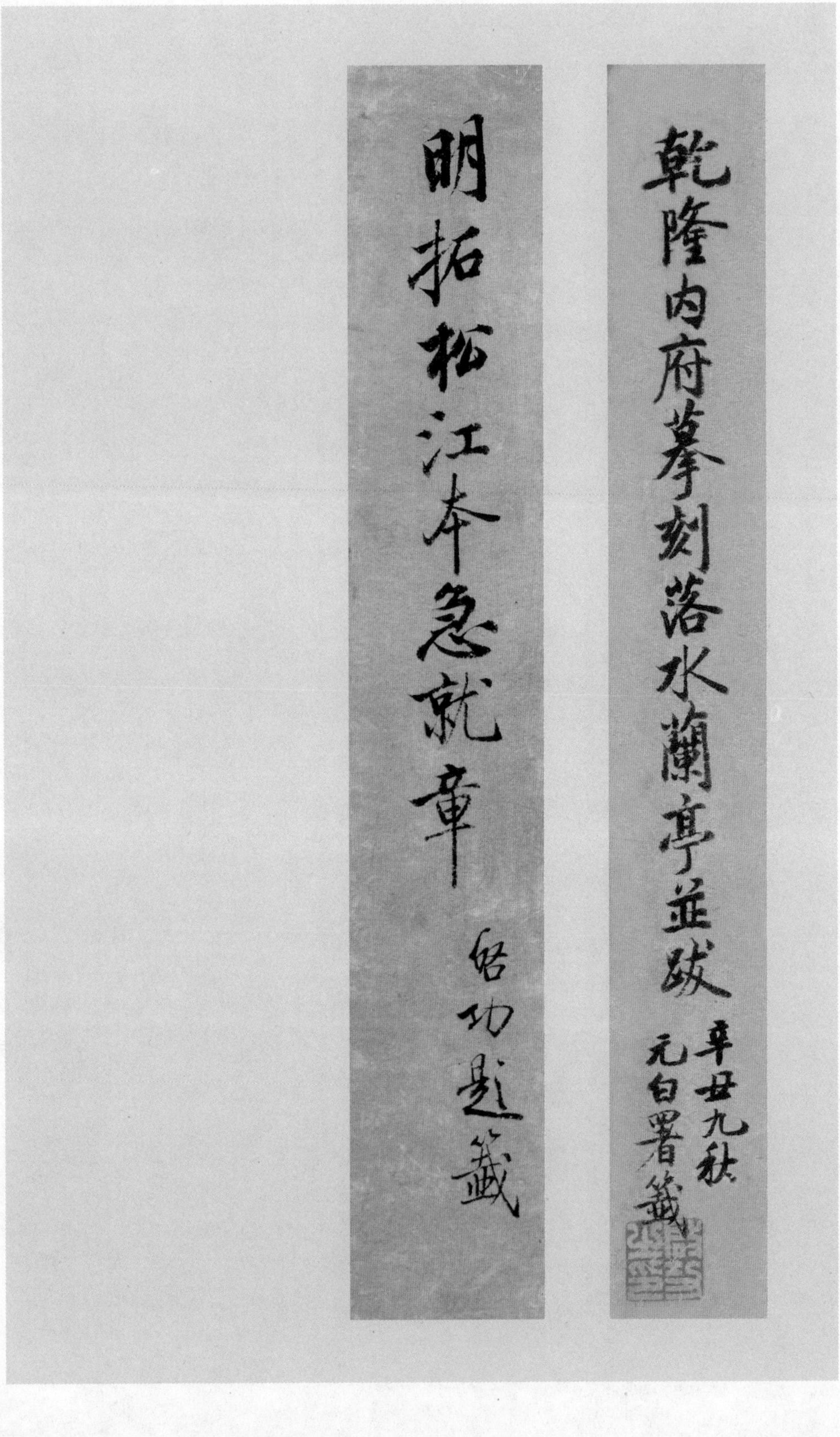
乾隆内府摹刻落水蘭亭並跋
辛丑九秋
元白署籤
明拓松江本急就章
啓功題籤

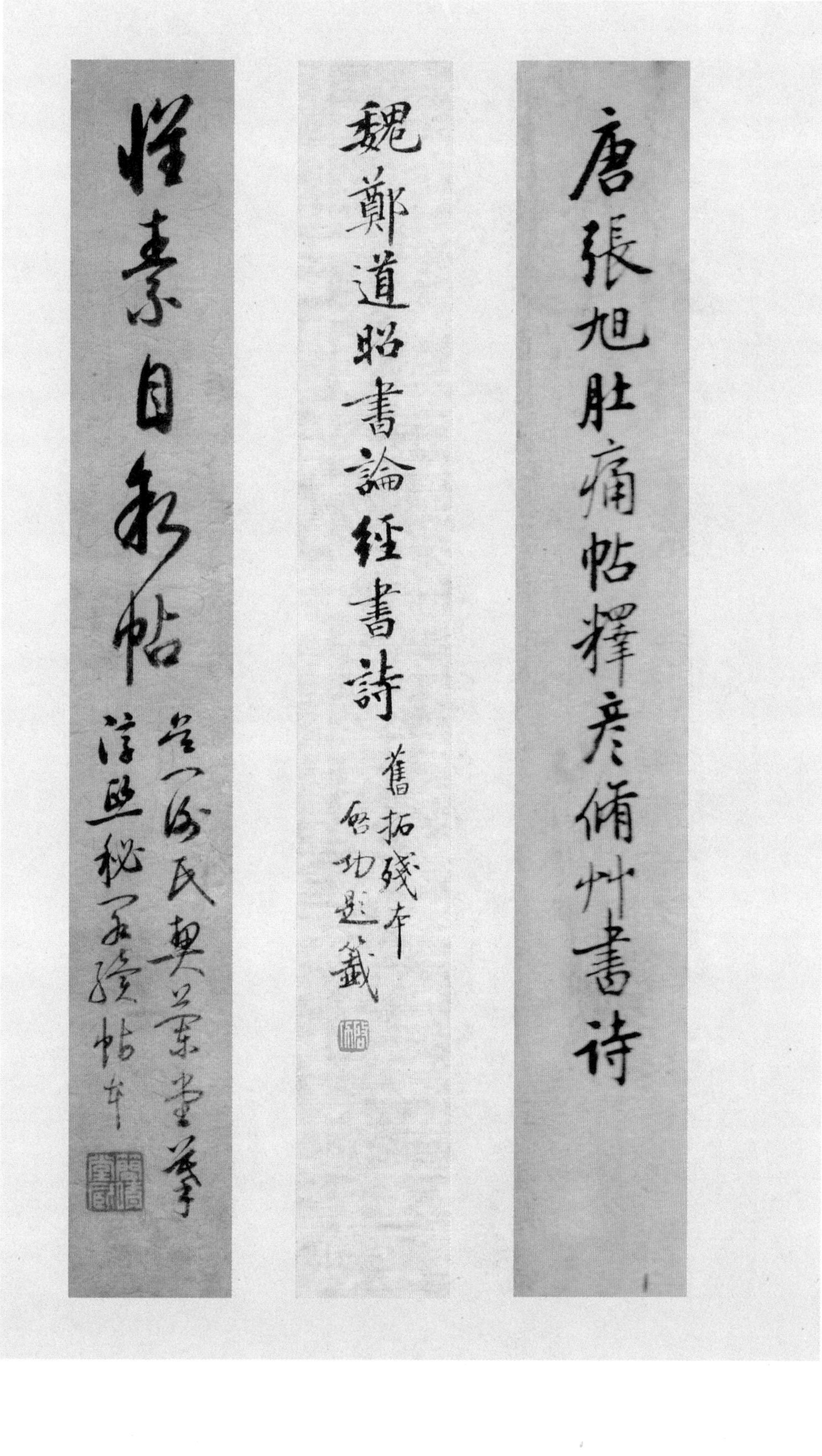
唐張旭肚痛帖釋文備草書詩
魏鄭道昭書論經書詩
舊拓殘本
啟功題籤
懷素自叙帖

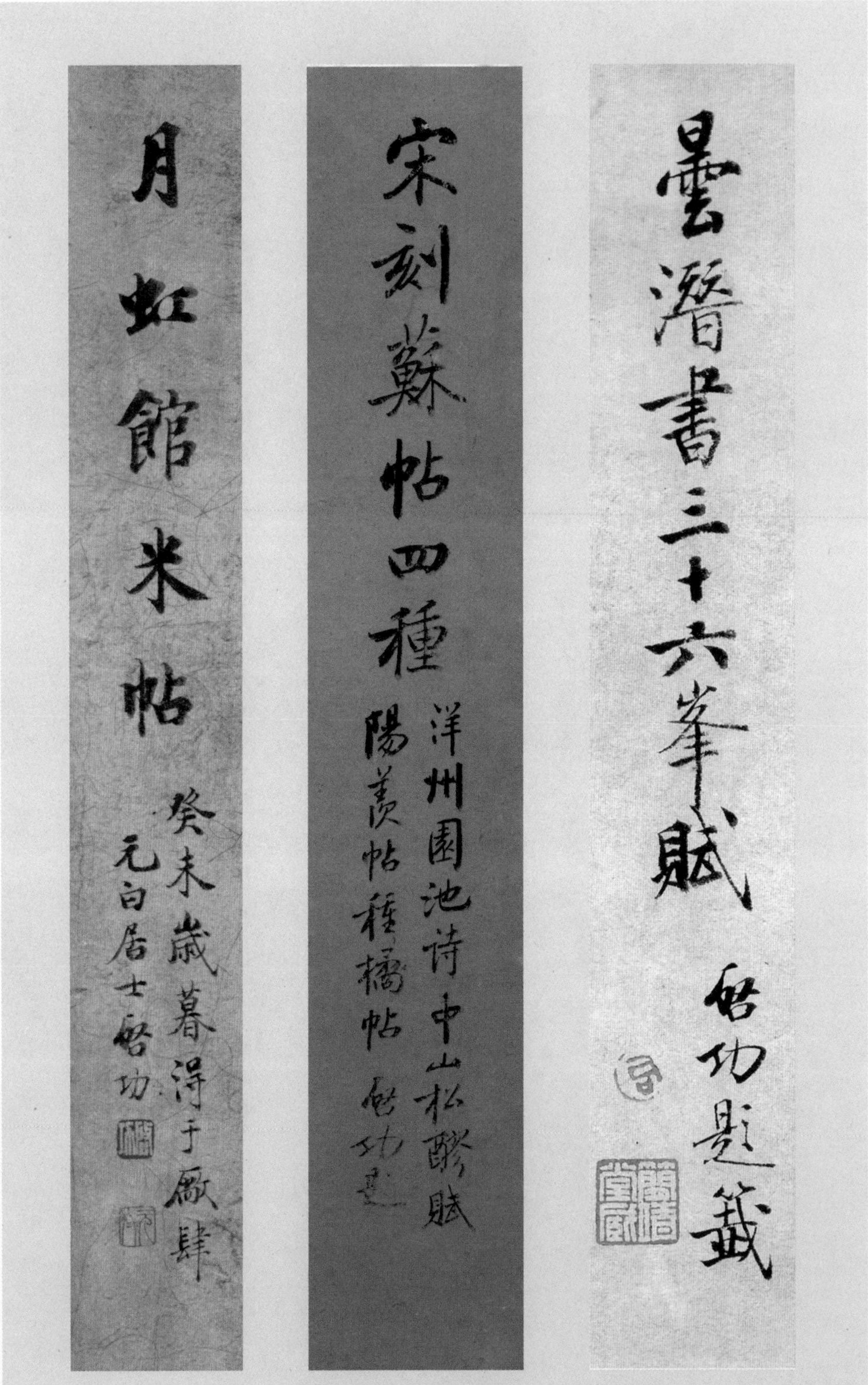
墨瀋書三十六峯賦
啓功題籤
宋刻蘇帖四種
洋州園池詩 中山松醪賦
陽羨帖 種橘帖 啓功題
月虹館米帖
癸未歲暮得于廠肆
元白居士啓功

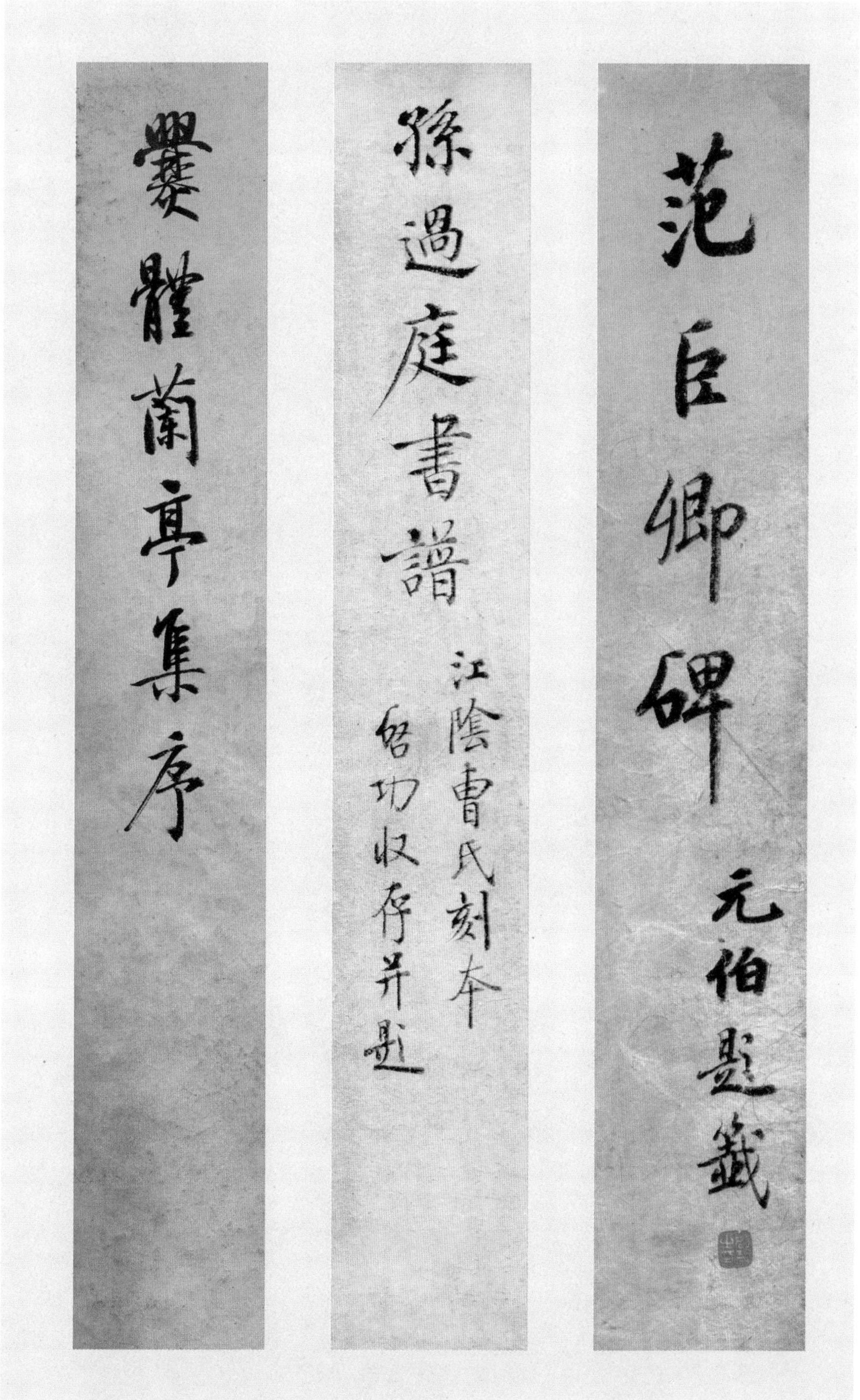
范臣卿碑
元伯題籤
孫過庭書譜
江陰曹氏刻本
啓功收存并題
體蘭亭集序

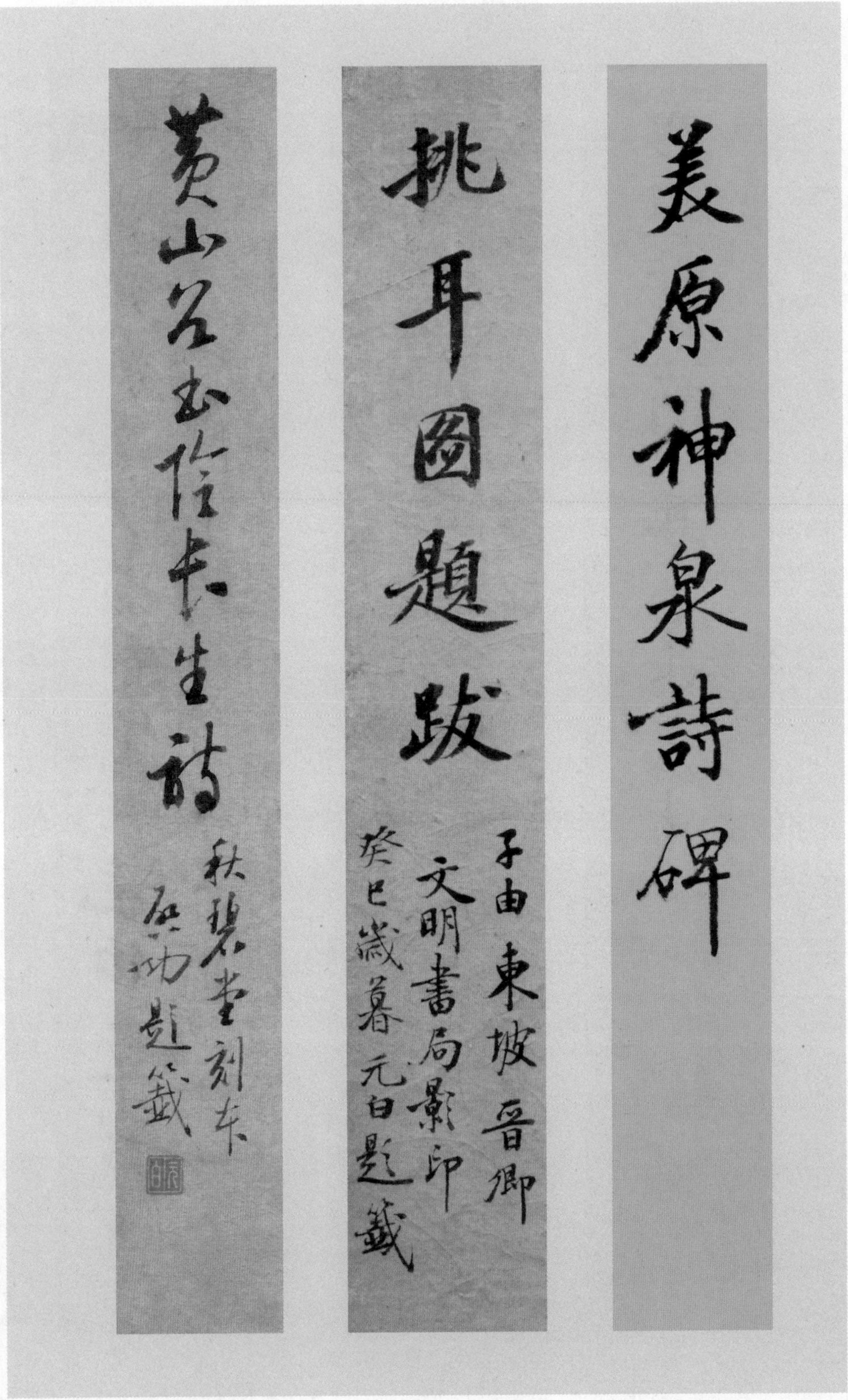
美原神泉詩碑
挑耳圖題跋
子由 東坡 晉卿
文明書局影印
癸巳歲暮元白題籤
黃山谷書陰長生詩
秋碧堂刻本
啟功題籤

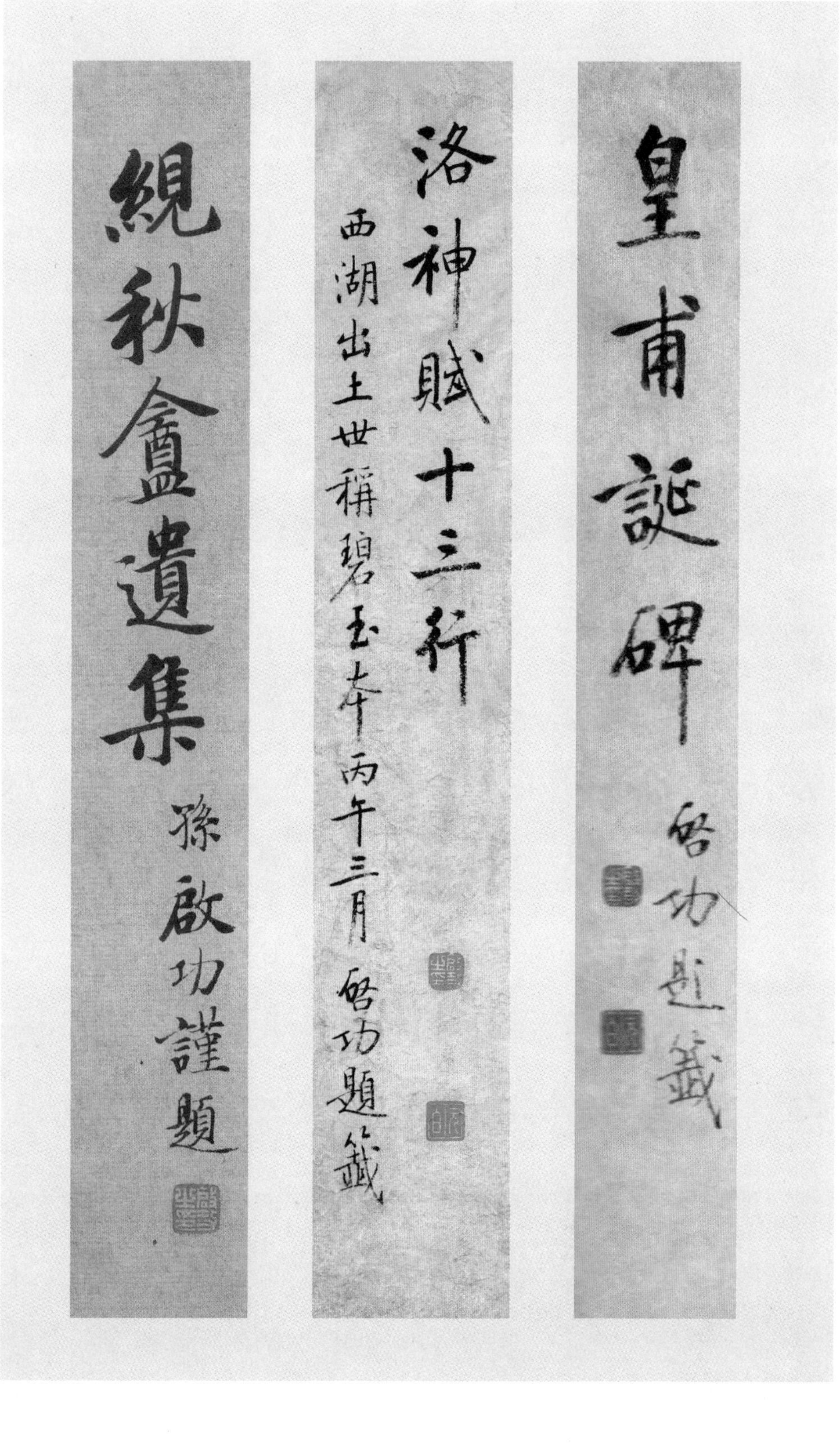
皇甫誕碑
啓功題識
洛神賦十三行
西湖出土世稱碧玉本丙午十三月
啓功題籤
絸秋盦遺集
孫啓功謹題

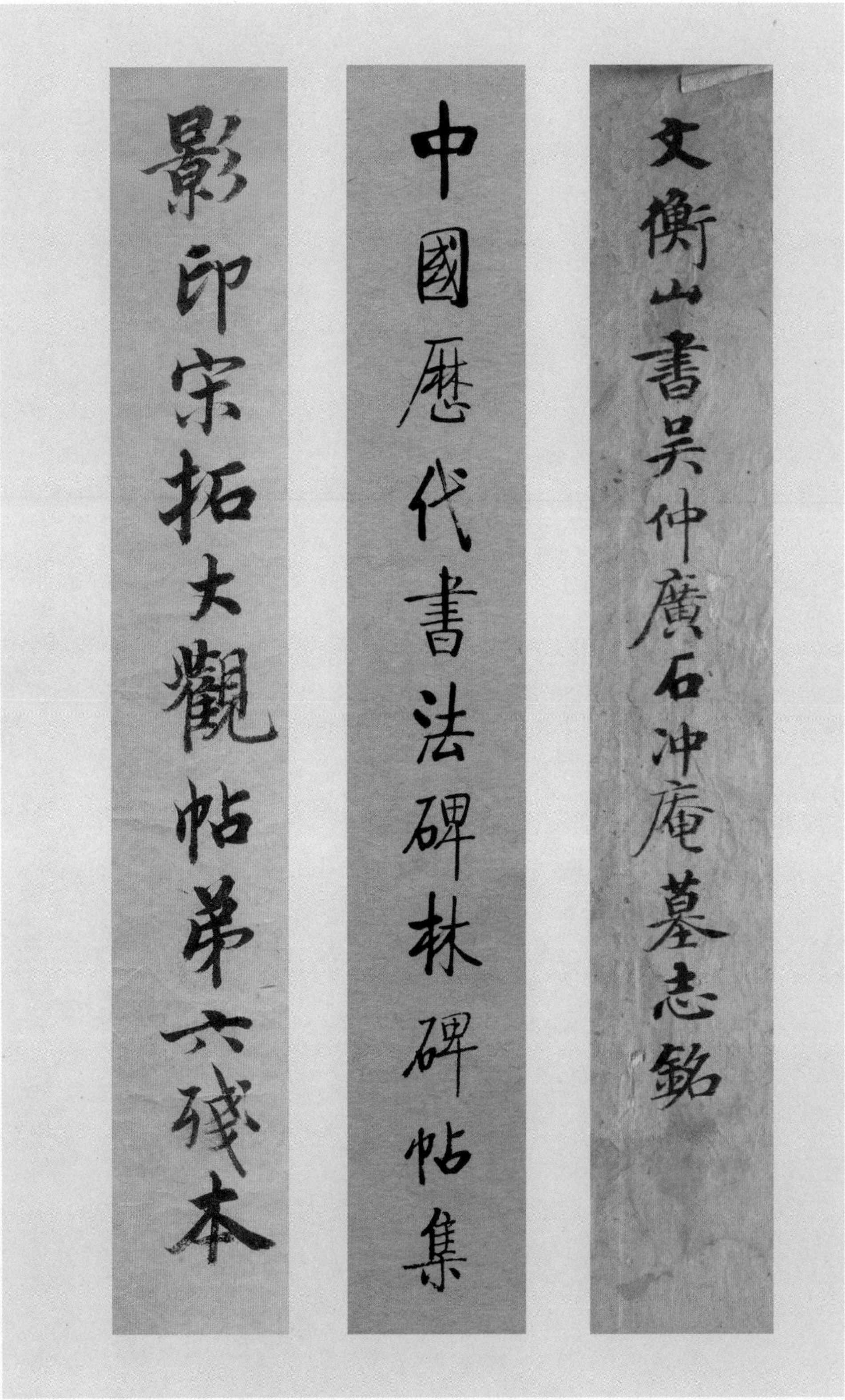
文衡山書吳仲廣石冲庵墓志銘
中國歷代書法碑林碑帖集
影印宋拓大觀帖第六殘本

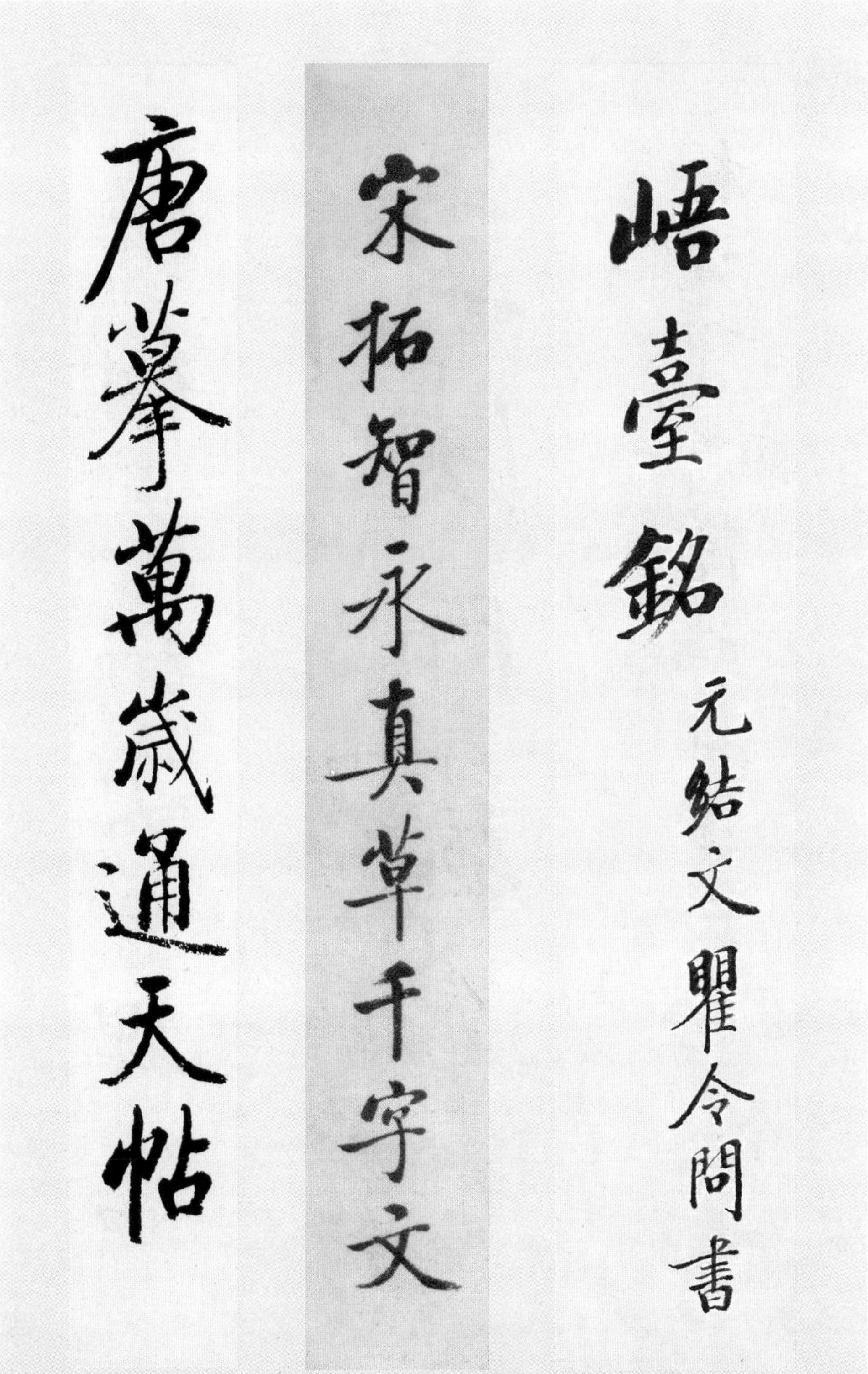
峿臺銘
元結文 瞿令問書
宋拓智永真草千字文
唐摹萬歲通天帖

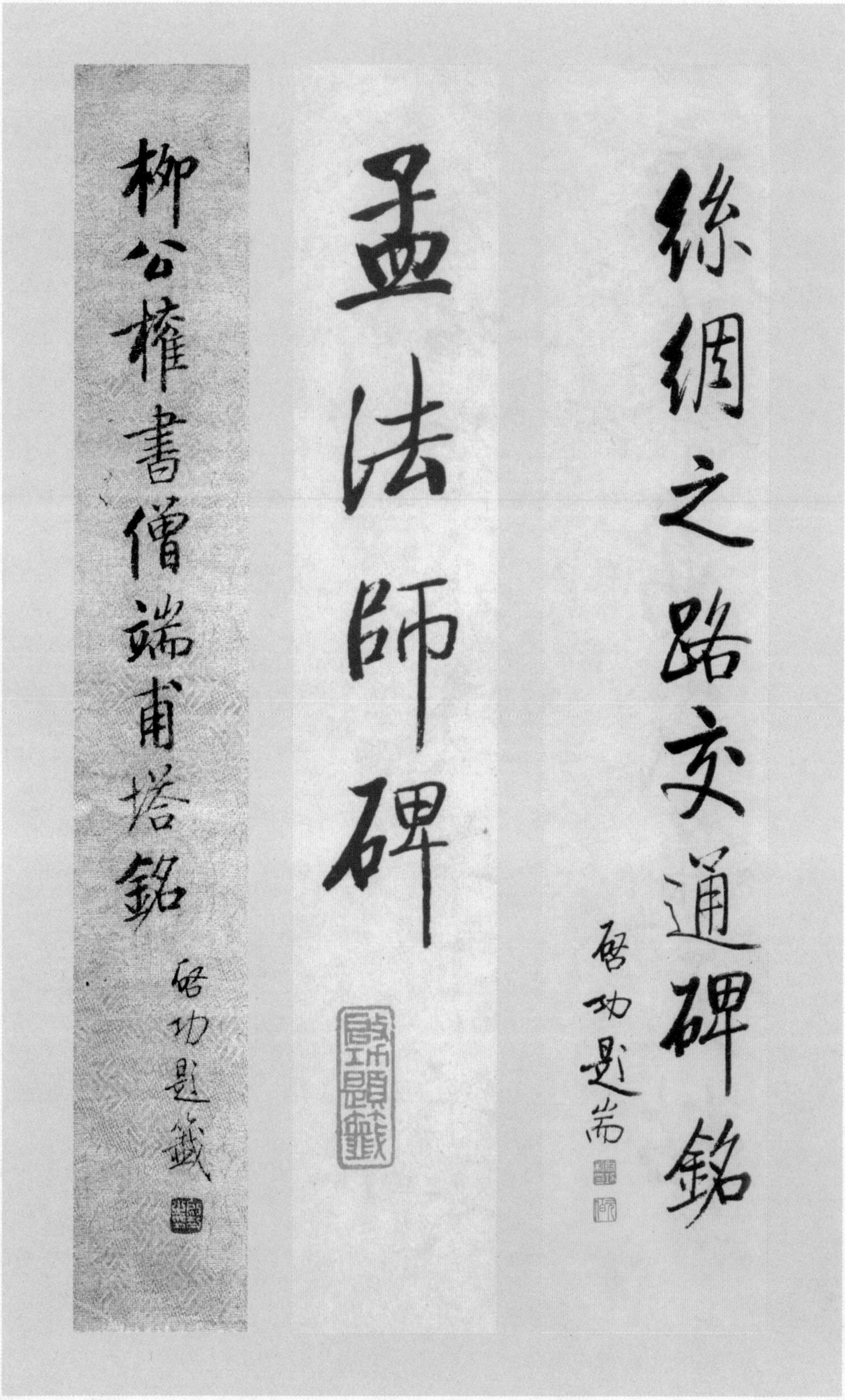
絲綢之路交通碑銘
啓功題耑
孟法師碑
啓功題籤
柳公權書僧端甫塔銘
啓功題籤

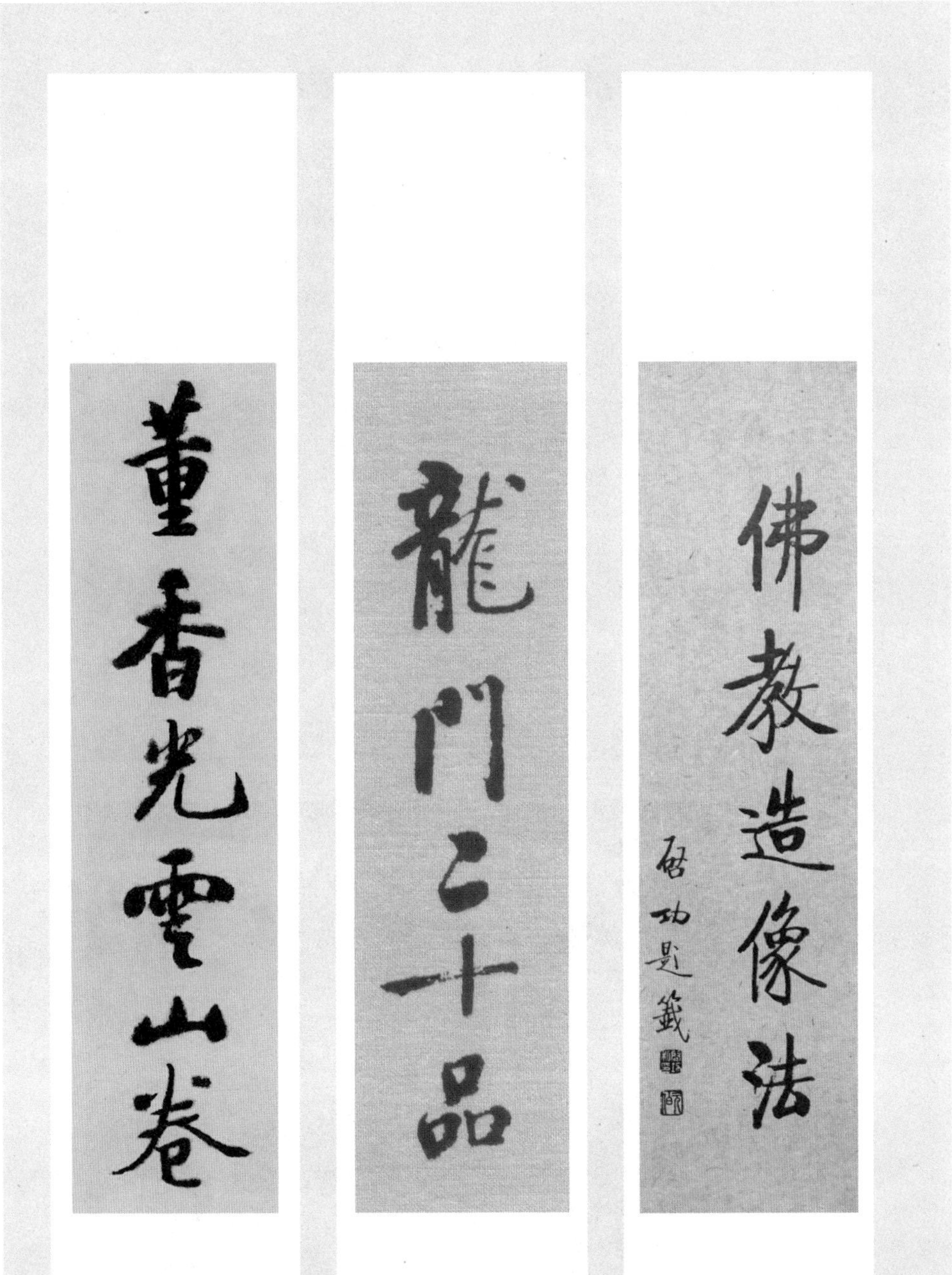
董香光雲山卷
龍門二十品
佛教造像法
啓功題籤

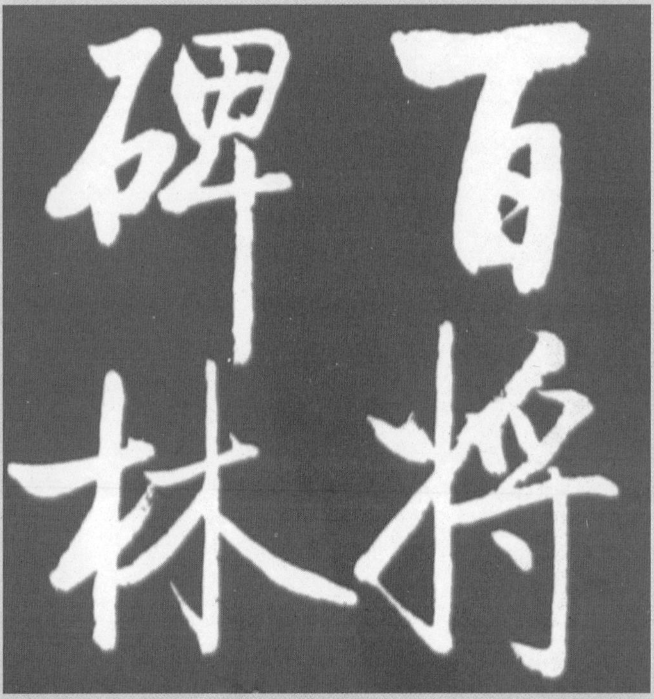
百将碑林

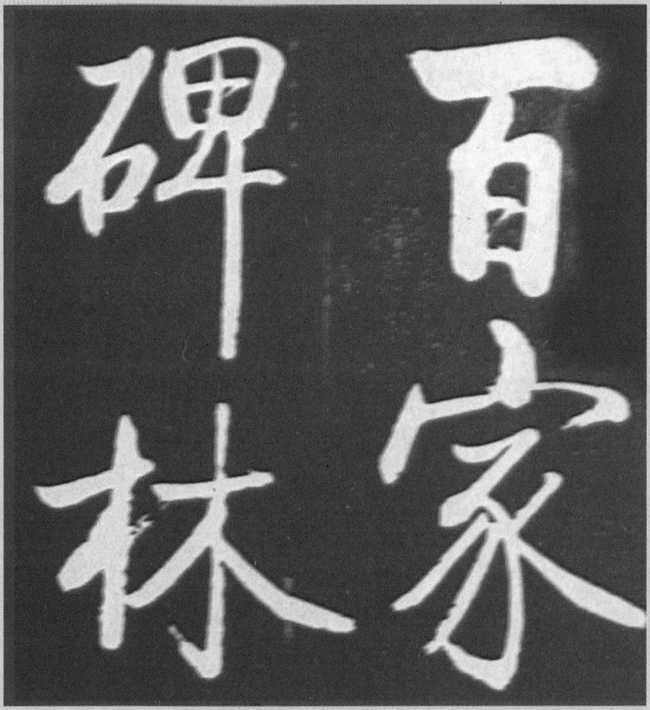
百家碑林

战国策选译
左传选译
国语选译
墨子选译
孟子选译
论语注译

论衡选译
礼记选译
韩非子选译
诗经选译
张衡文选译
史记选译

后汉书选译
汉诗选译
说苑·新序选译
三国志选译
水经注选译
世说新语选译

陶渊明诗文选译
三曹诗文选译
阮籍诗文选译
六朝志怪小说选译
诸葛亮文选译
南史选译

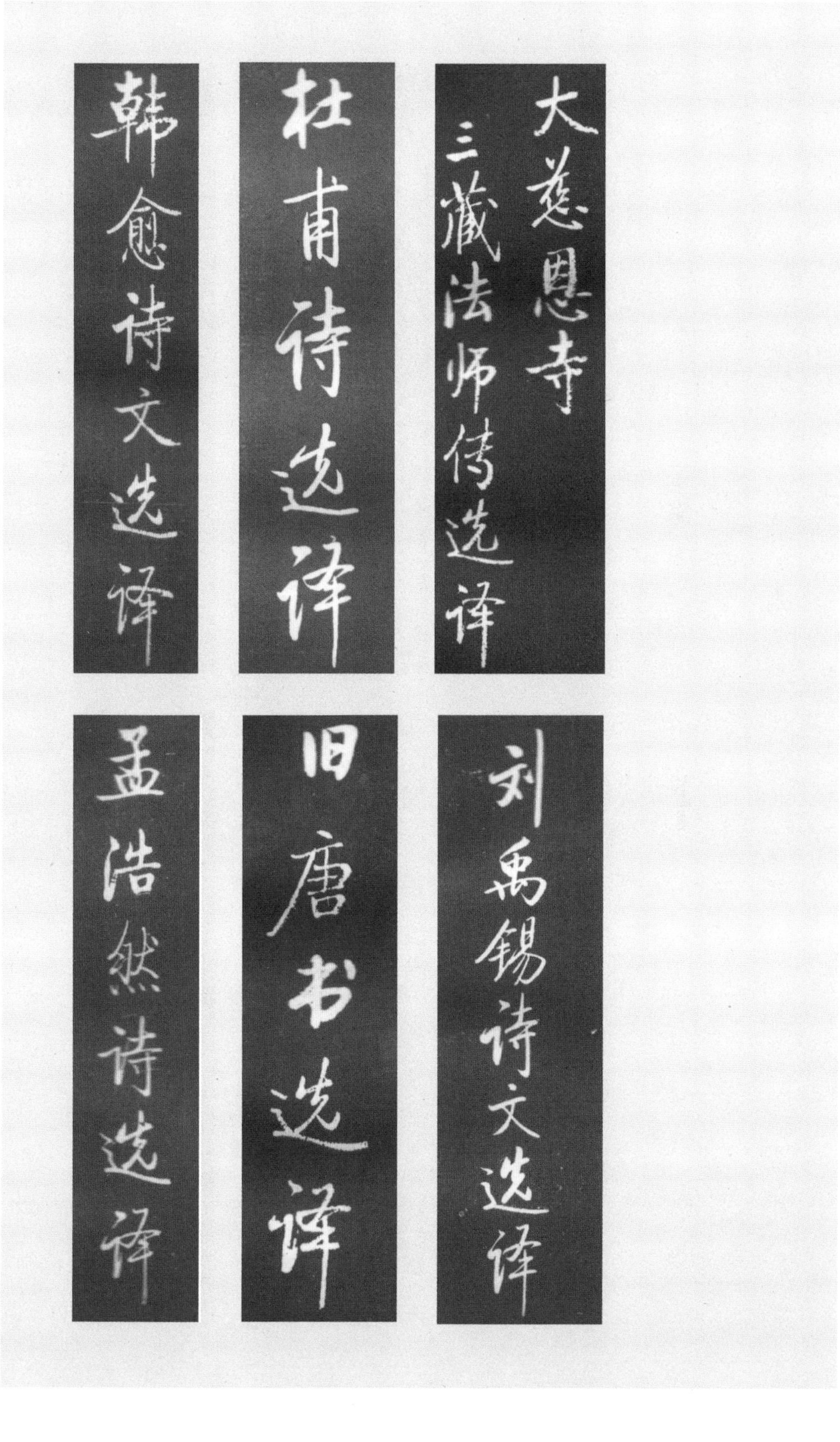
大慈恩寺
三藏法师传选译
杜甫诗选译
韓愈诗文选译
刘禹锡诗文选译
旧唐书选译
孟浩然诗选译

签

贞观政要选译
史通选译
唐人传奇选译
宋史选译
王维诗选译
唐五代笔记小说选译

資治通鉴选译
聊斋志异选译
陆游诗词选译
文天祥诗文选译
阅微草堂笔记选译
袁枚诗文选译

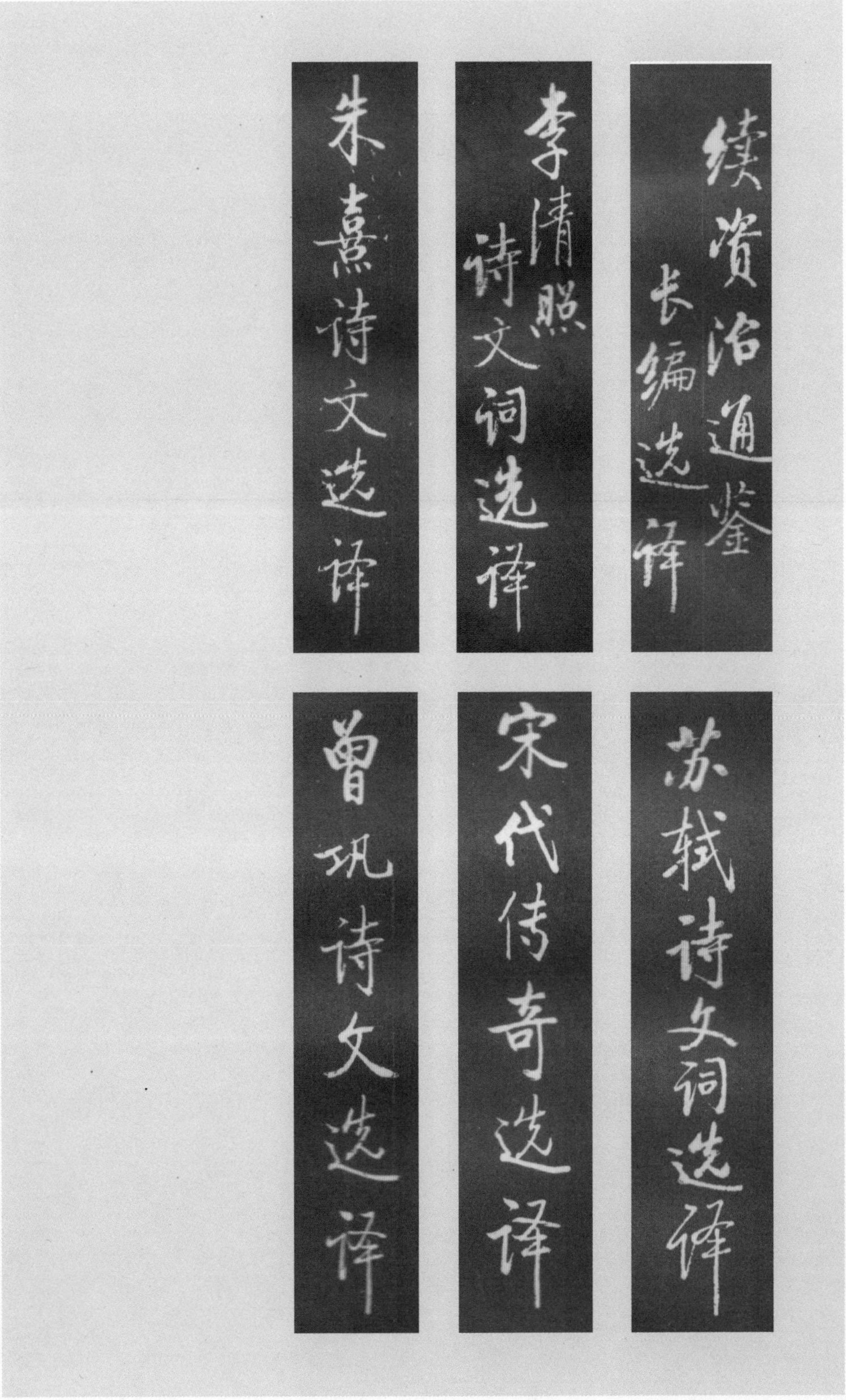
续资治通鉴长编选译
李清照诗文词选译
朱熹诗文选译
苏轼诗文词选译
宋代传奇选译
曾巩诗文选译

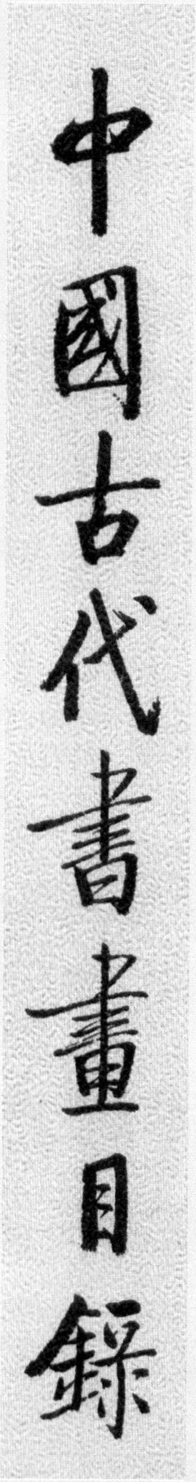
中國古代書畫目錄

中國名家名勝書法集萃
啓功題籤

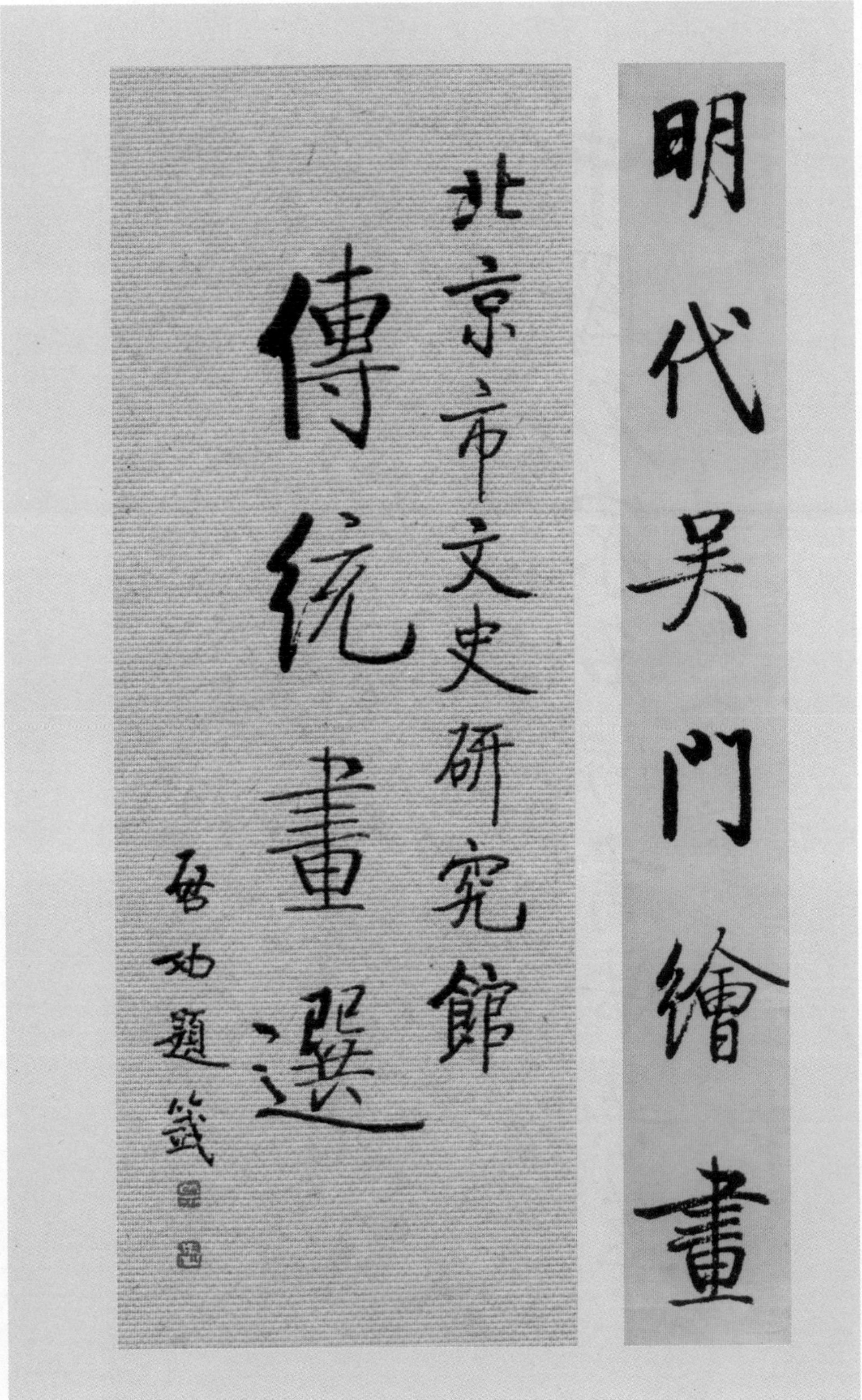
明代吴门繪畫
北京市文史研究館
傳统畫選
啓功題籤

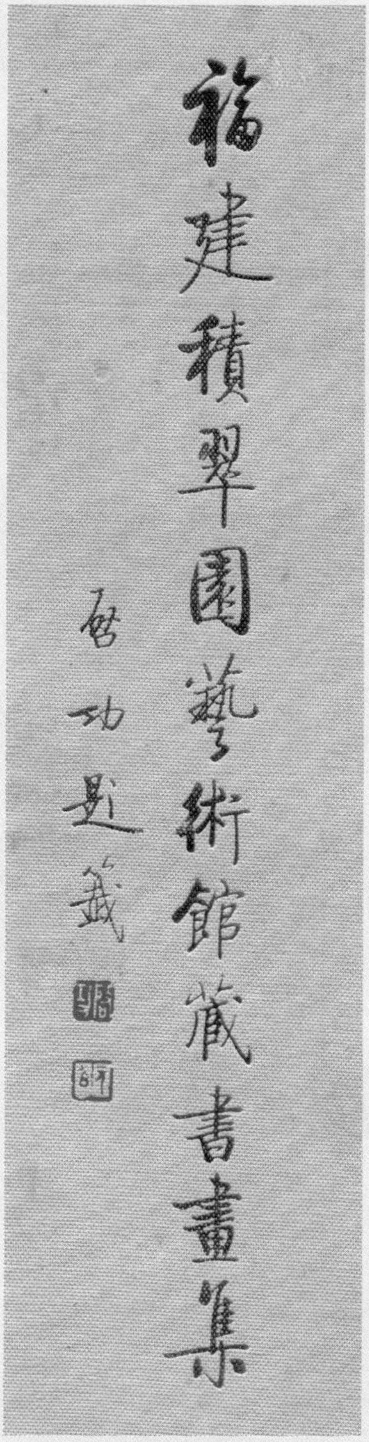
福建積翠園藝術館藏書畫集
啓功題籤

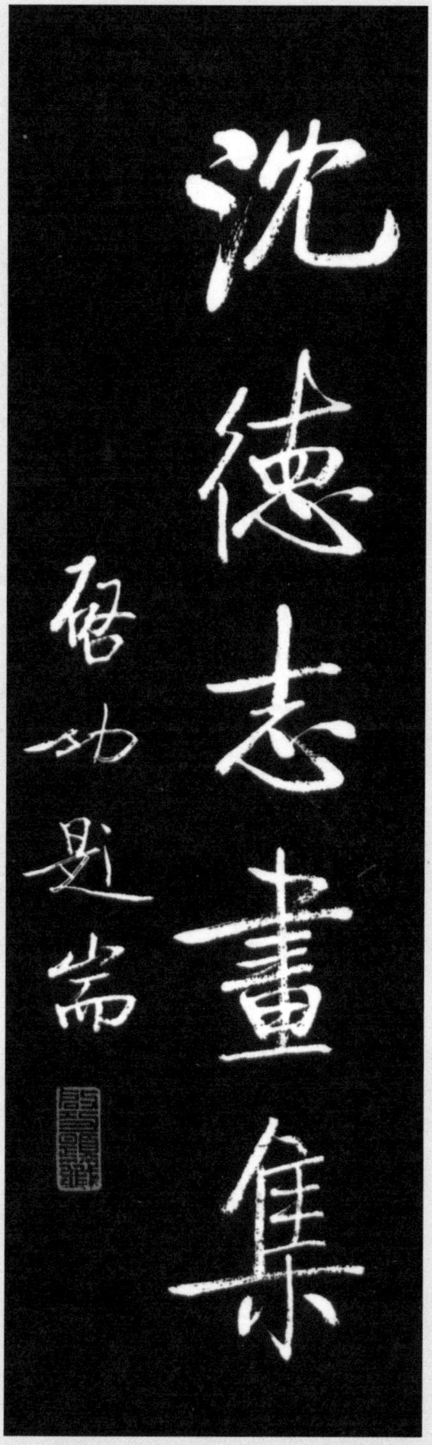
沈德志畫集
啓功題耑

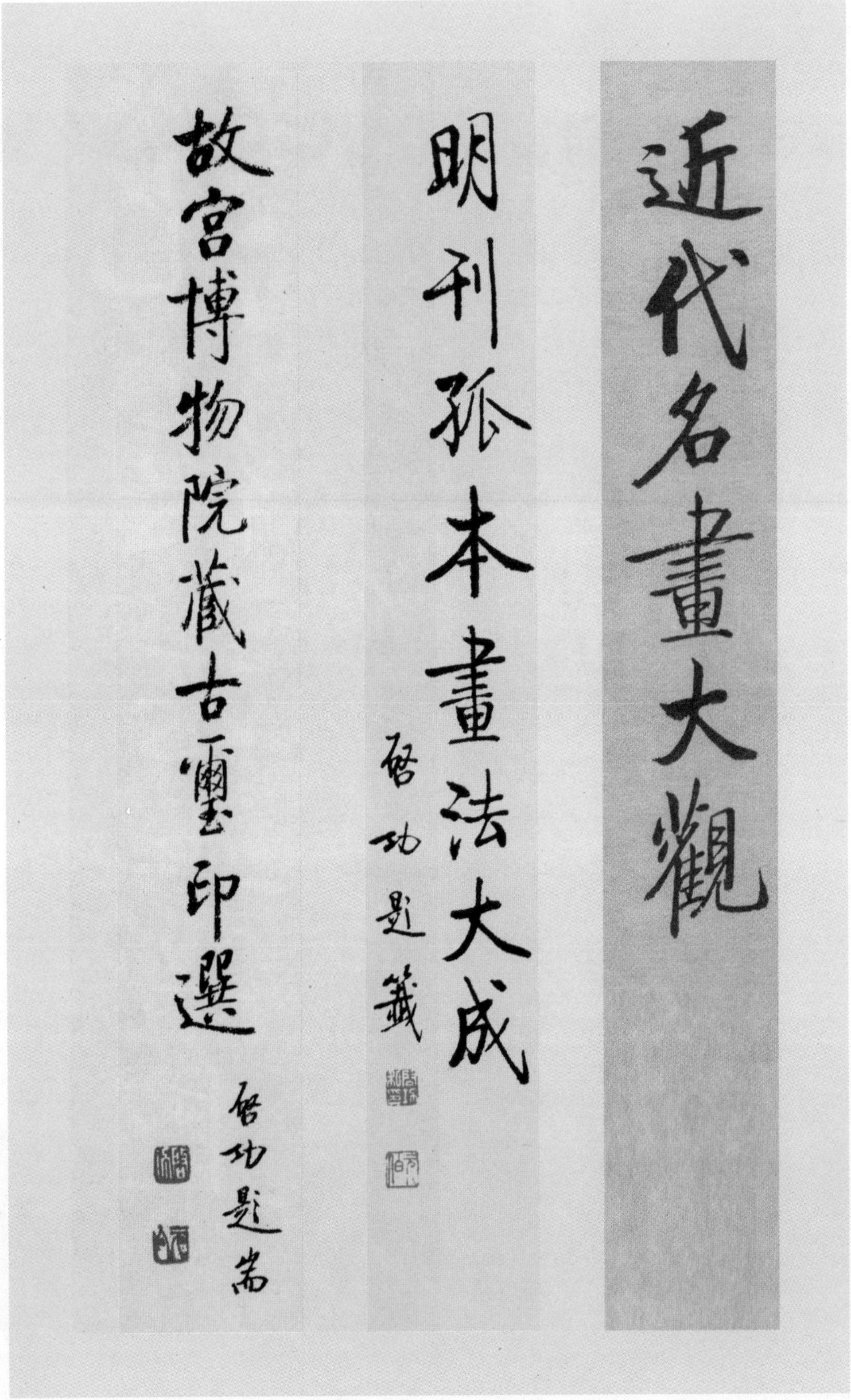
近代名畫大觀
明刊孫本畫法大成
啓功題籤
故宮博物院藏古璽印選
啓功題耑

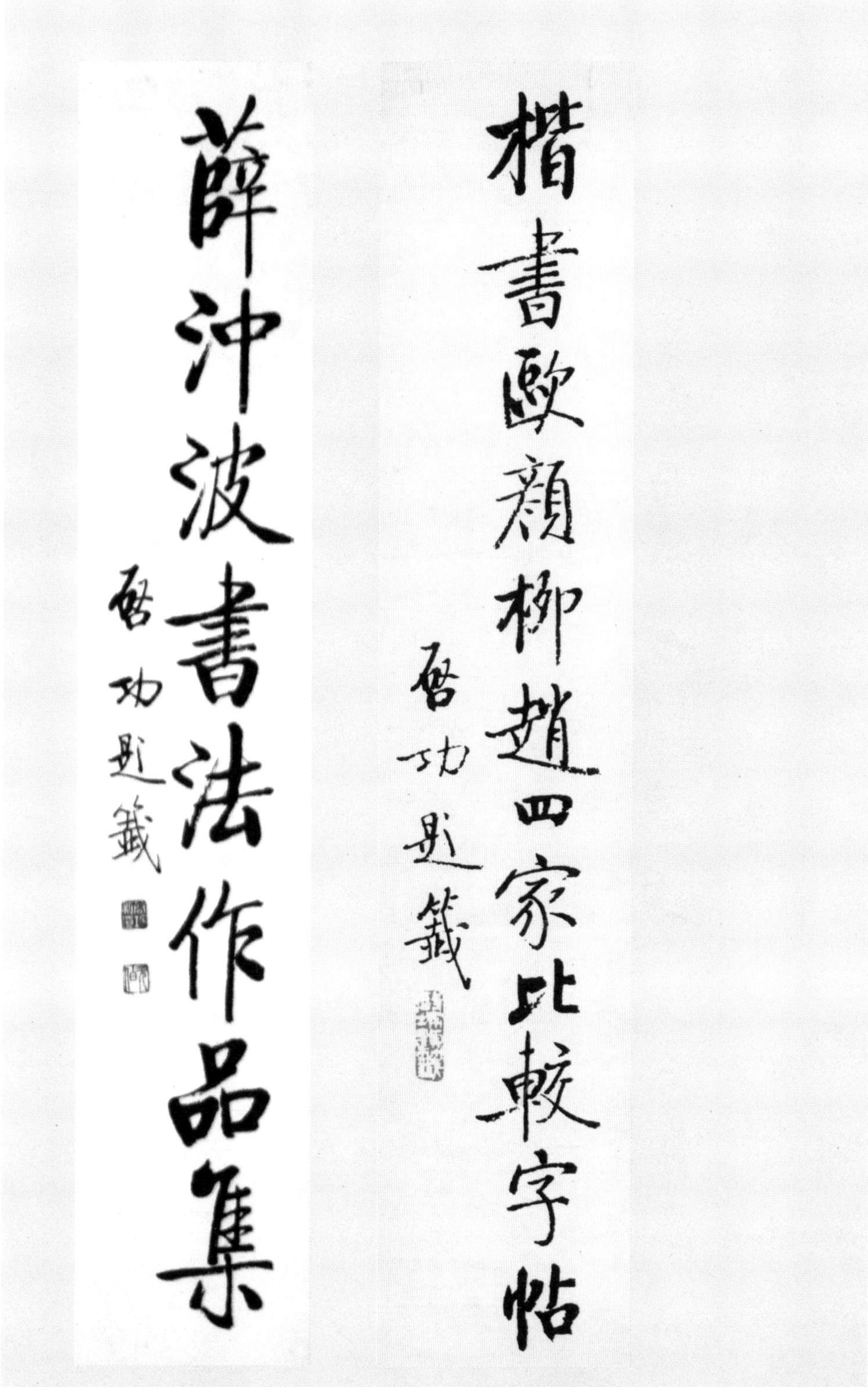
楷書歐顏柳趙四家比較字帖
啓功題籤
薛沖波書法作品集
啓功題籤

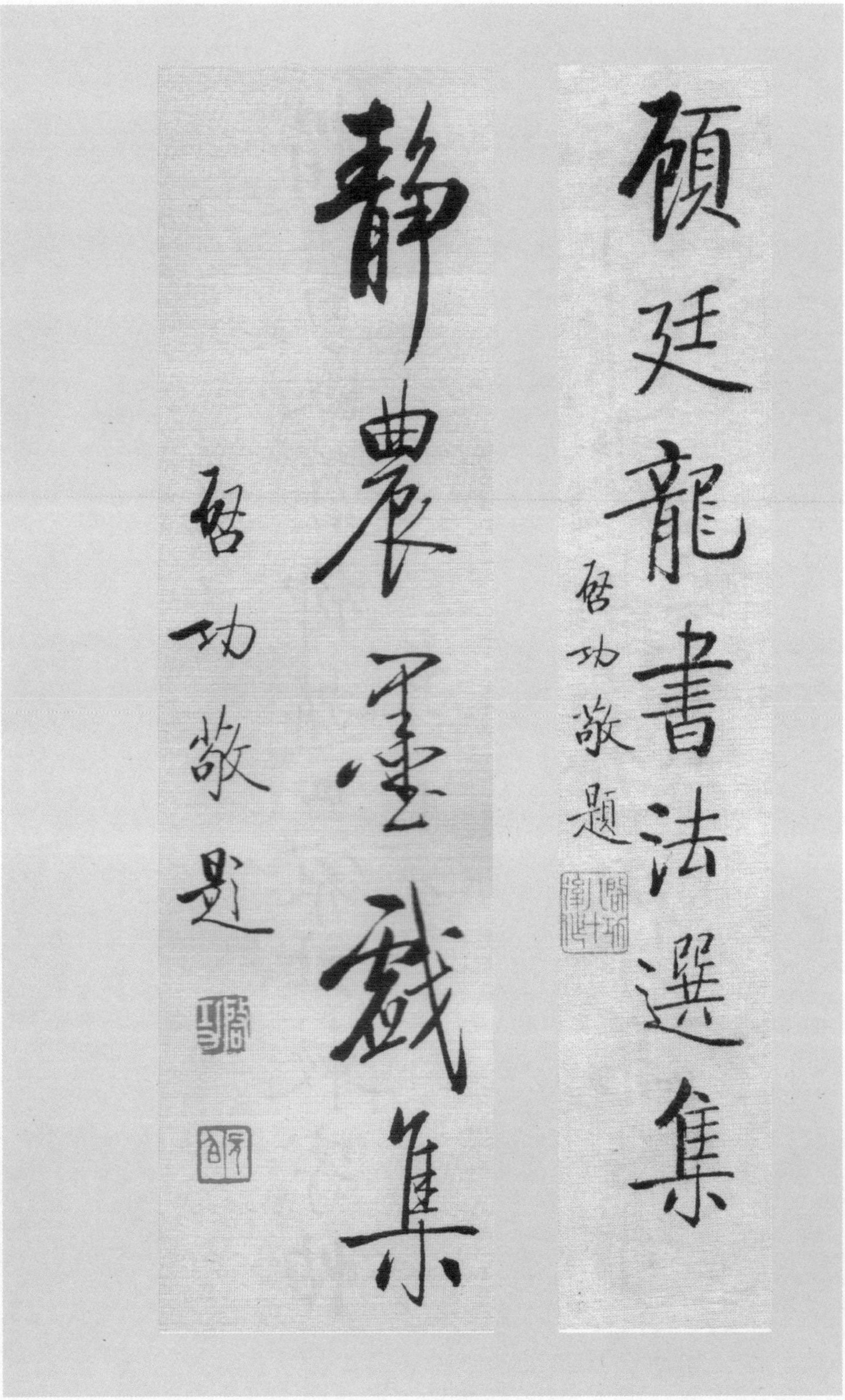
顧廷龍書法選集
啓功敬題
靜農墨戲集
啓功敬題

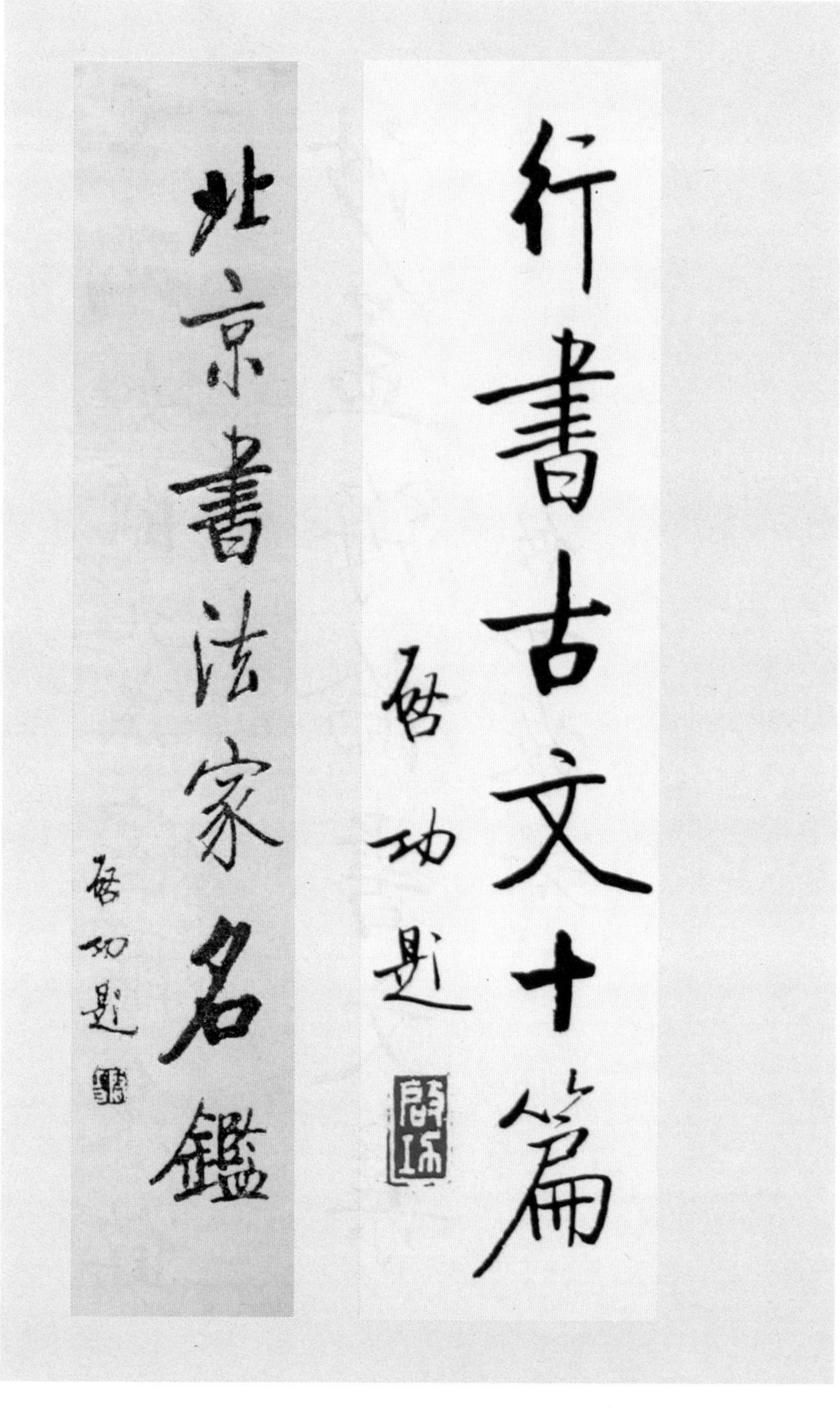
行書古文十篇
啓功題
北京書法家名鑑
啓功題

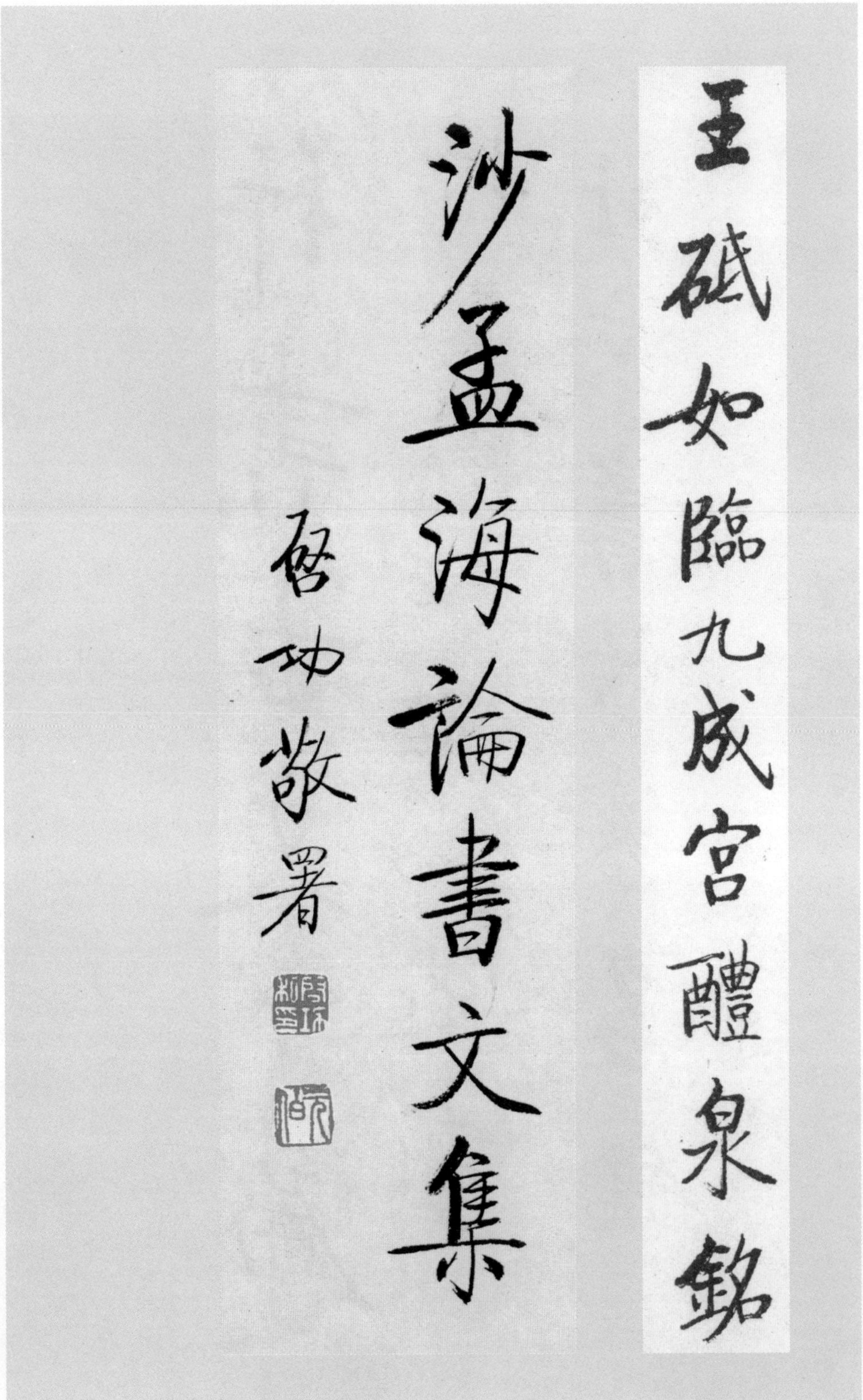
王砥如臨九成宫醴泉銘
沙孟海論書文集
啓功敬署

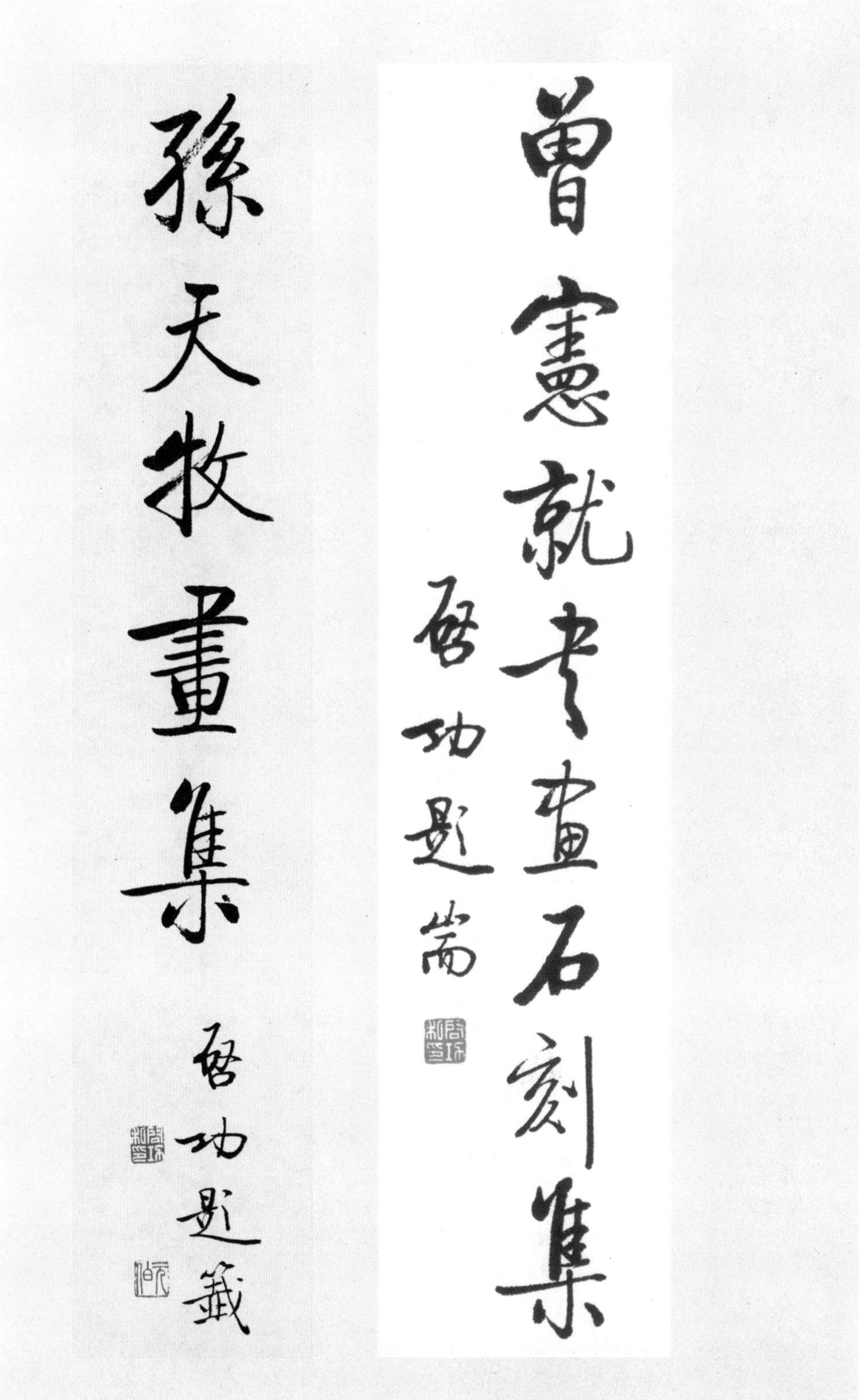
曾憲就書畫石刻集
啓功題耑
孫天牧畫集
啓功題籤

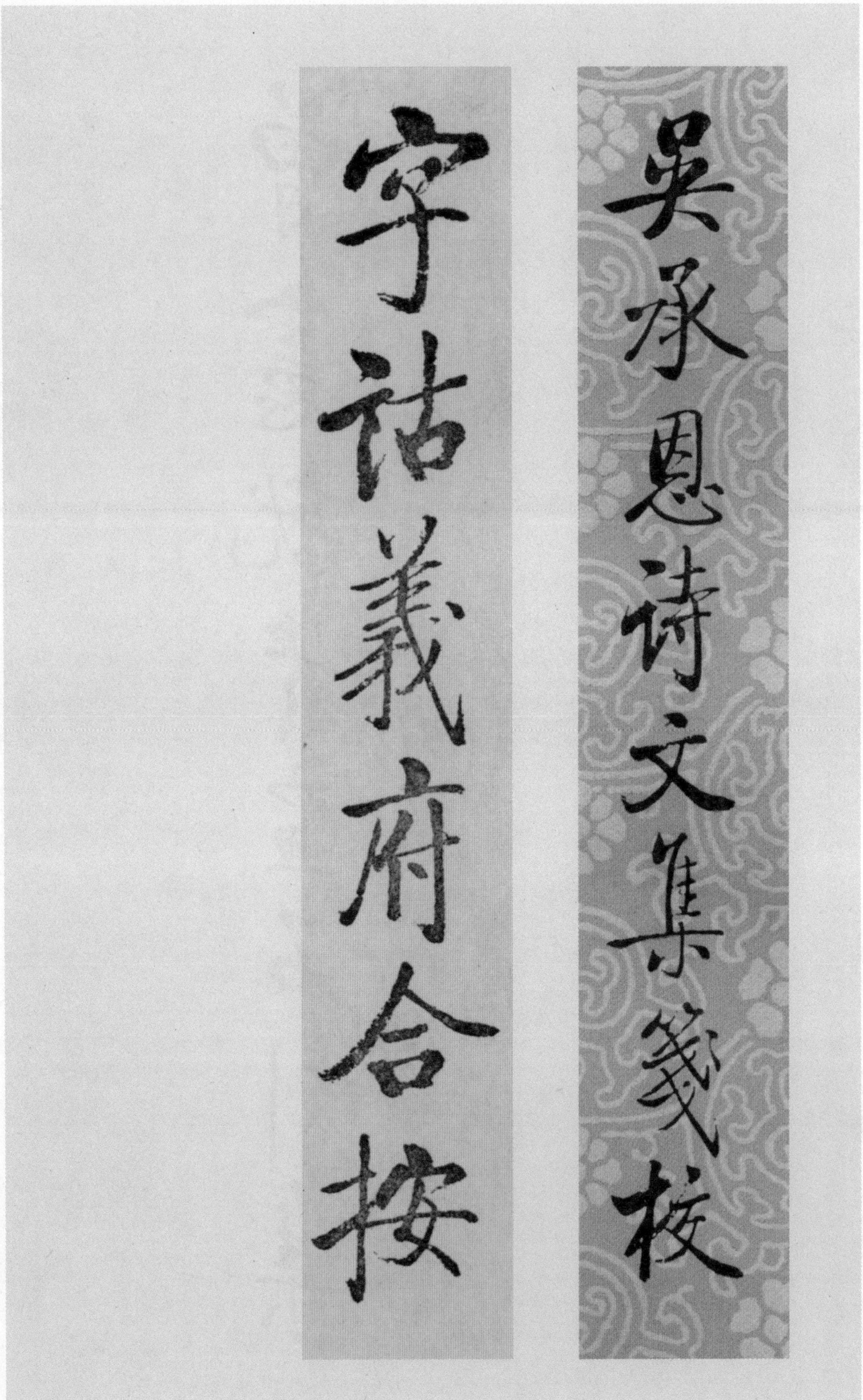
吴承恩诗文集笺校
字诂义府合按

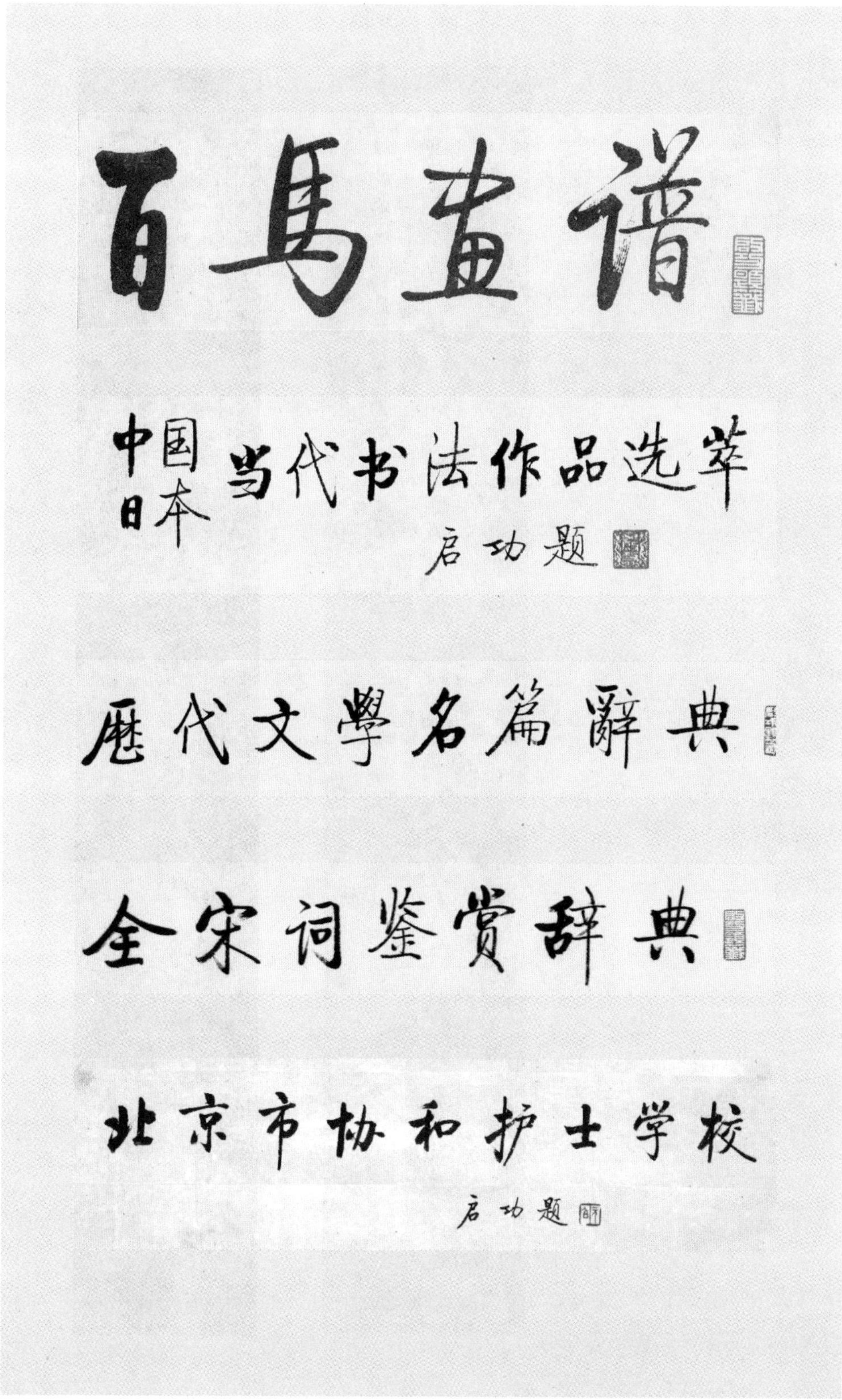
百馬畫譜
中国日本当代书法作品选萃
启功题
歷代文學名篇辭典
全宋词鉴赏辞典
北京市协和护士学校
启功题

壽山石圖鑑
碑別字新編

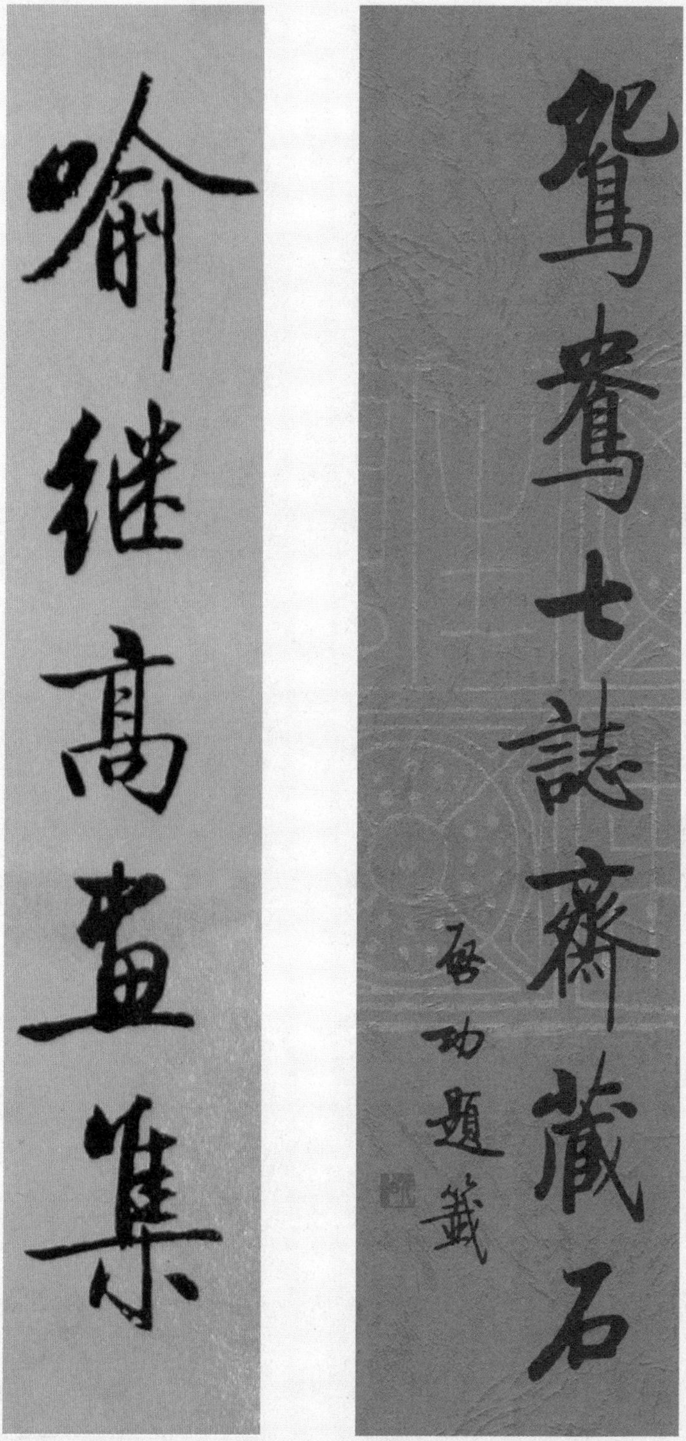
鴛鴦七誌齋藏石
啓功題籤
喻繼高畫集

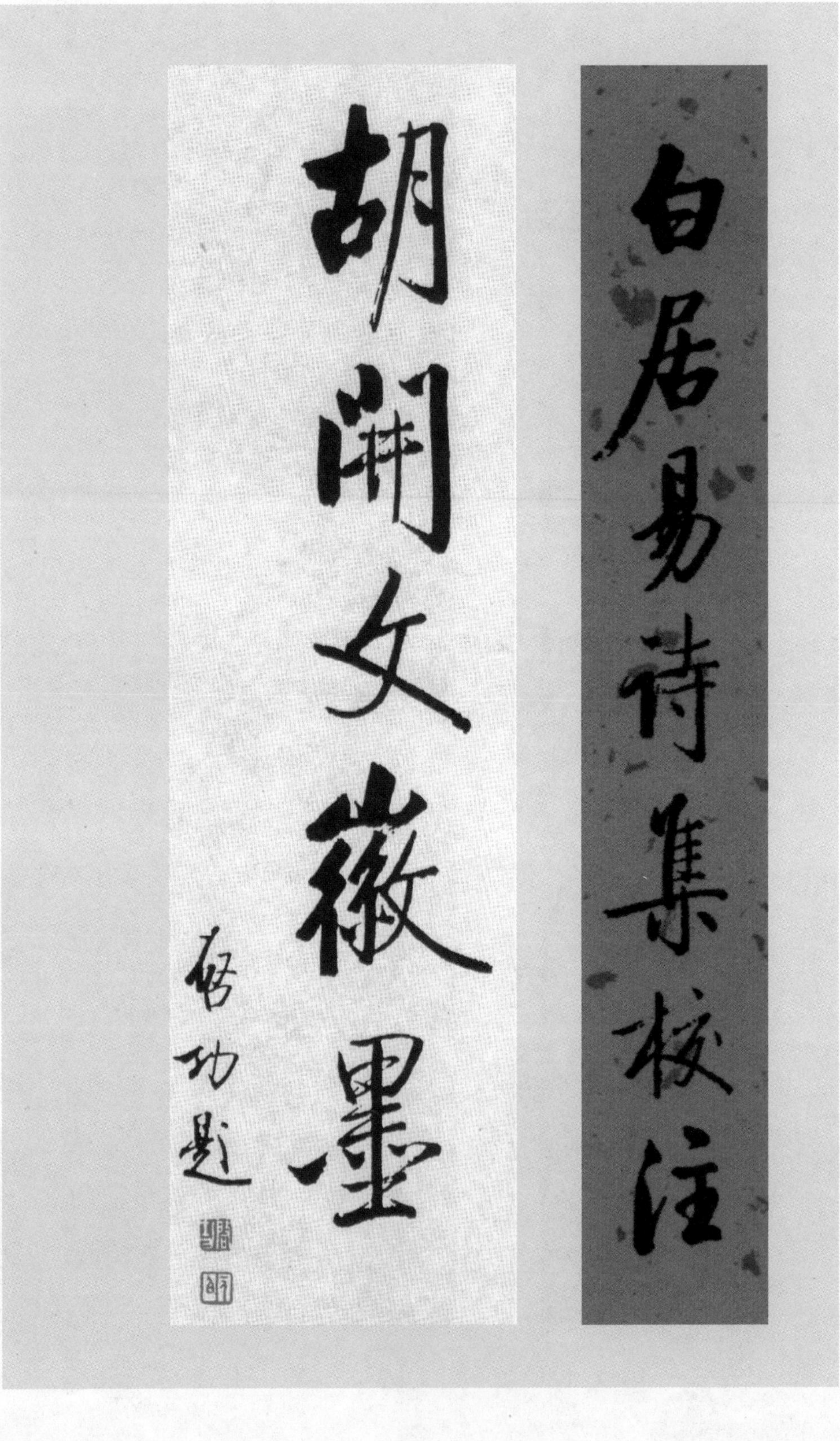
白居易诗集校注
胡開文徽墨
啓功題

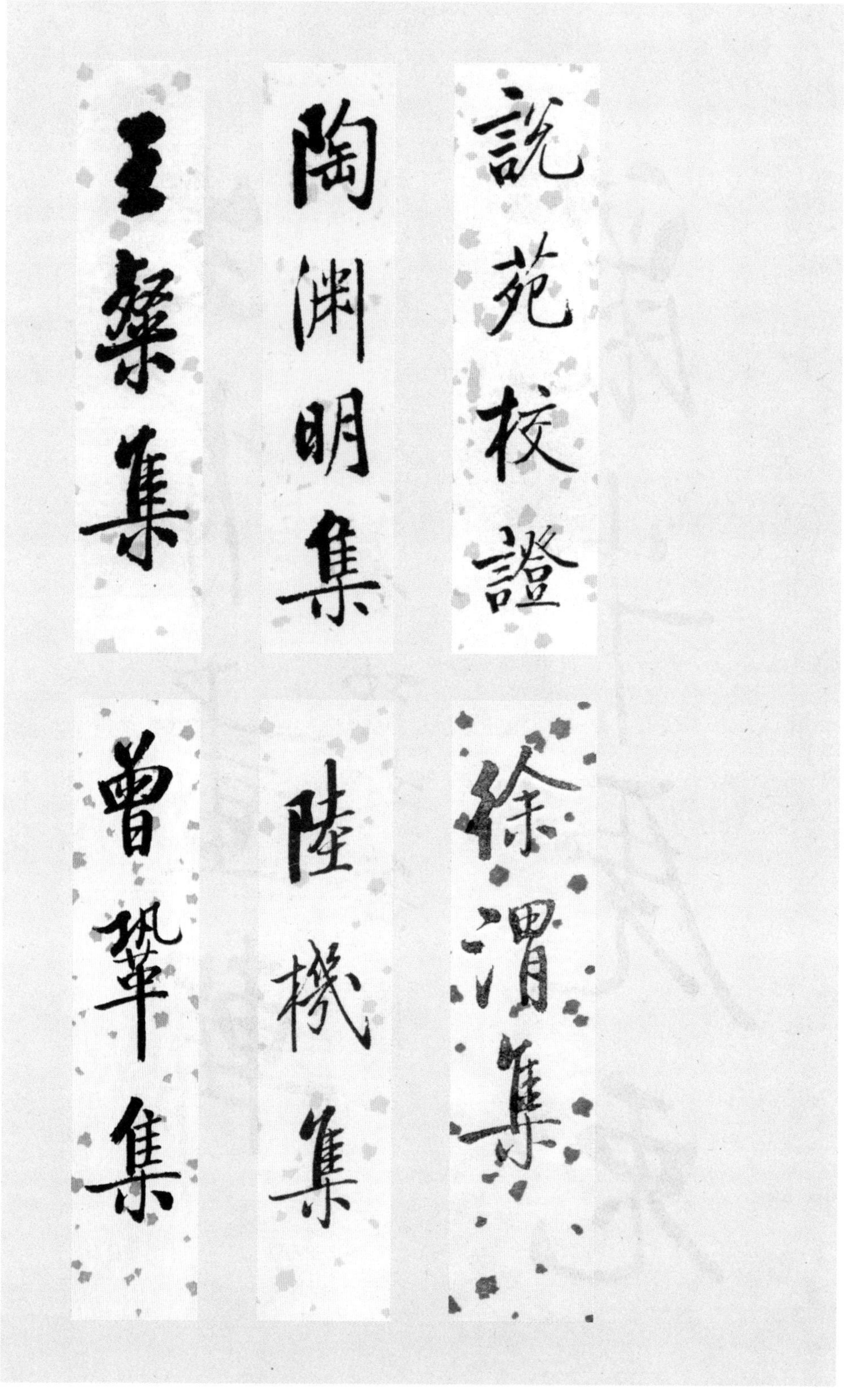
說苑校證
陶淵明集
王粲集
徐渭集
陸機集
曾鞏集

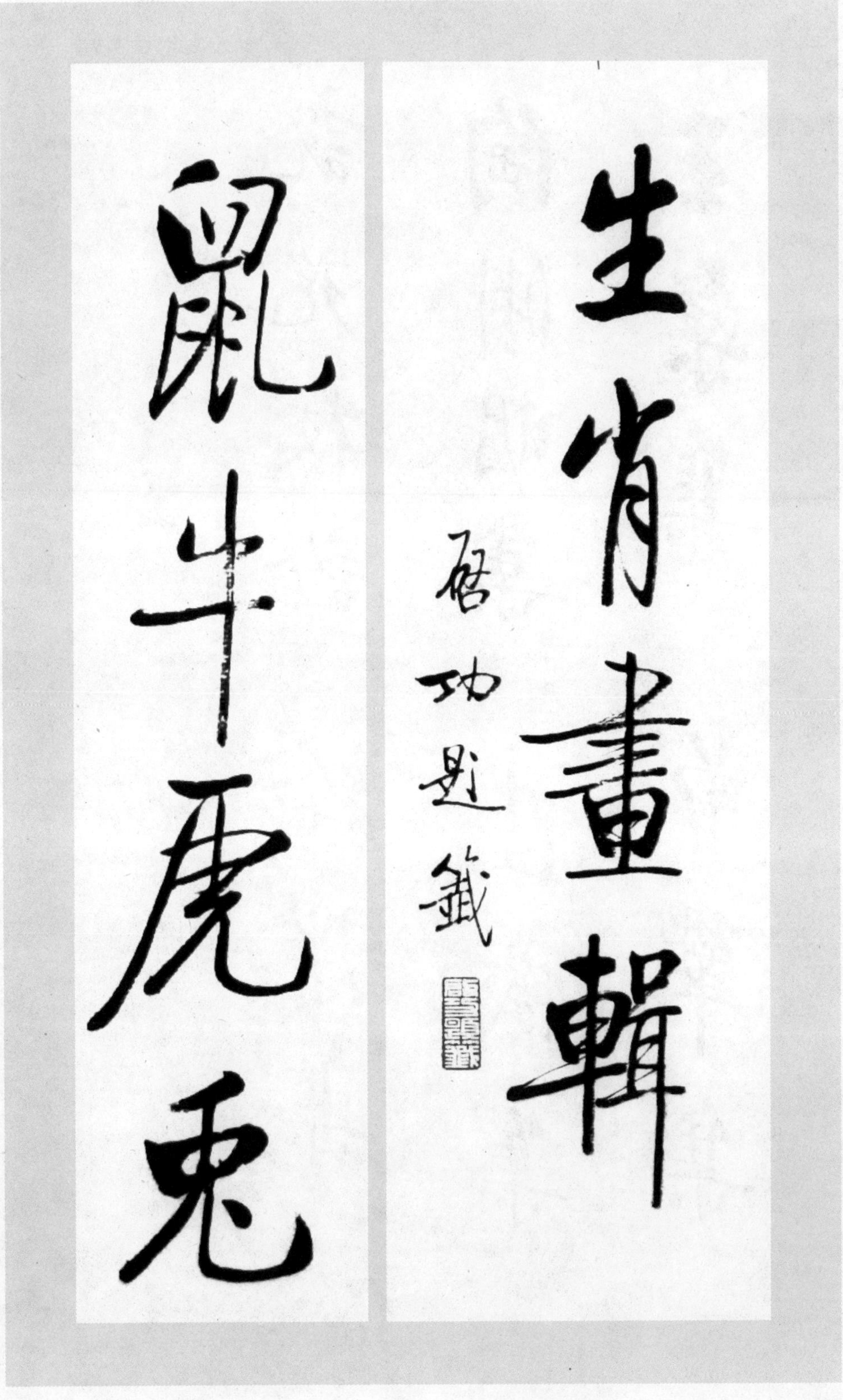
生肖畫輯
啓功題籤
鼠牛虎兔

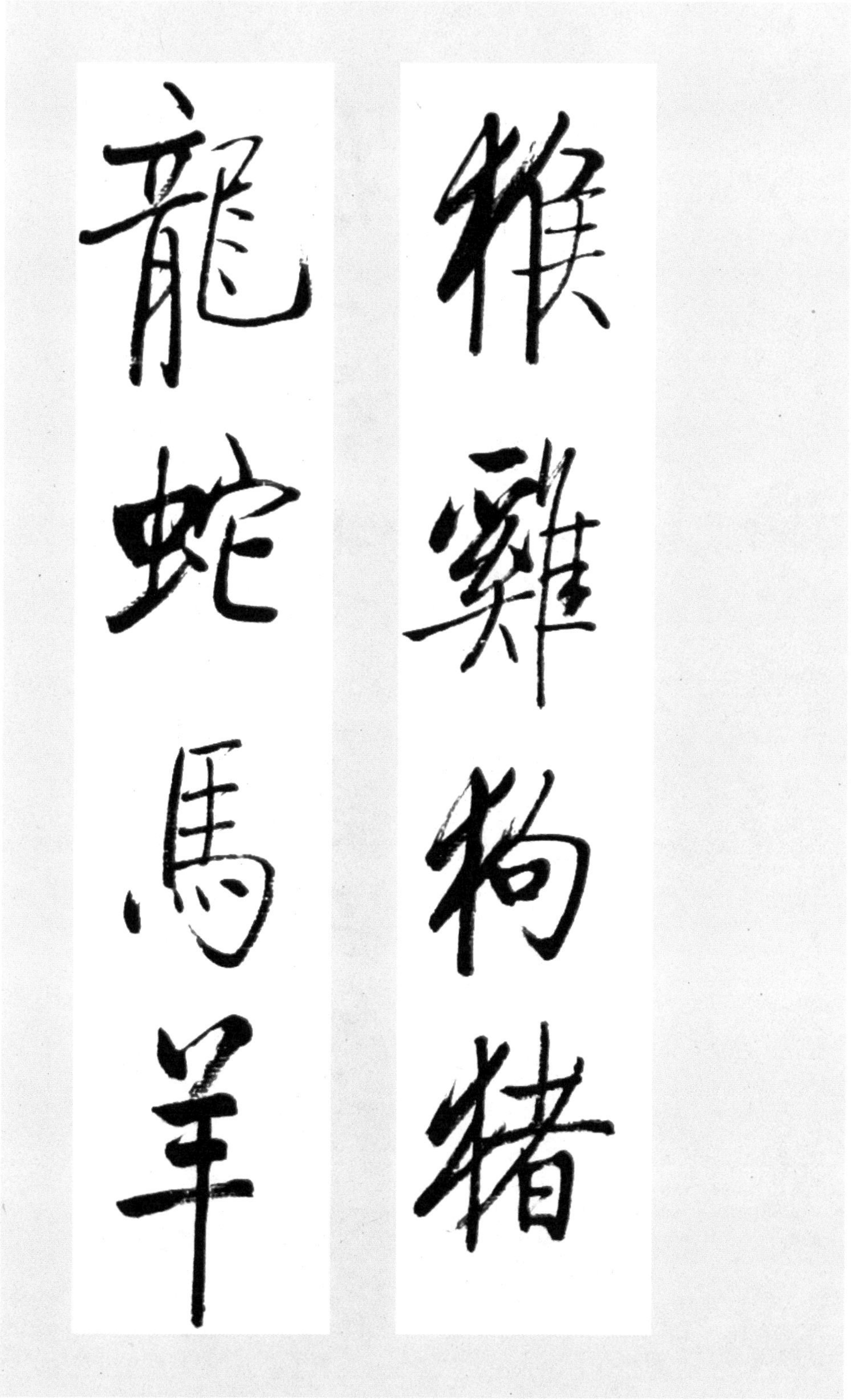
猴雞狗猪
龍蛇馬羊

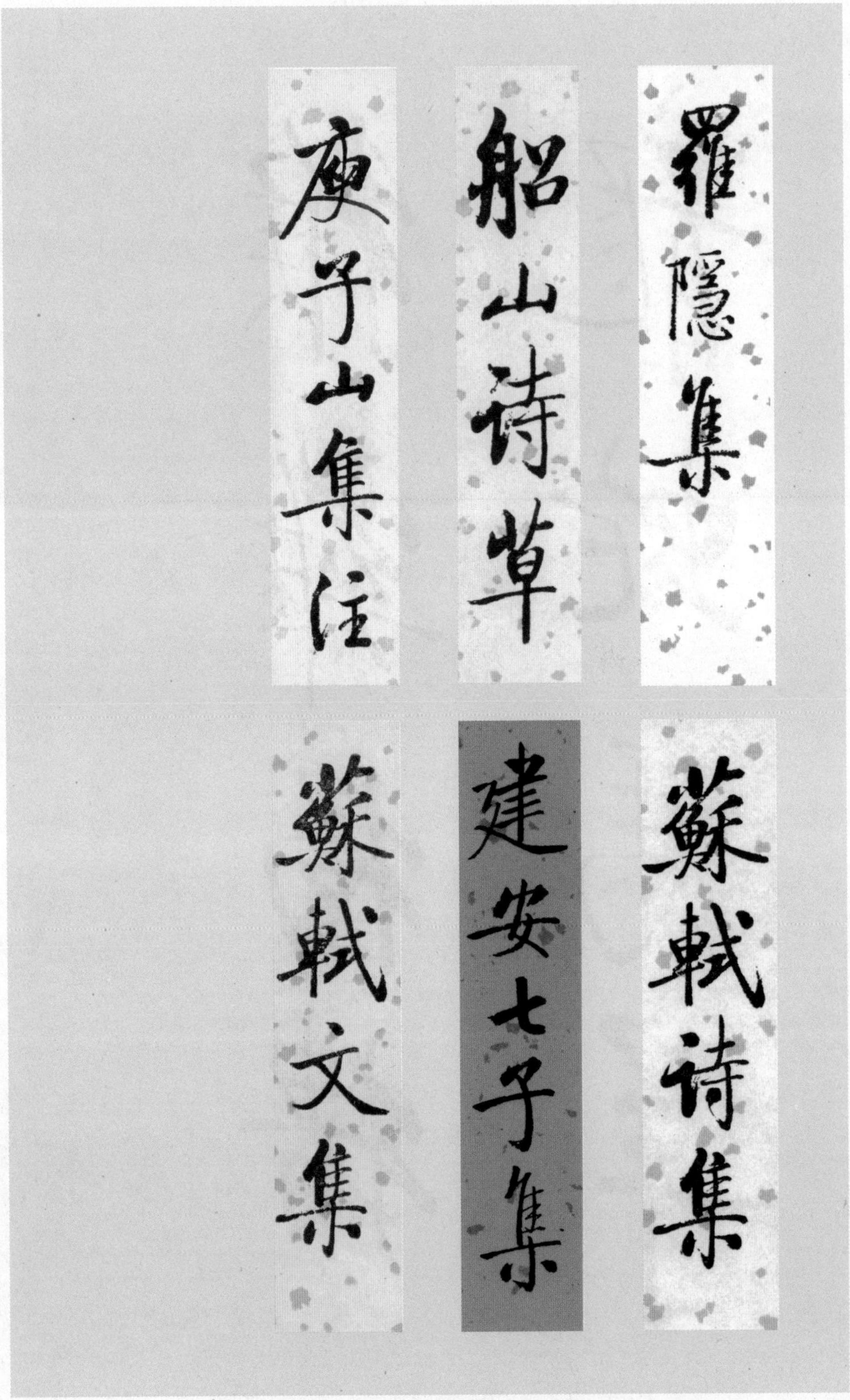
羅隱集
船山詩草
庾子山集注
蘇軾詩集
建安七子集
蘇軾文集

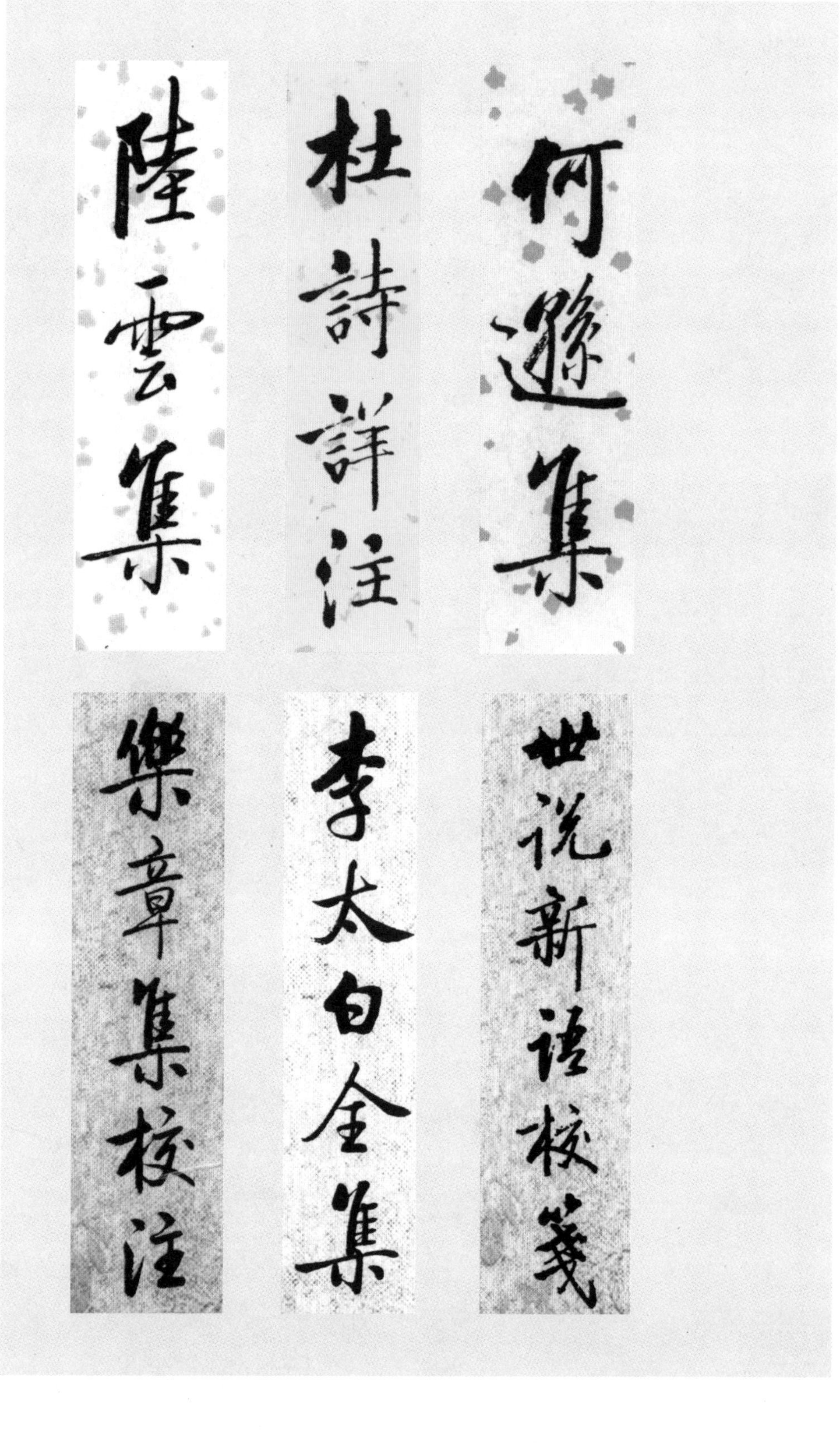
何遜集
杜詩詳注
陸雲集
世說新語校箋
李太白全集
樂章集校注

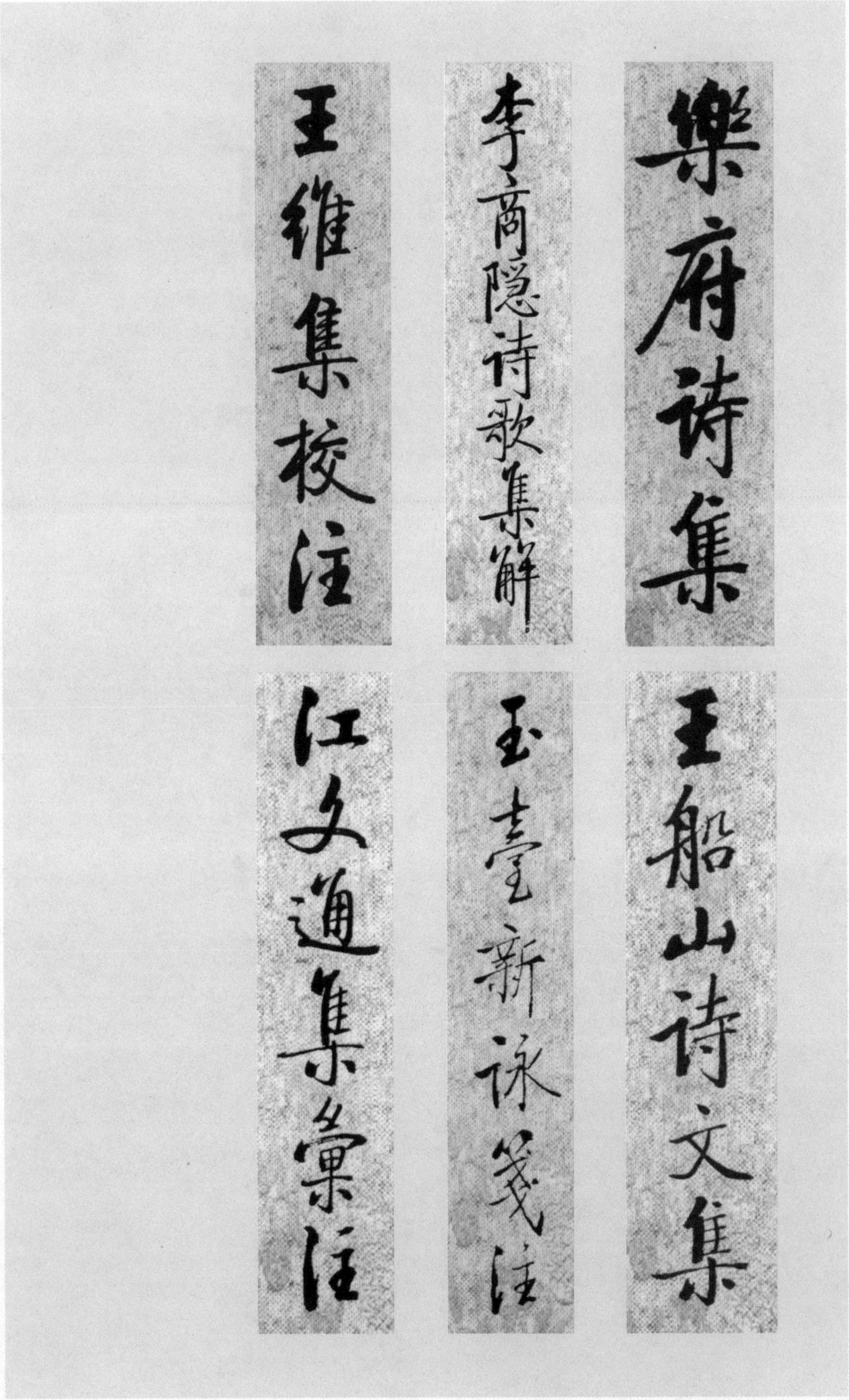
樂府詩集
李商隱詩歌集解
王維集校注
王船山詩文集
玉臺新詠箋注
江文通集彙注

北京圖書館古籍善本書目

啓功題籤

廣韻叢考

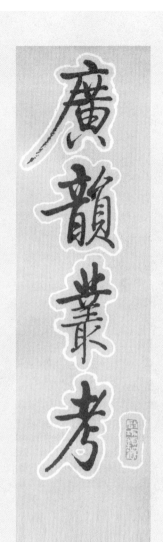

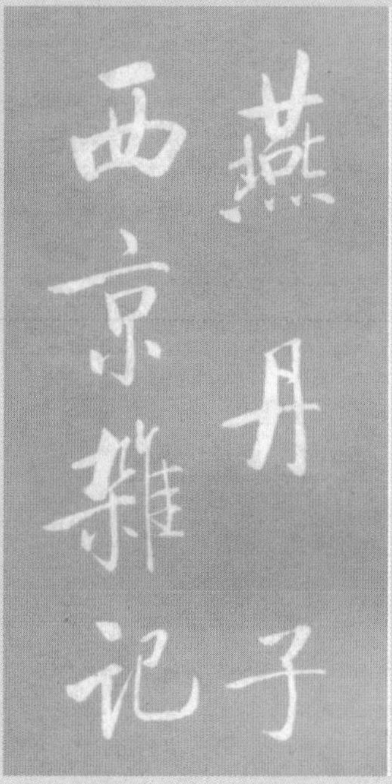
燕丹子
西京雜记

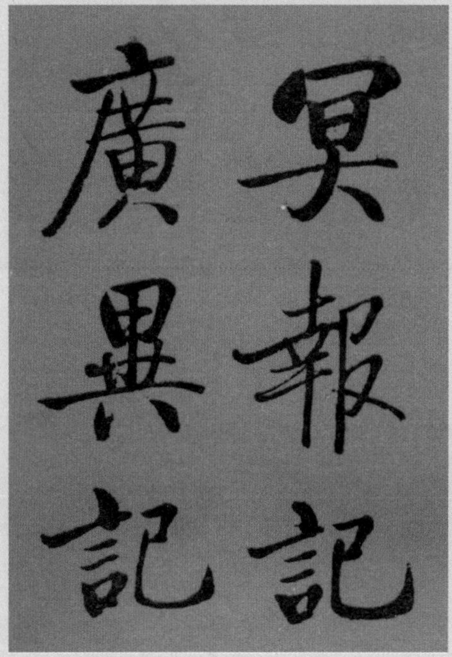
冥報記
廣異記

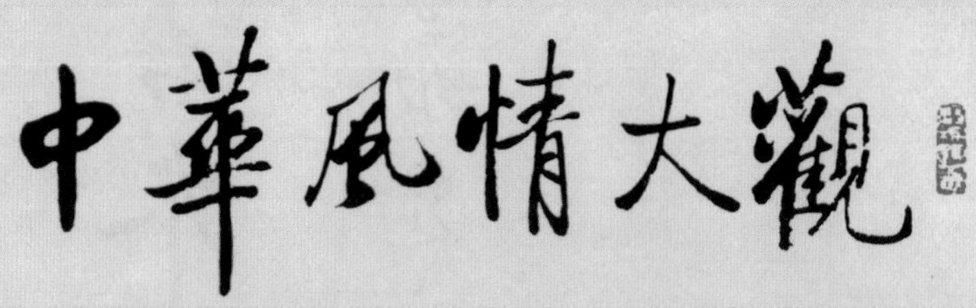
中華風情大觀

董學探微
宋詩鈔
禪外說禪

金瓶梅鑒賞辭典

風俗通義校釋

抱朴子内篇校释

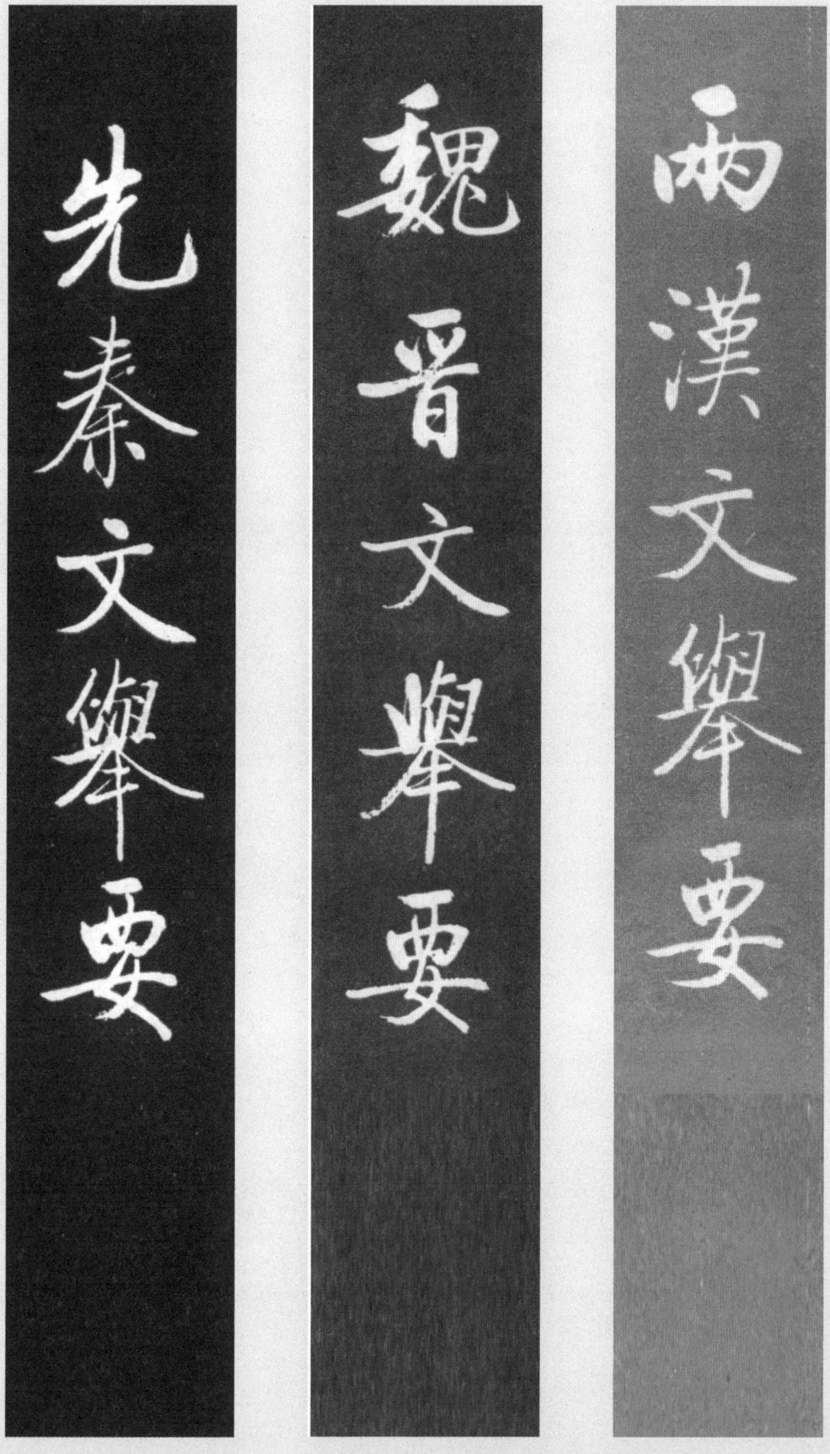
兩漢文舉要
魏晋文舉要
先秦文舉要

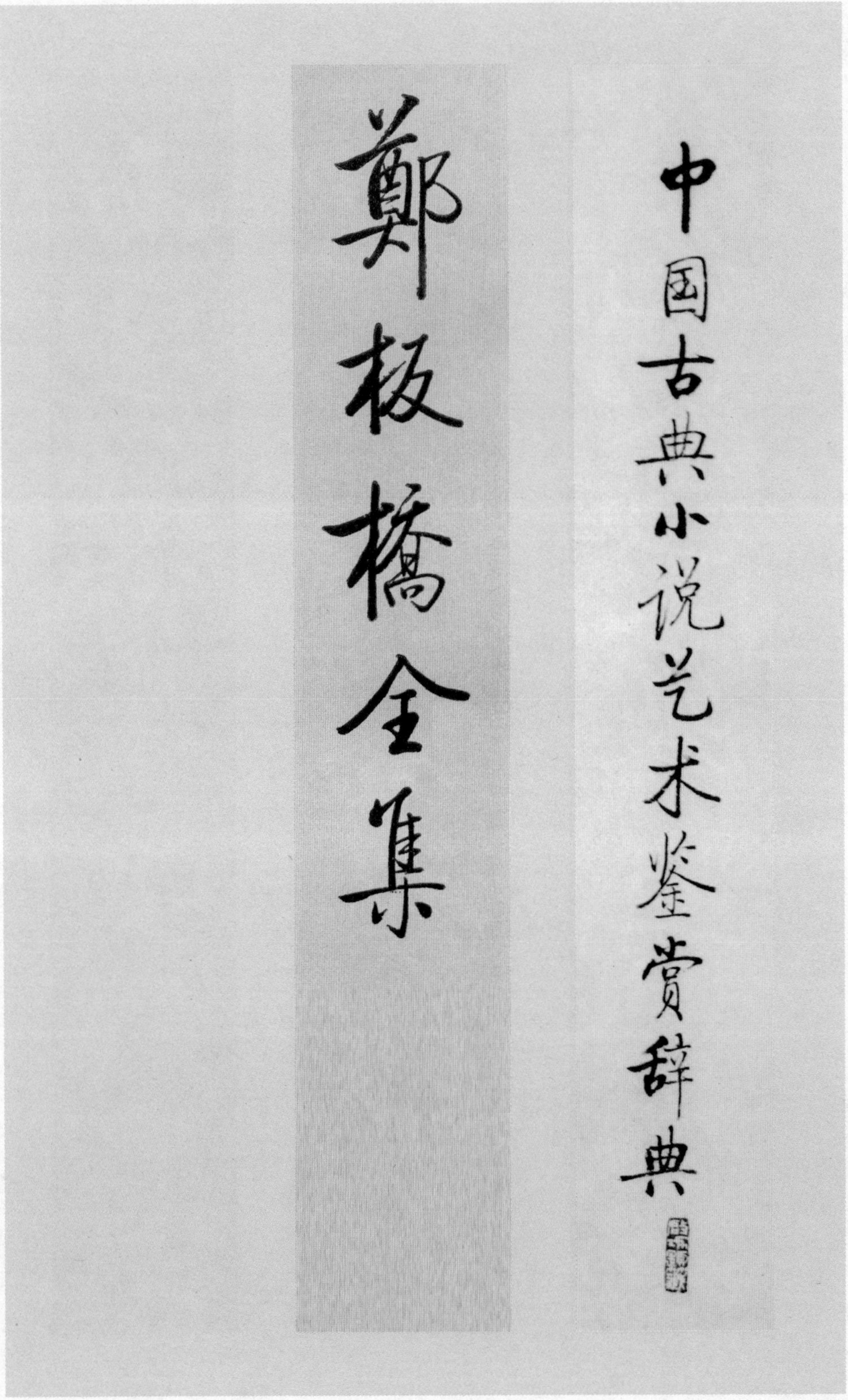
中国古典小说艺术鉴赏辞典
鄭板橋全集

林砺儒文集
朱自清选集

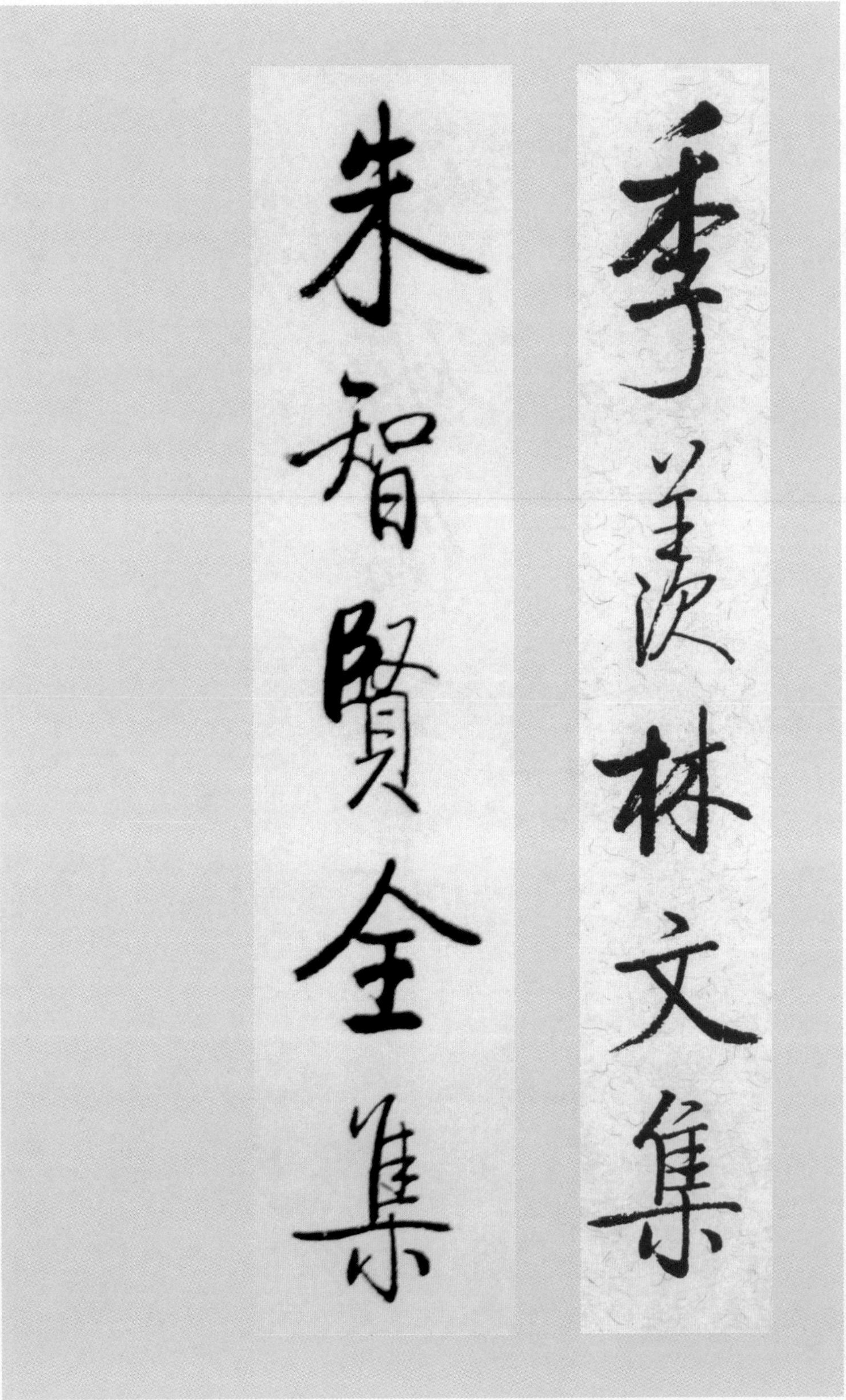
李秀林文集
朱智贤全集

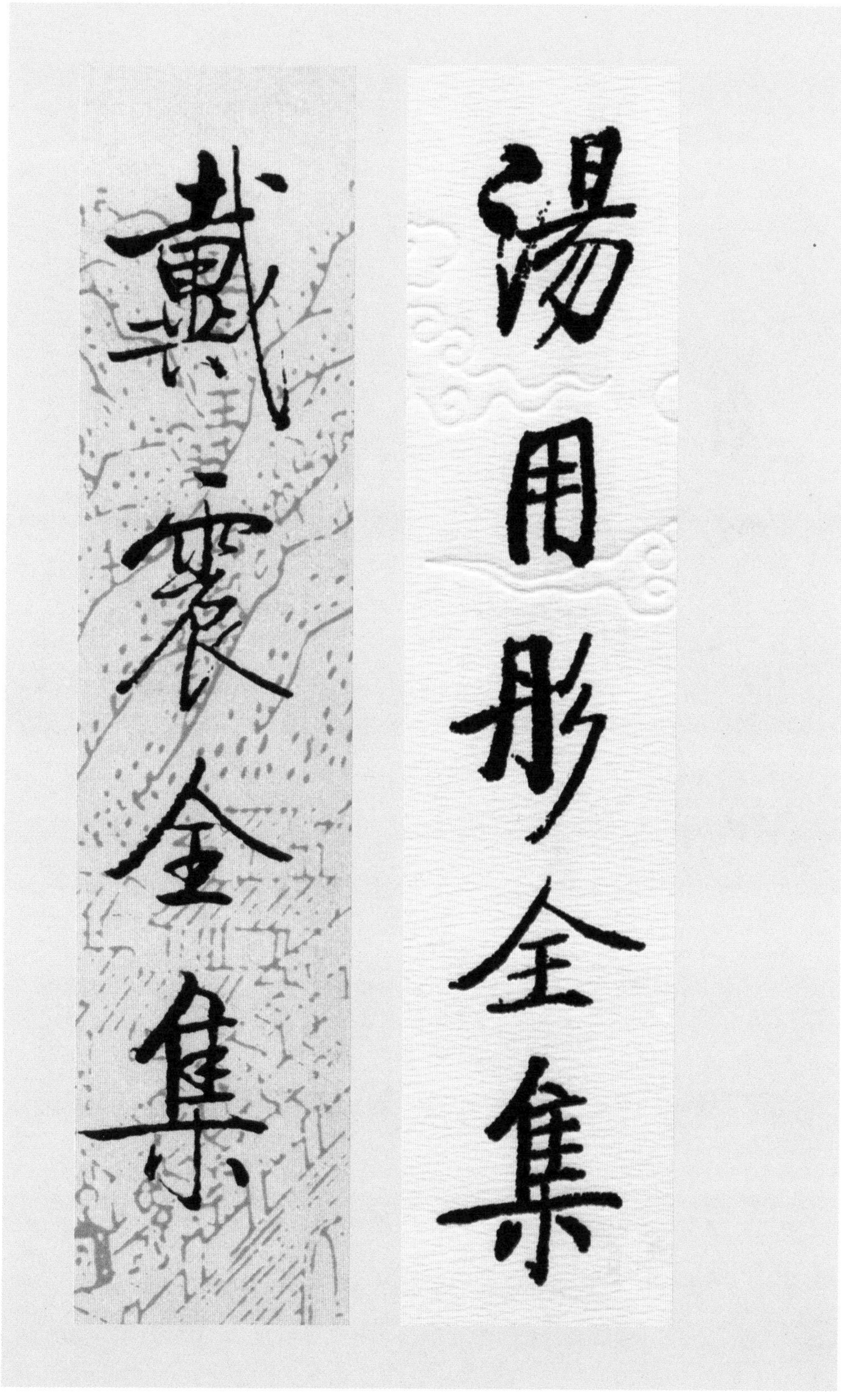
湯用彤全集
戴震全集

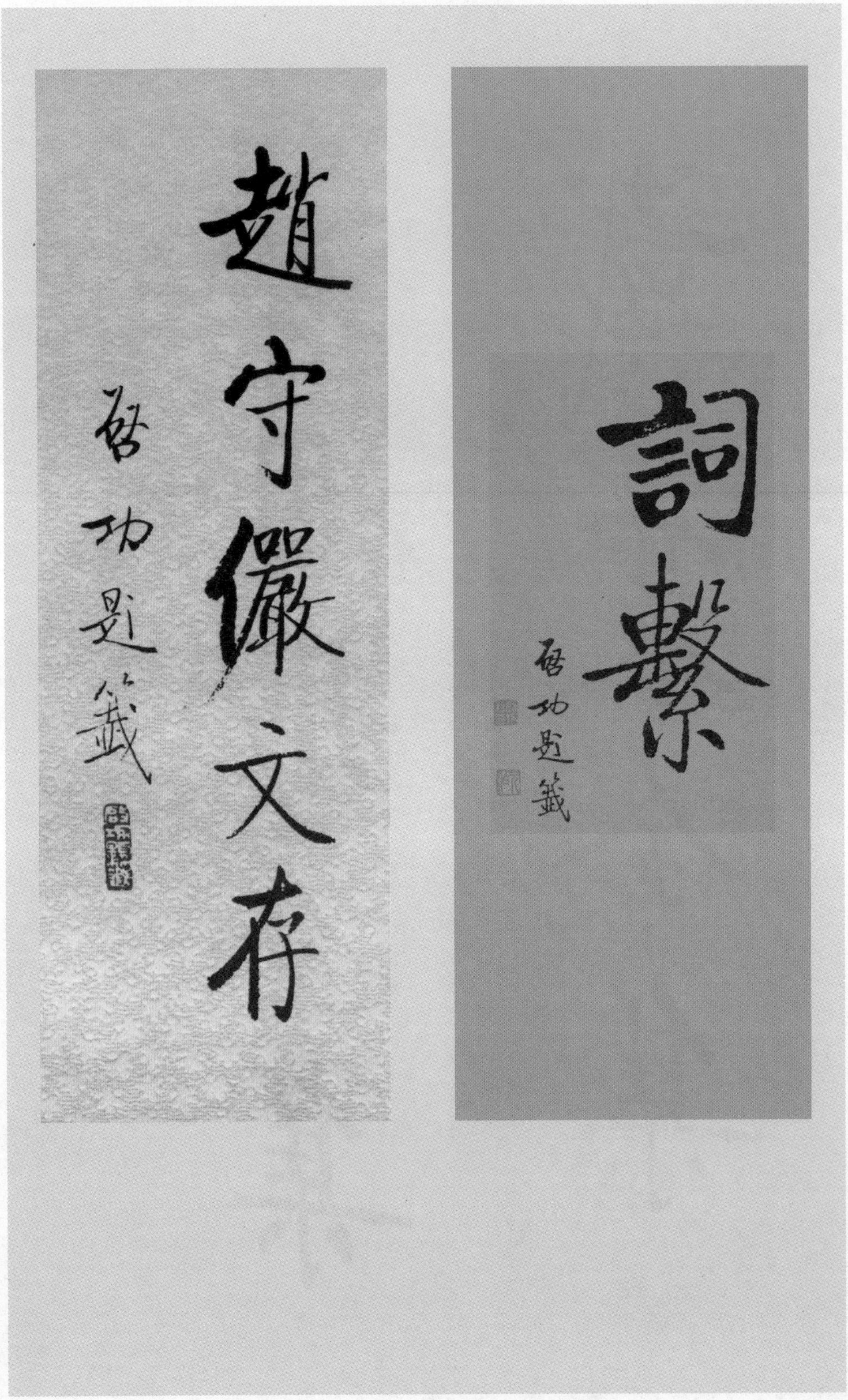
趙守儼文存
啟功題籤
詞繫
啟功題籤

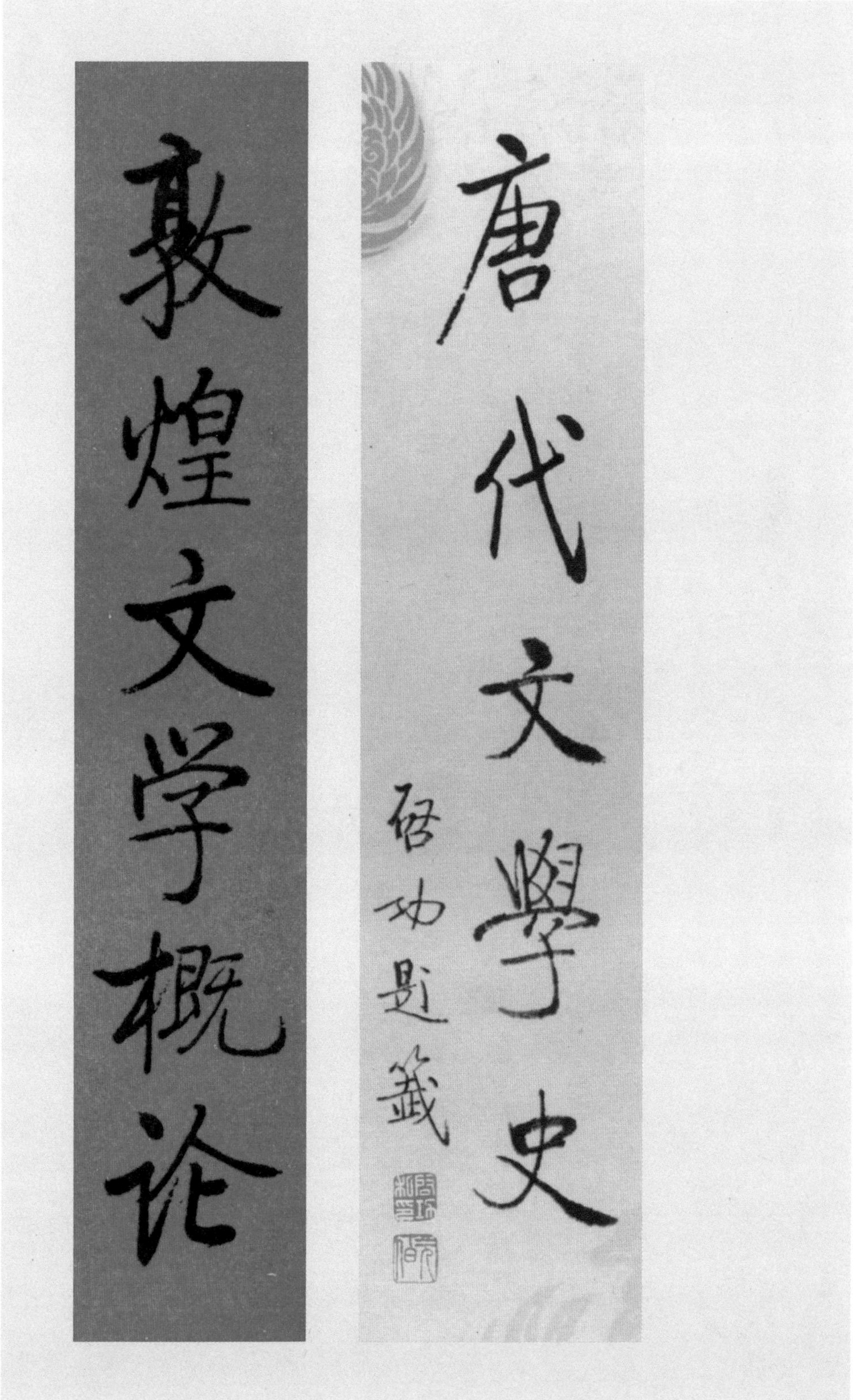
敦煌文学概论
唐代文學史
啓功題籤

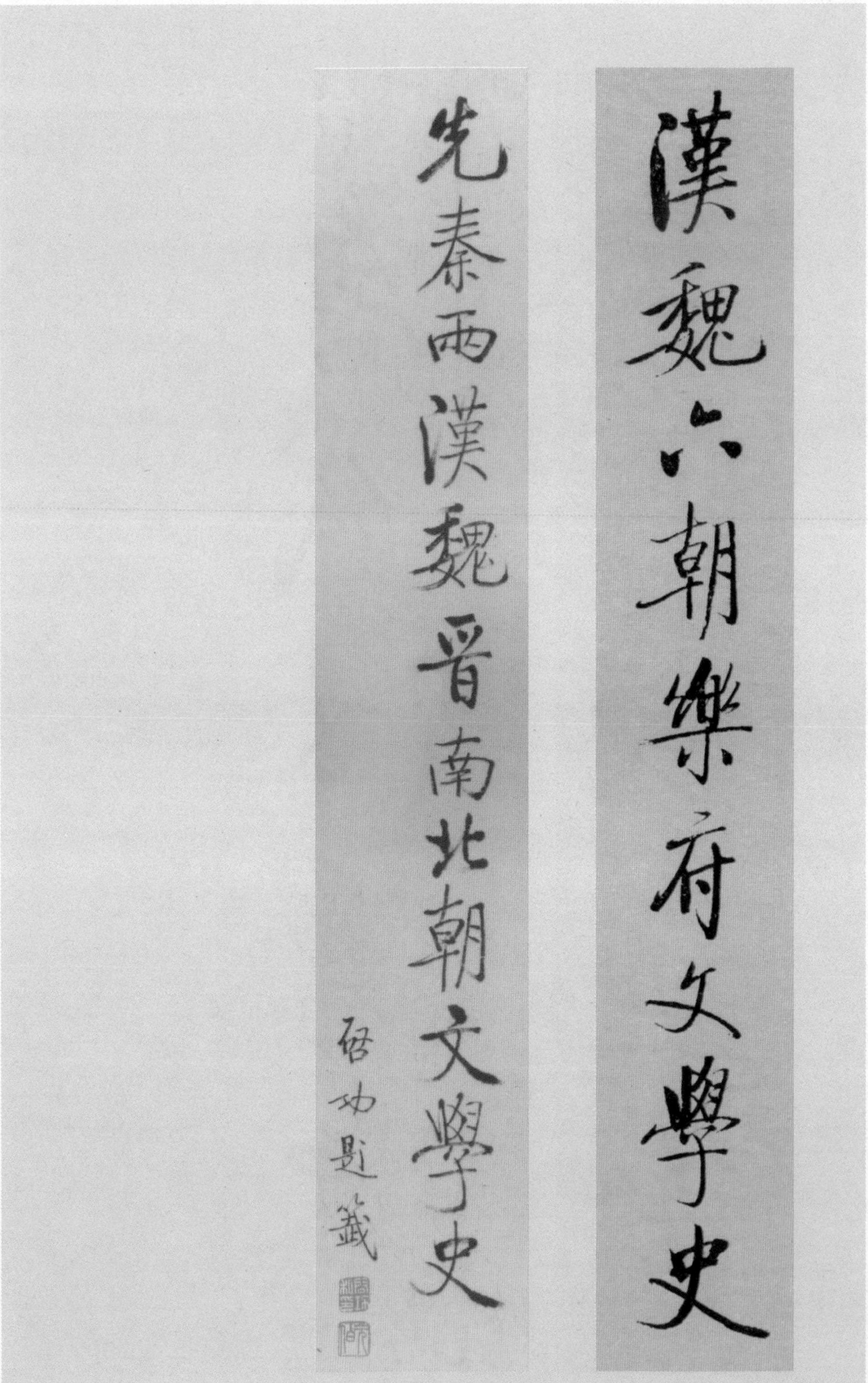
漢魏六朝樂府文學史
先秦兩漢魏晉南北朝文學史
啓功題籤

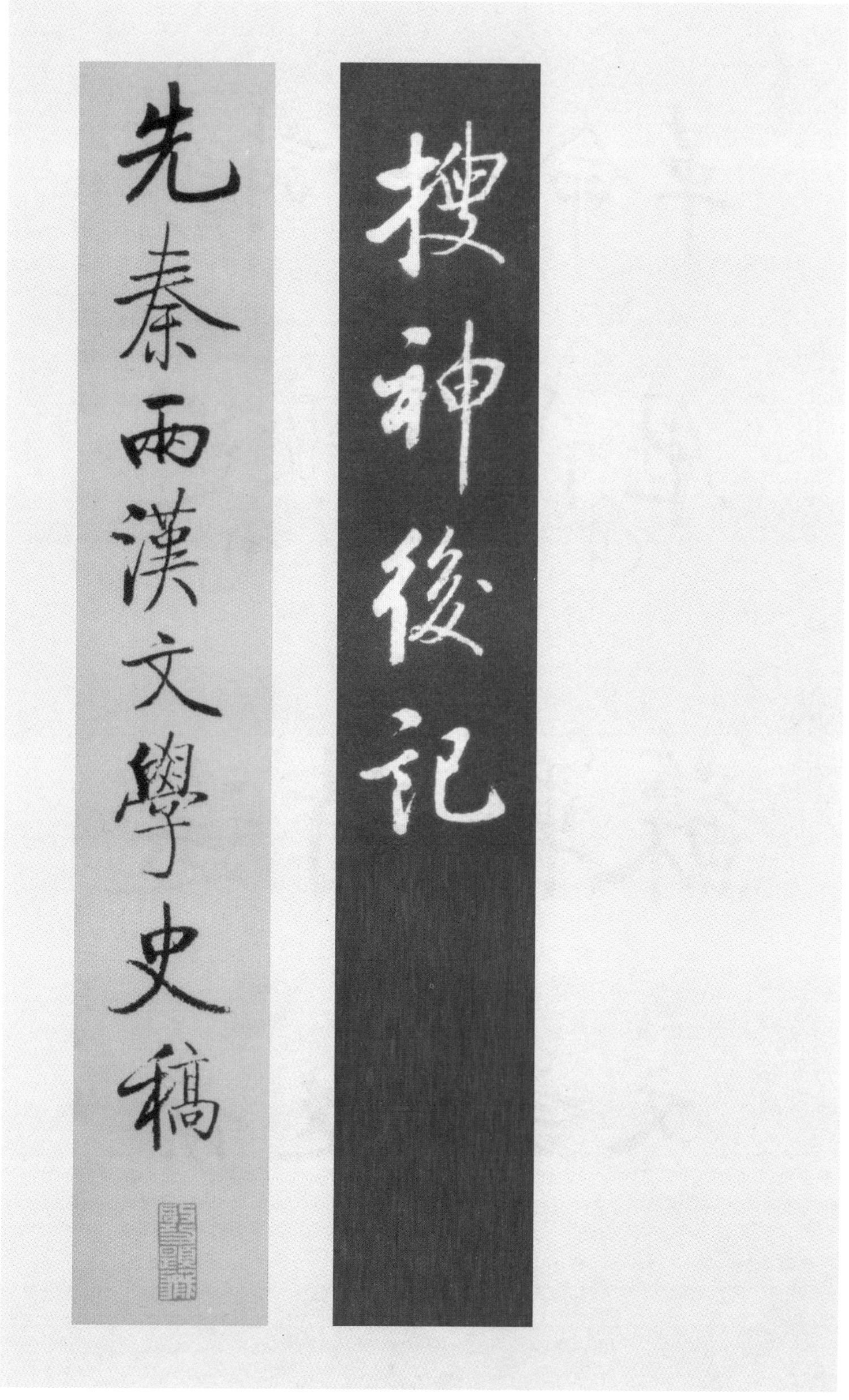
搜神後記
先秦兩漢文學史稿

革命烈士詩鈔

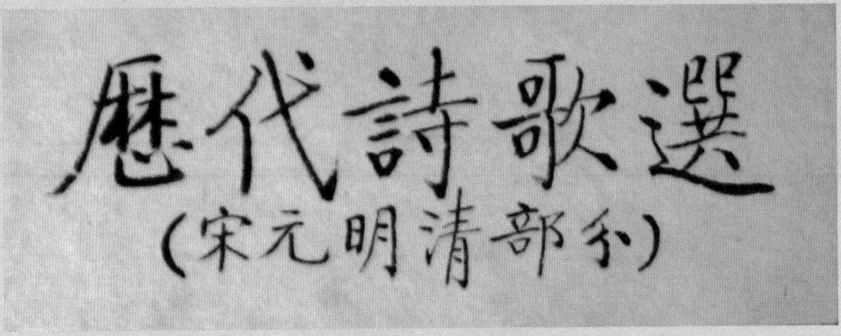
歷代詩歌選
（宋元明清部分）

蘇軾詩選

文言文选读

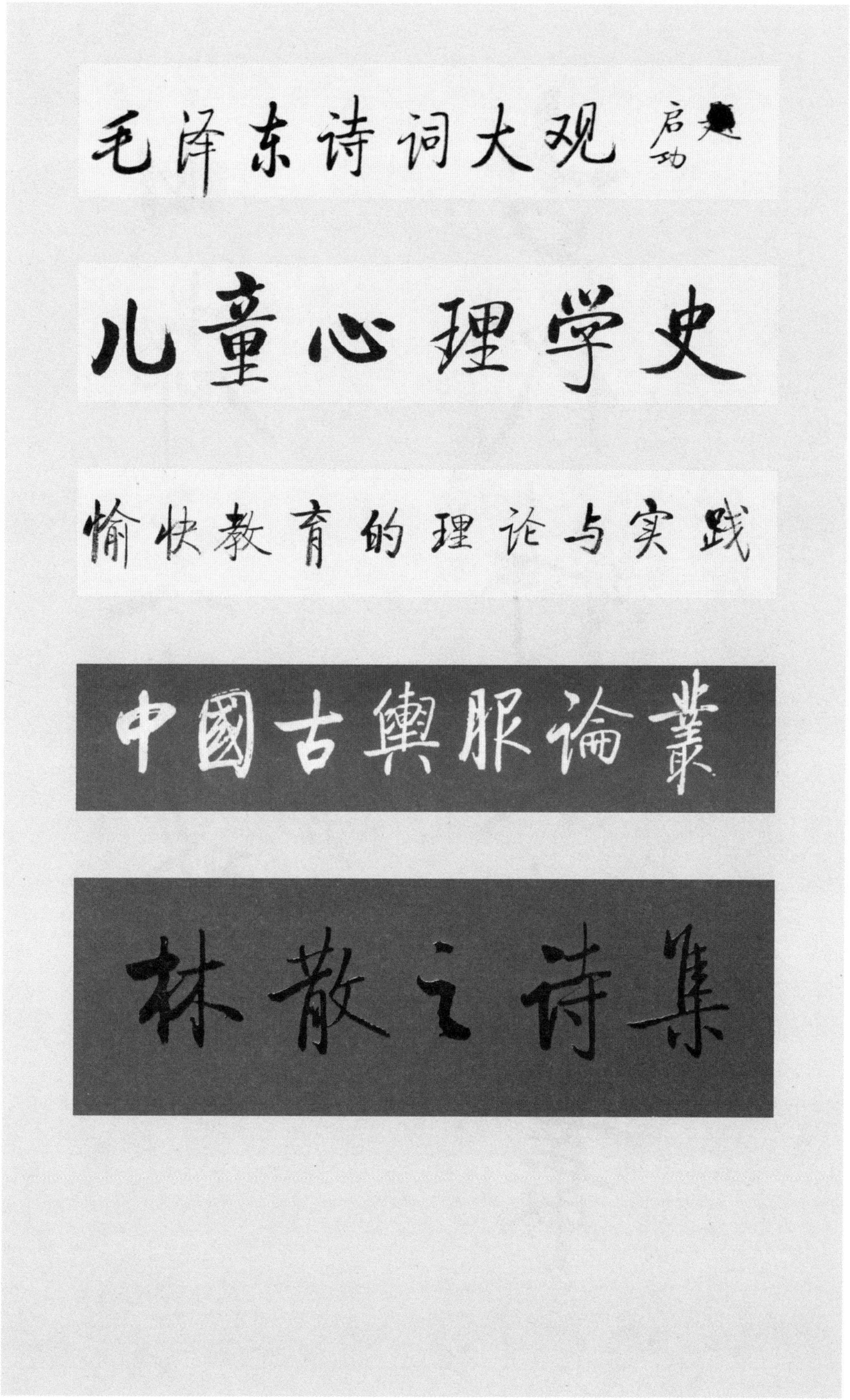
毛泽东诗词大观 启功
儿童心理学史
愉快教育的理论与实践
中國古輿服論叢
林散之诗集

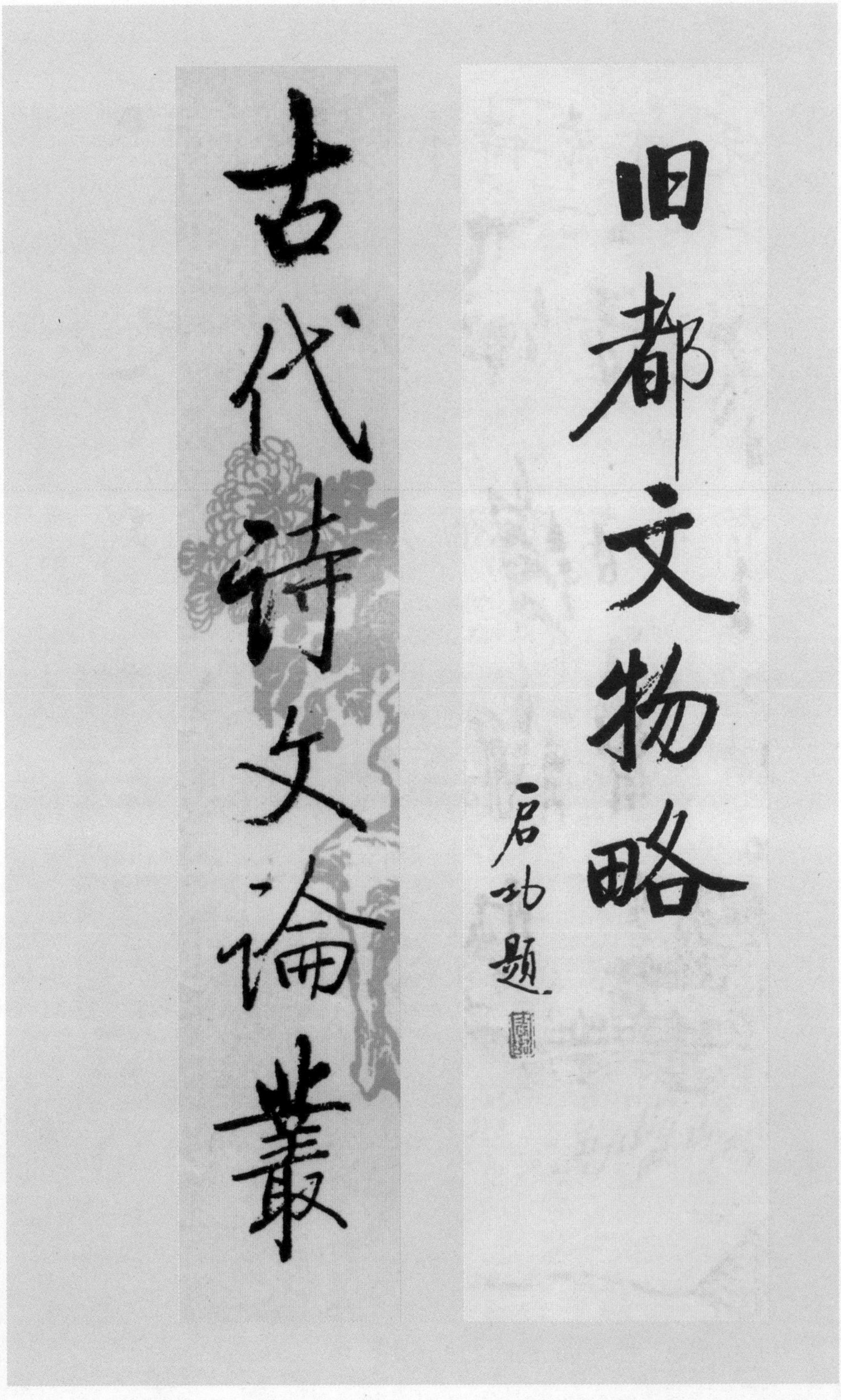
旧都文物略
启功题
古代詩文論叢

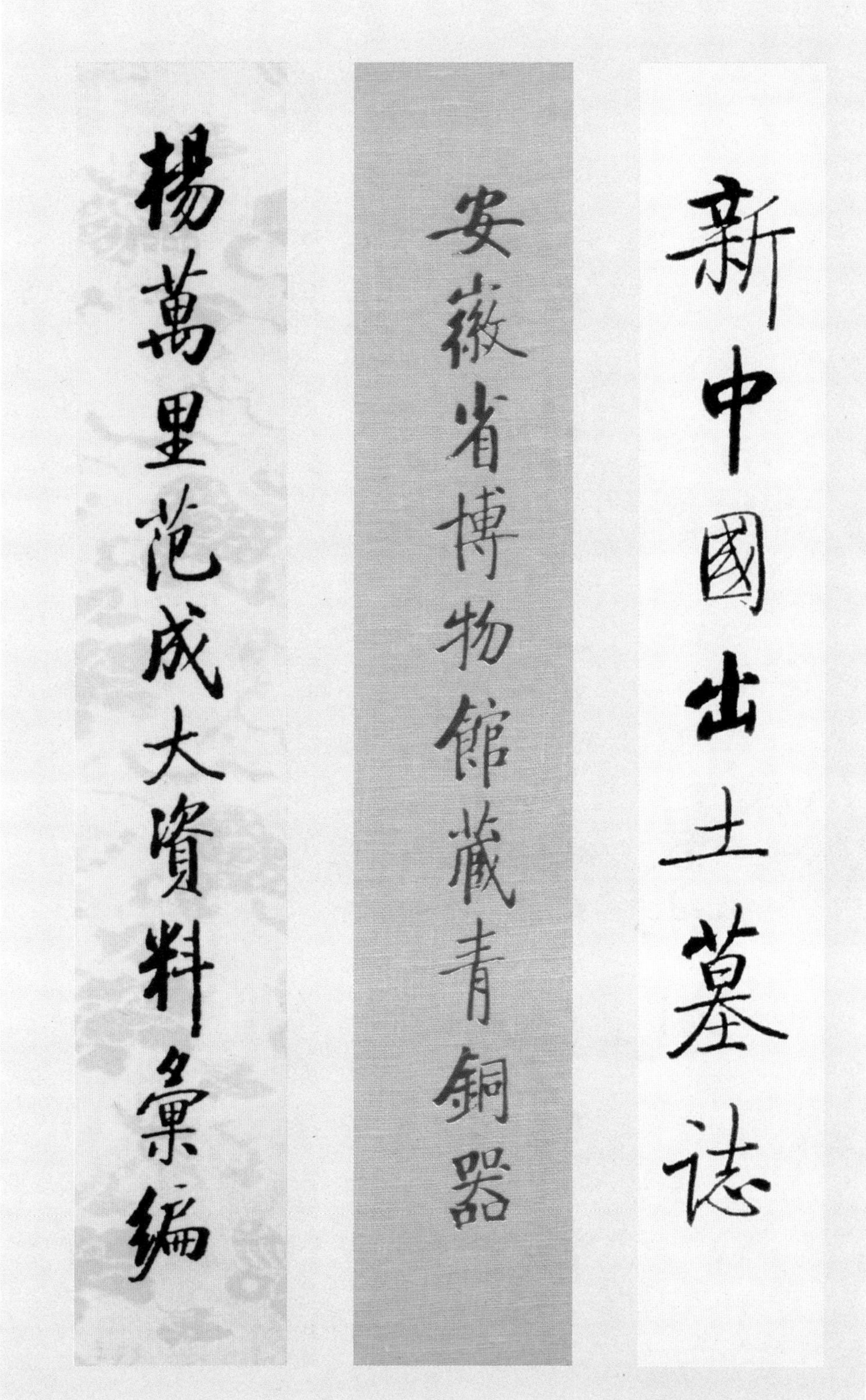
新中國出土墓志
安徽省博物館藏青銅器
楊萬里范成大資料彙編

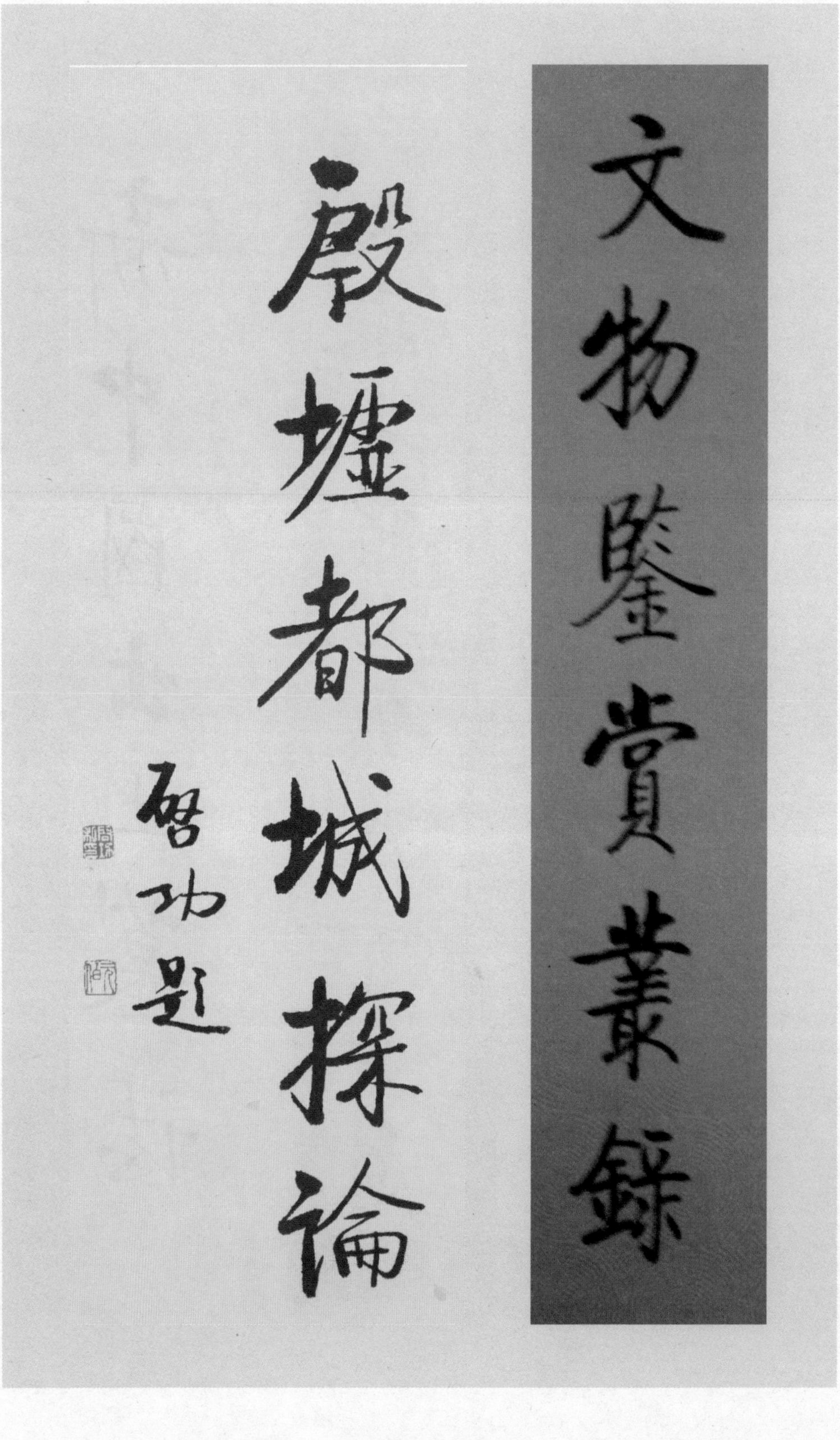
文物鑒賞叢録
殷墟都城探論
啓功題

李清照資料彙編
金瓶梅資料彙編
李賀資料彙編

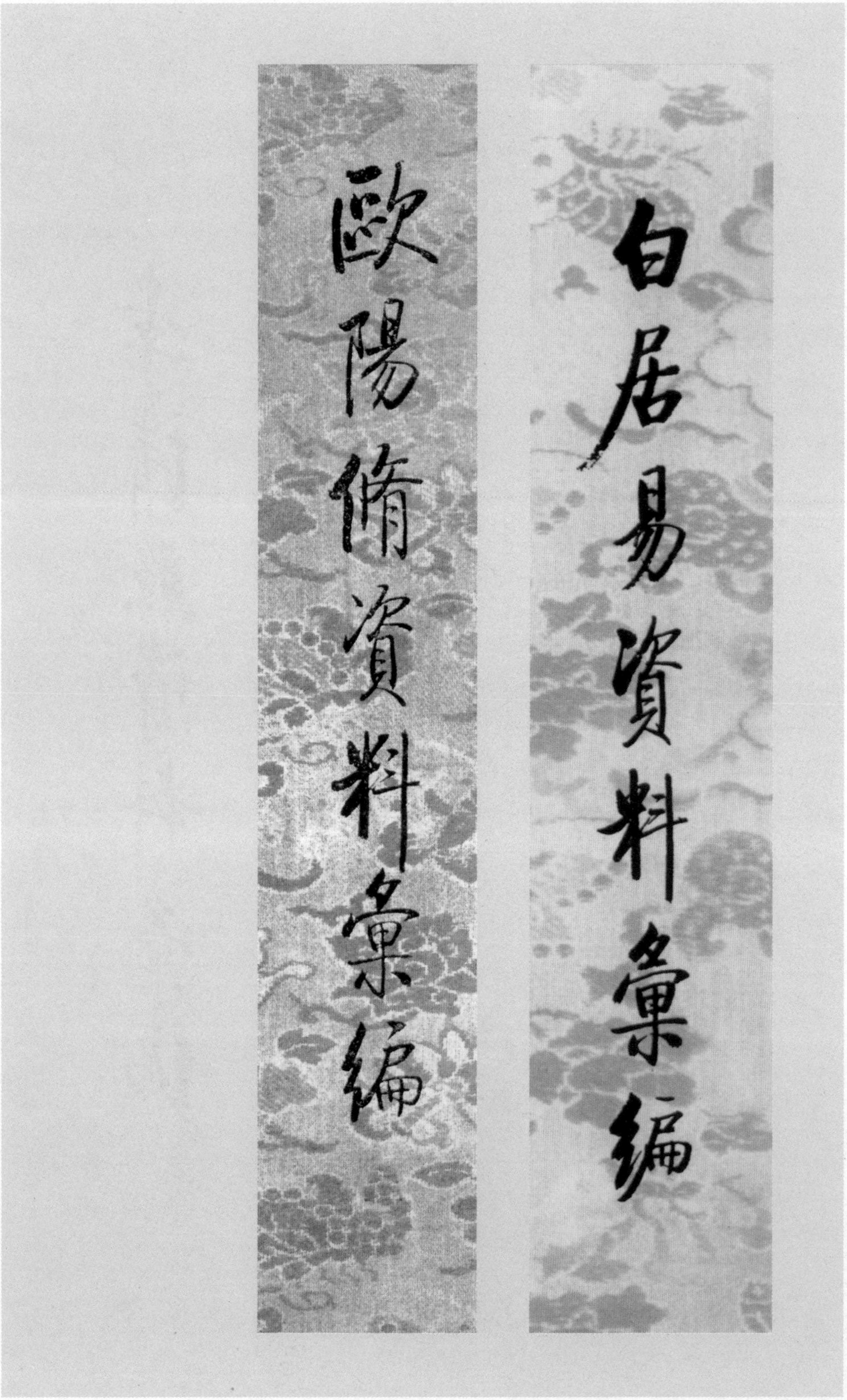
白居易資料彙編
歐陽脩資料彙編

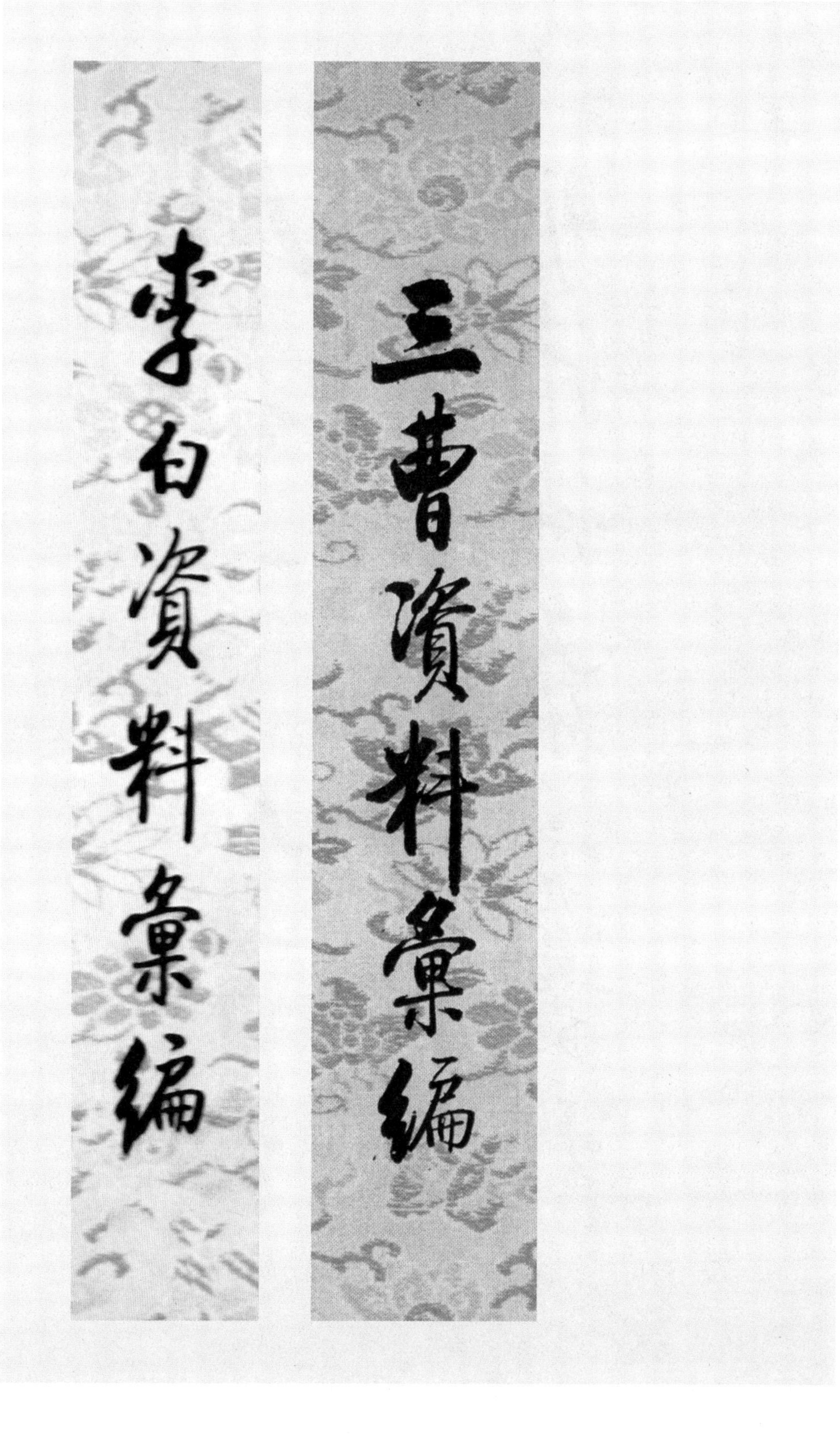

签

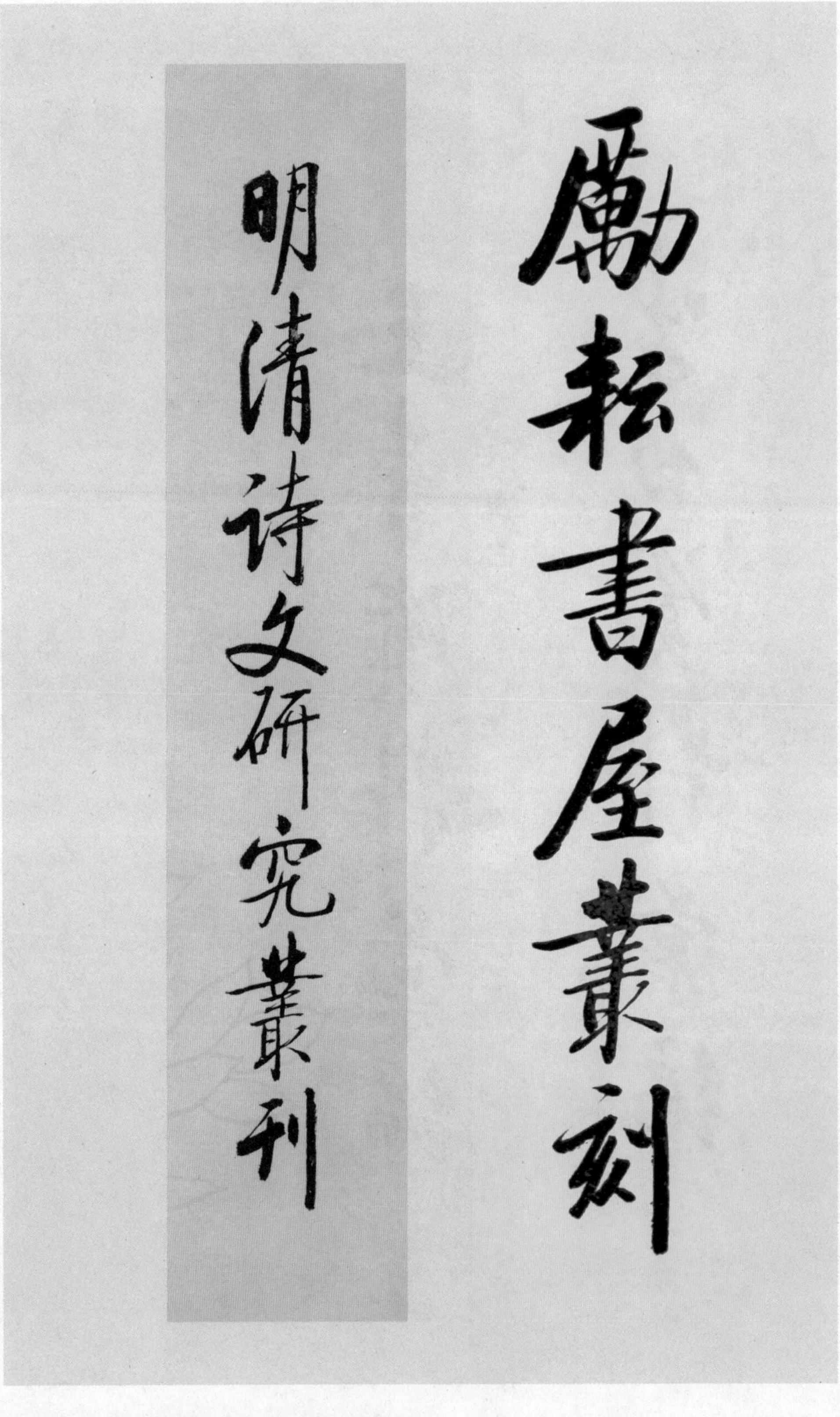
勵耘書屋叢刻
明清詩文研究叢刊

李賀研究資料
北京师范大學逸事
启功題籤

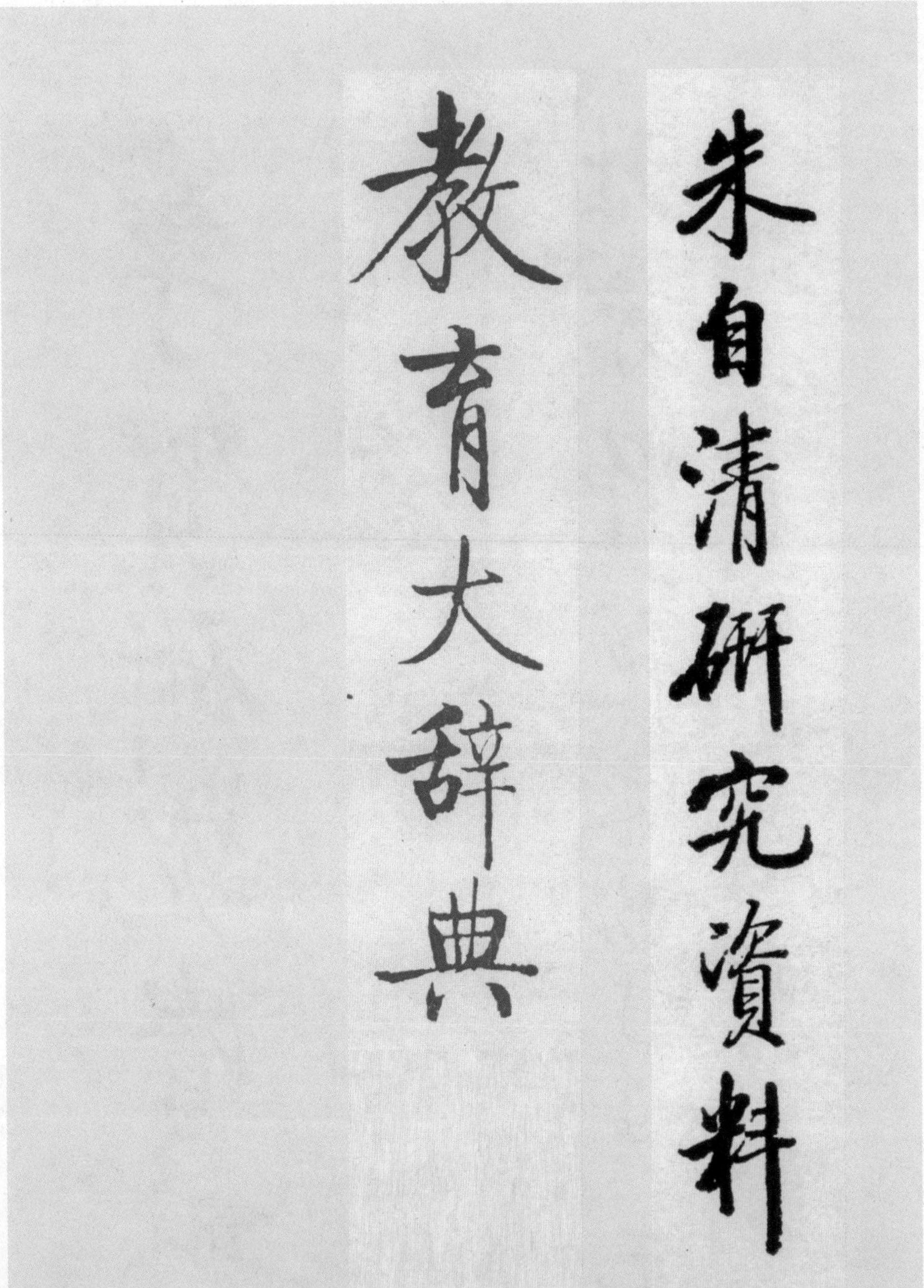
朱自清研究資料
教育大辭典

签

啓功韻語
啓功絮語
啓功贅語

尚書三考

尚書講疏

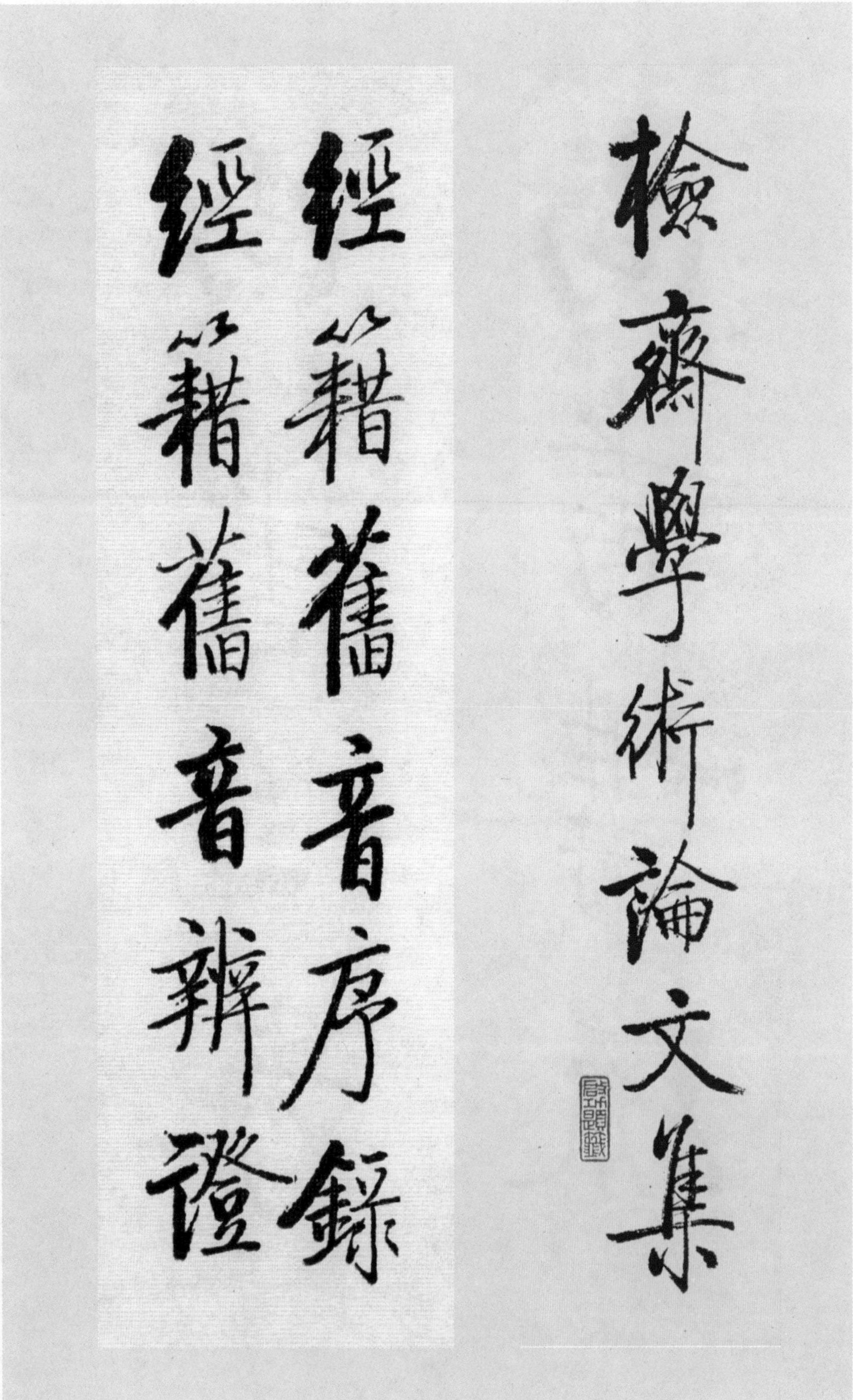
檢齋學術論文集
啓功題籤
經籍舊音序錄
經籍舊音辨證

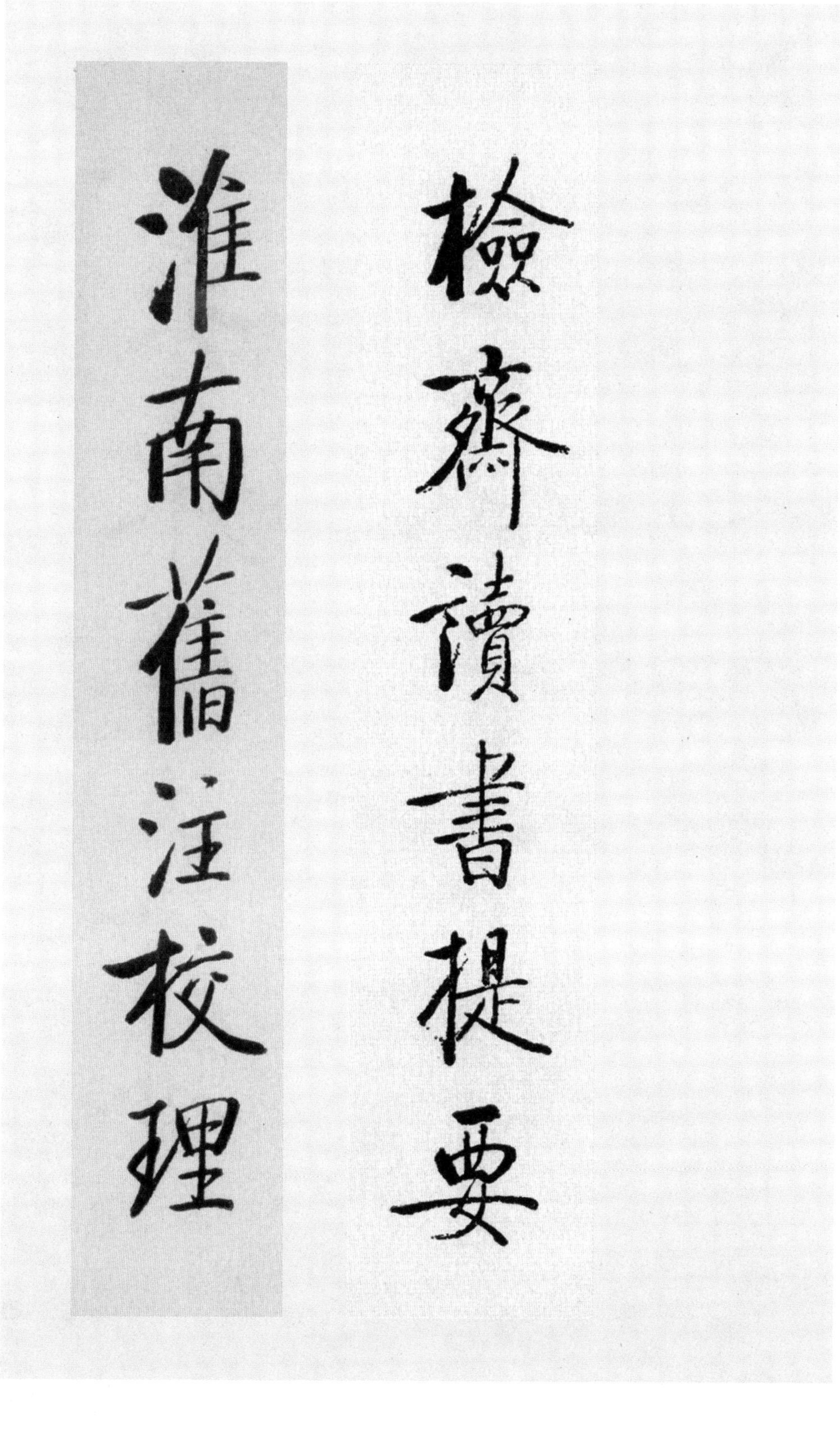
檢齋讀書提要
淮南舊注校理

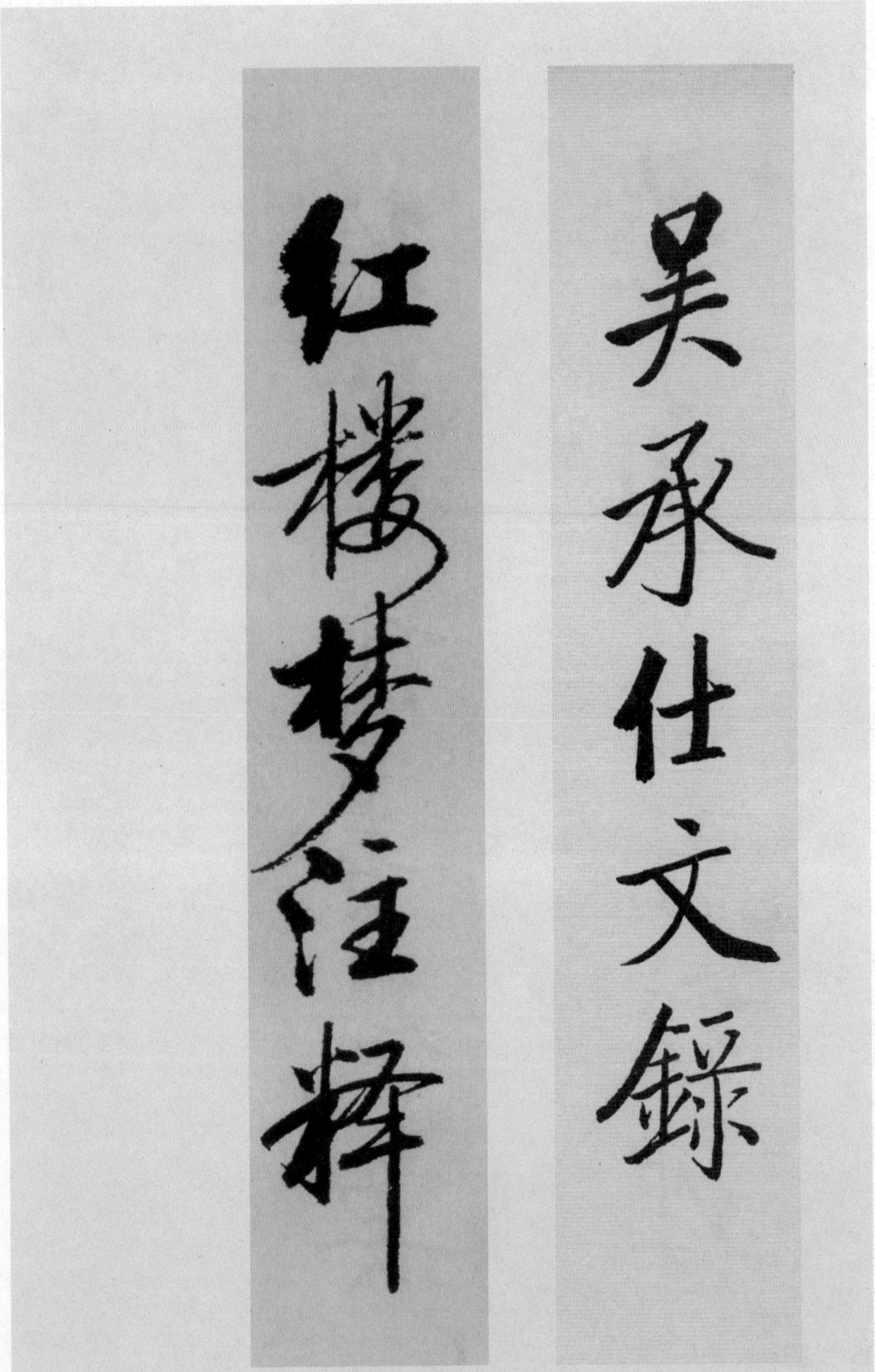
吴承仕文録
红楼梦注释

張竹坡批評第一奇書

金瓶梅

北京師範大學
圖書館藏善本

堅淨翁啓功題籤

西遊記
紅樓夢
水滸
三国演義

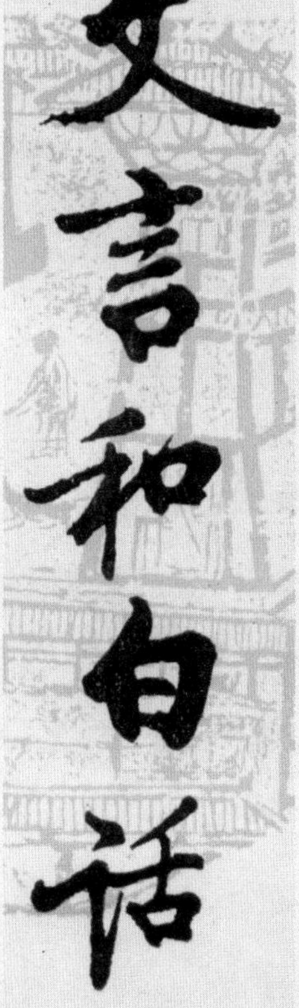

文言和白话

中国古代文学简史

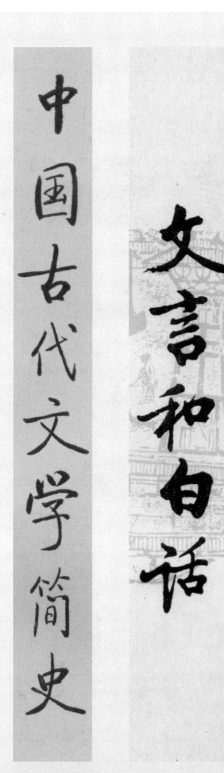

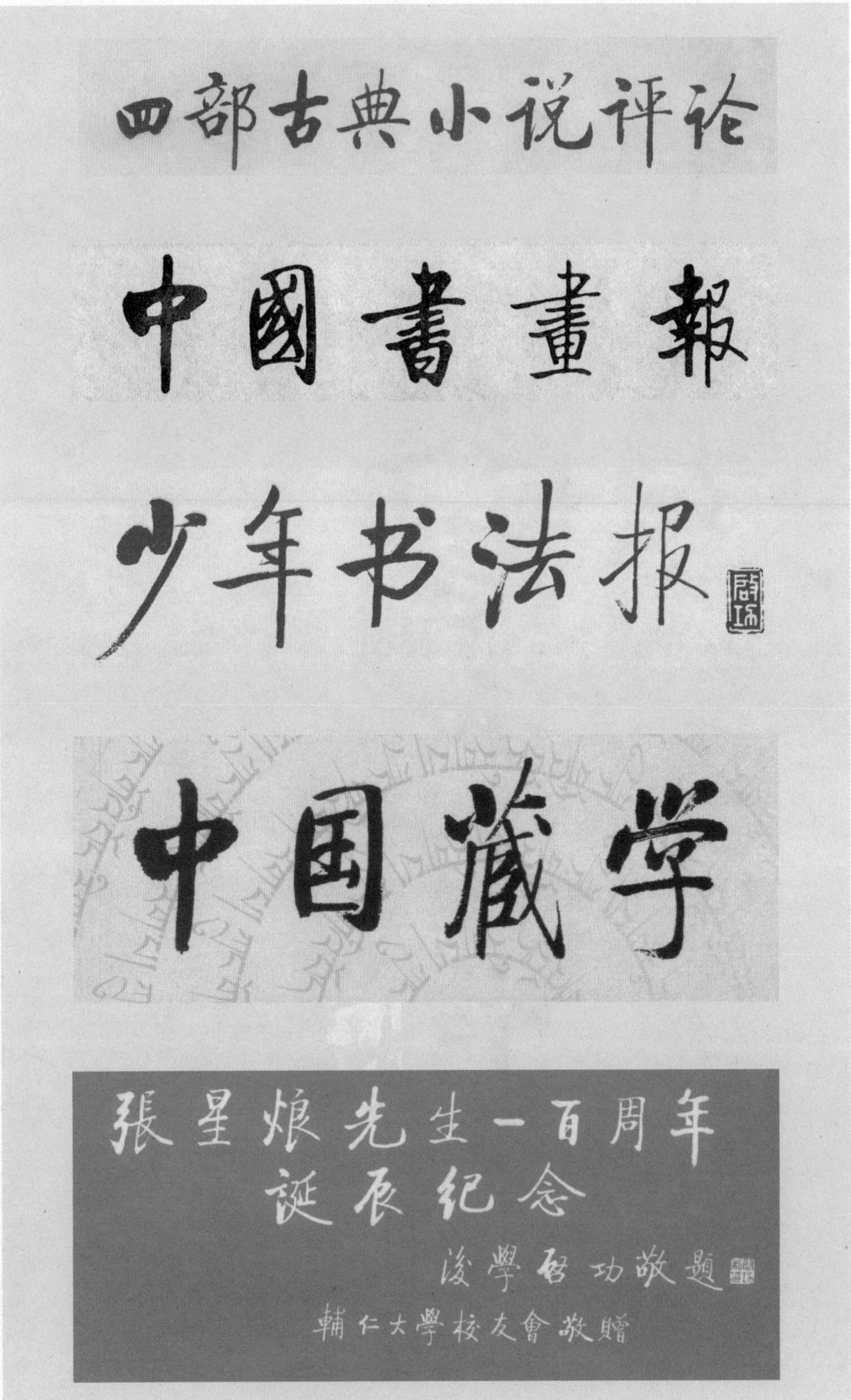
四部古典小说评论
中國書畫報
少年书法报
中国藏学
張星烺先生一百周年
誕辰紀念
後學啓功敬題
輔仁大學校友會敬贈

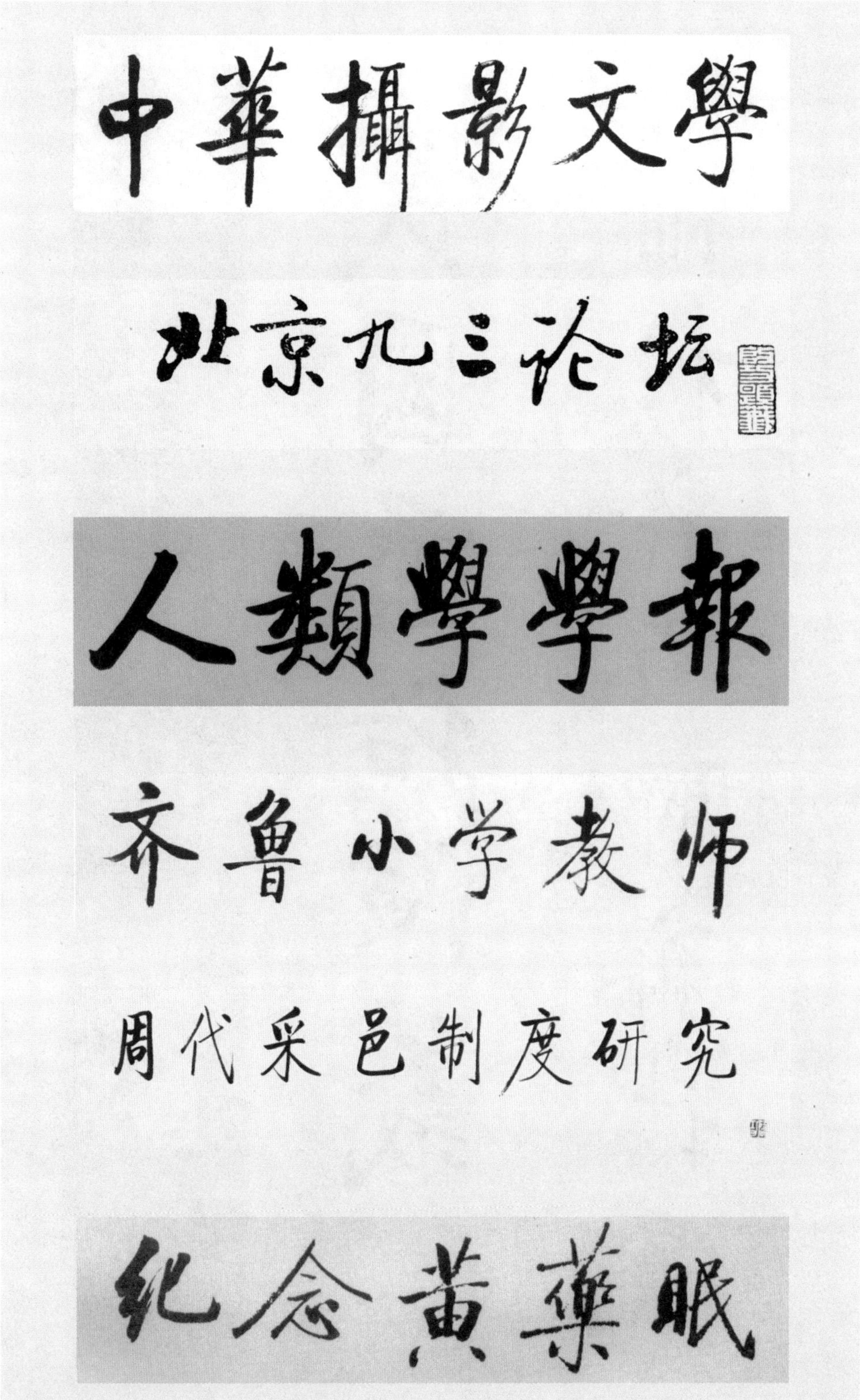
中華攝影文學
北京九三论坛
人類學學報
齐鲁小学教师
周代采邑制度研究
纪念黄藥眠

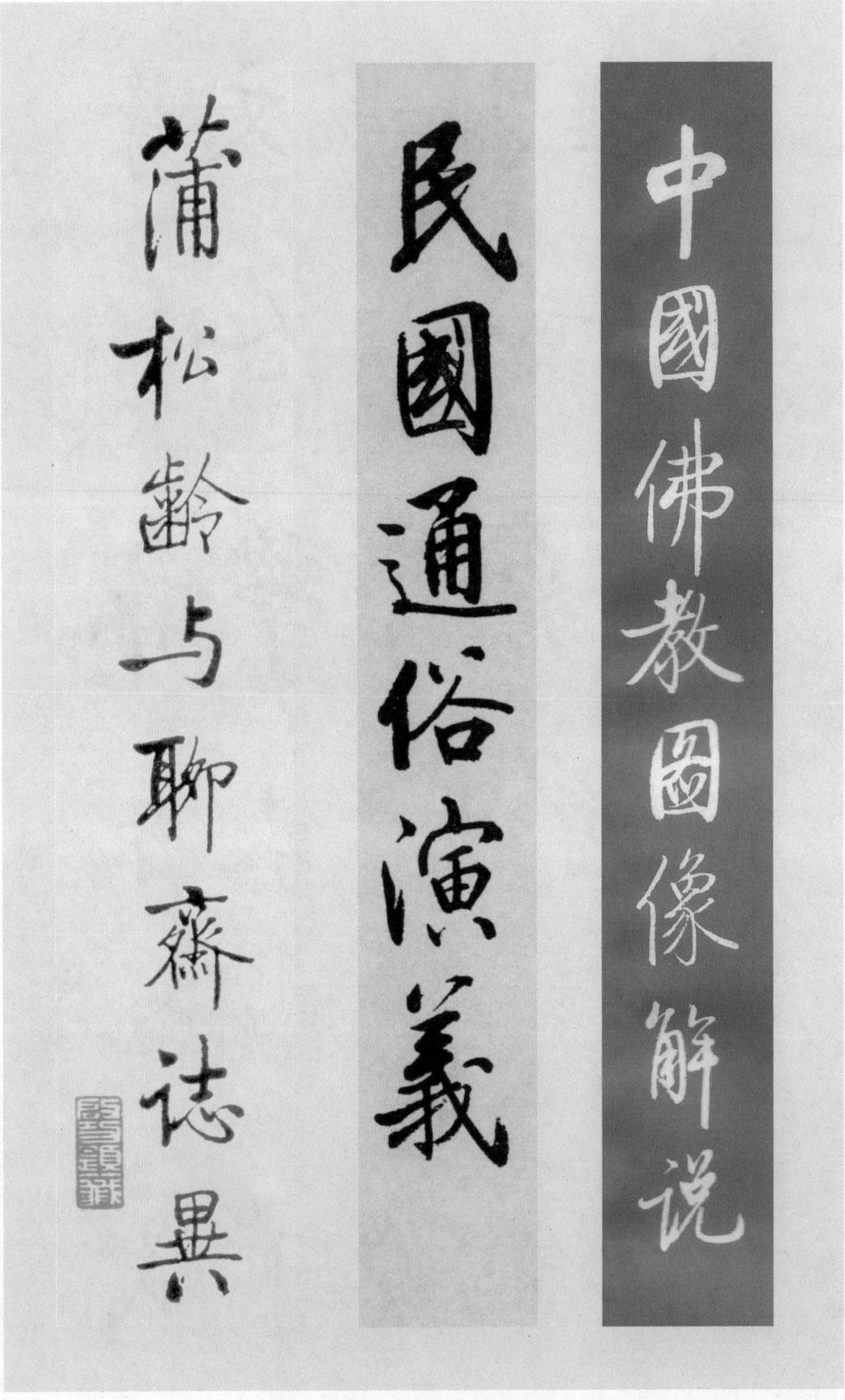
中國佛教圖像解说
民國通俗演義
蒲松齡与聊齋誌異

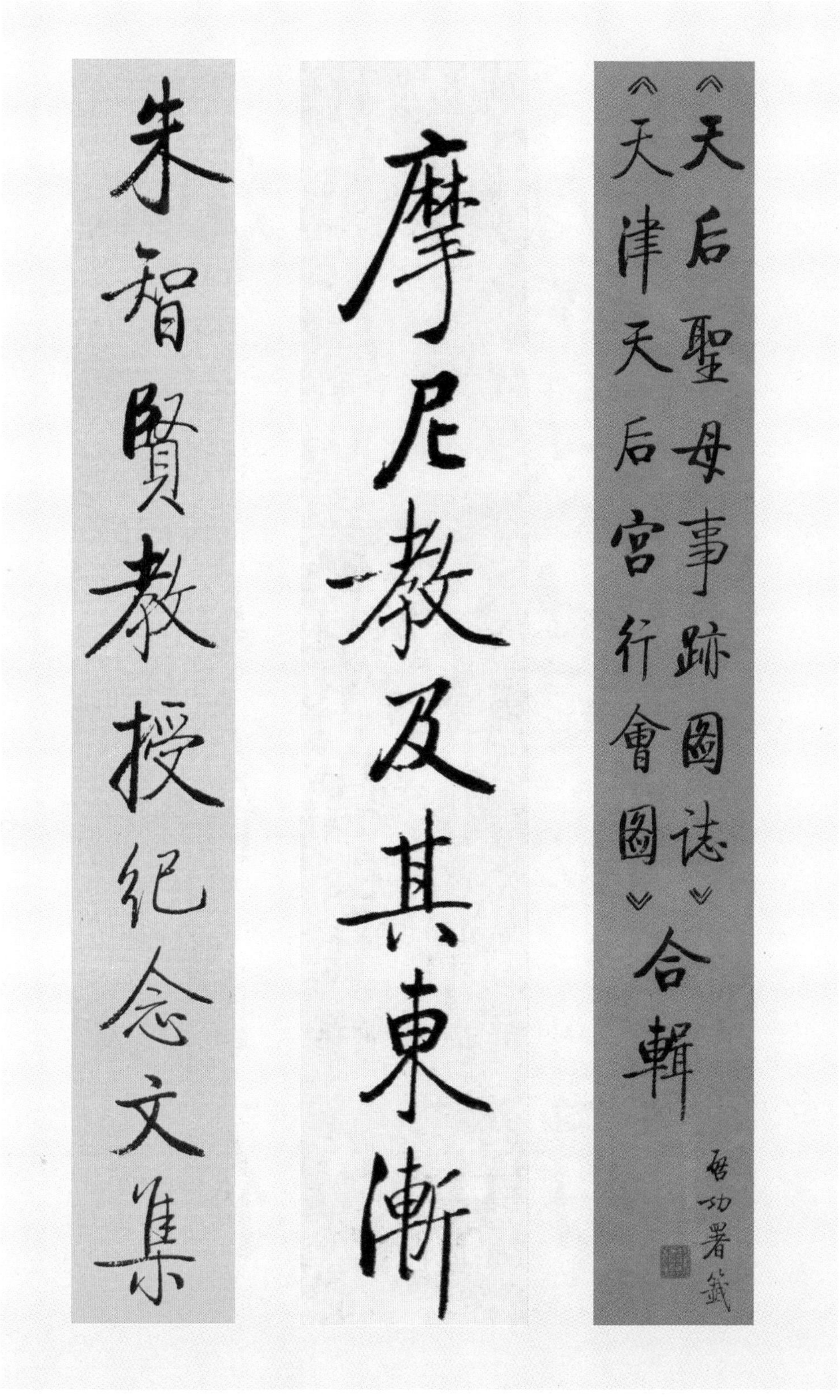
《天后聖母事跡圖誌》《天津天后宮行會圖》合輯
啓功署籤
摩尼教及其東漸
朱智賢教授紀念文集

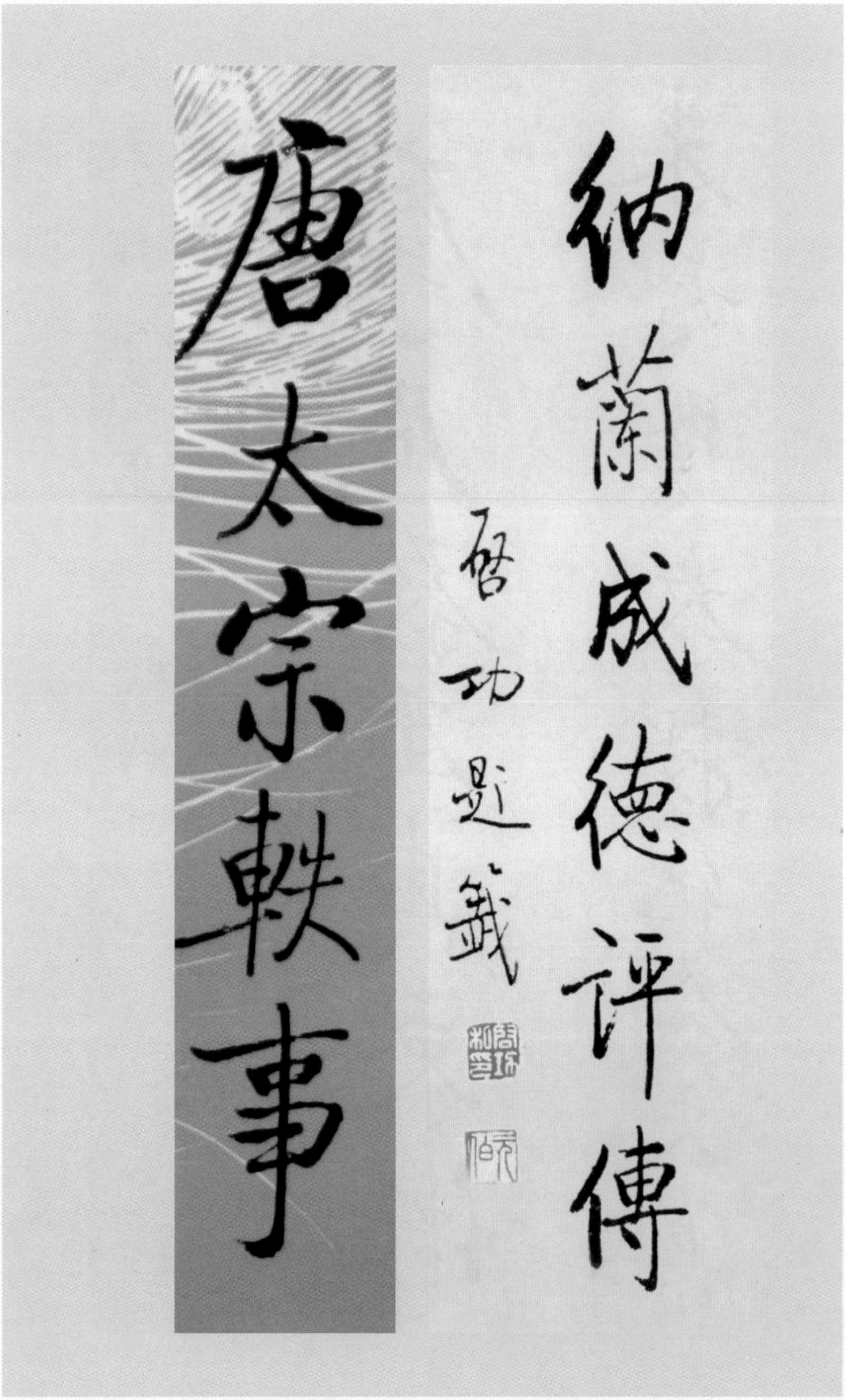
納蘭成德評傳
啓功題籤
唐太宗軼事

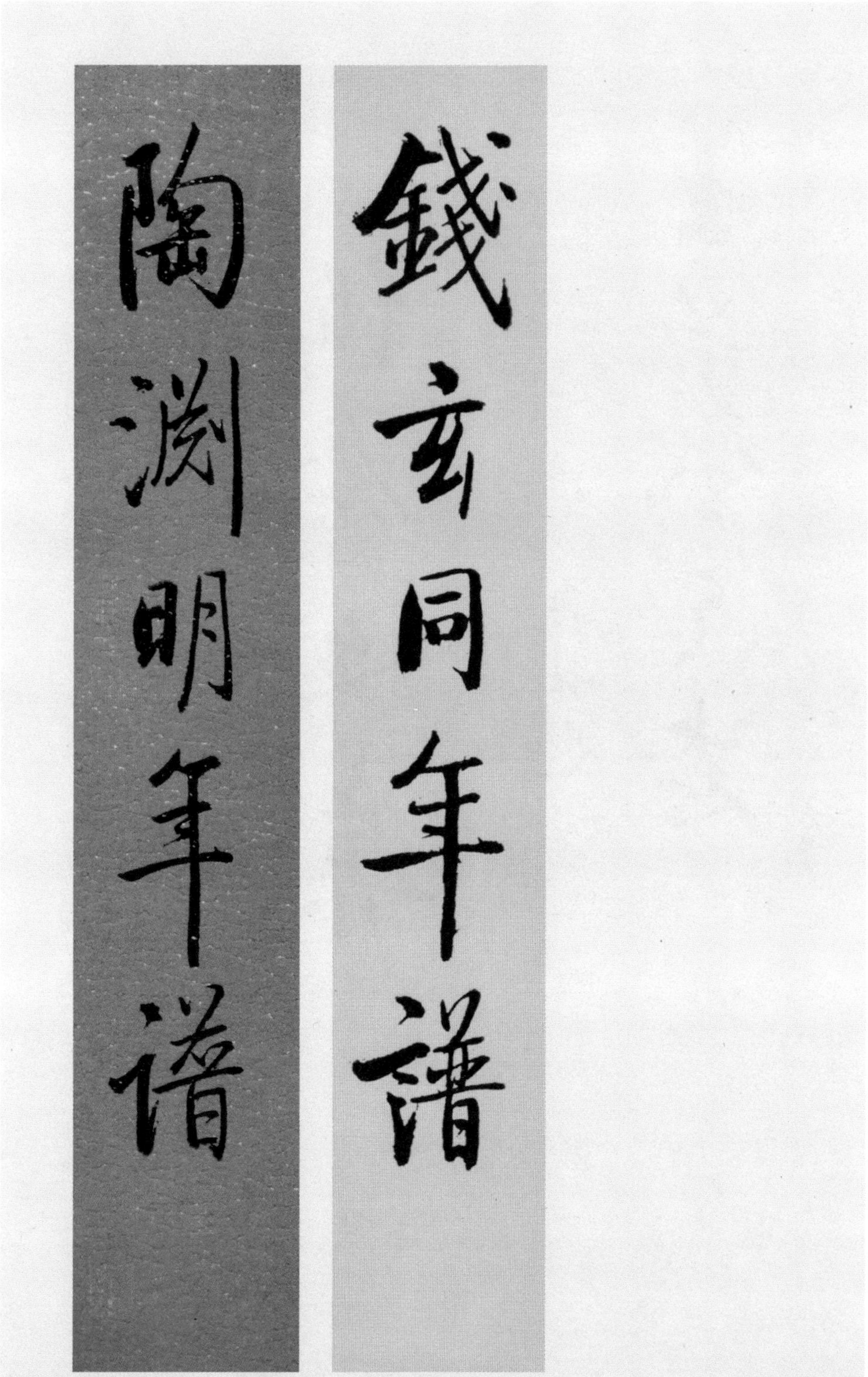
錢玄同年譜
陶淵明年譜

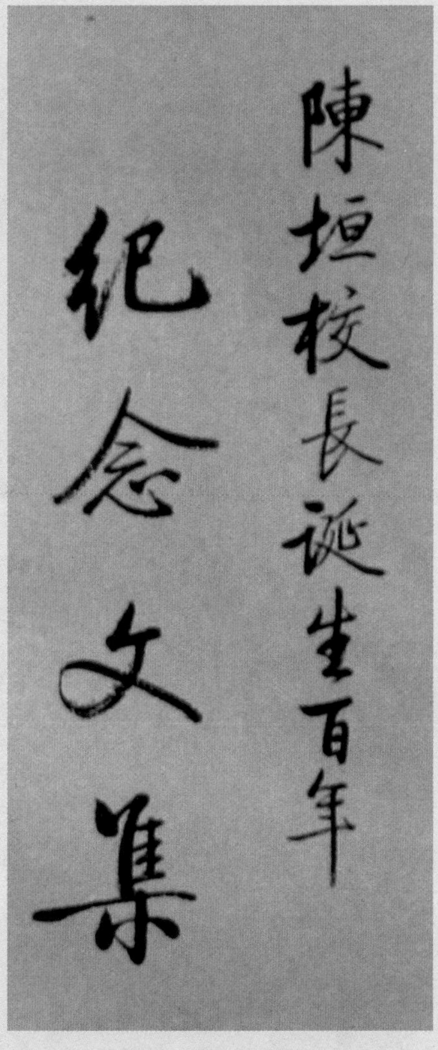
陳垣校長誕生百年
紀念文集

王羲之志
啓功題耑

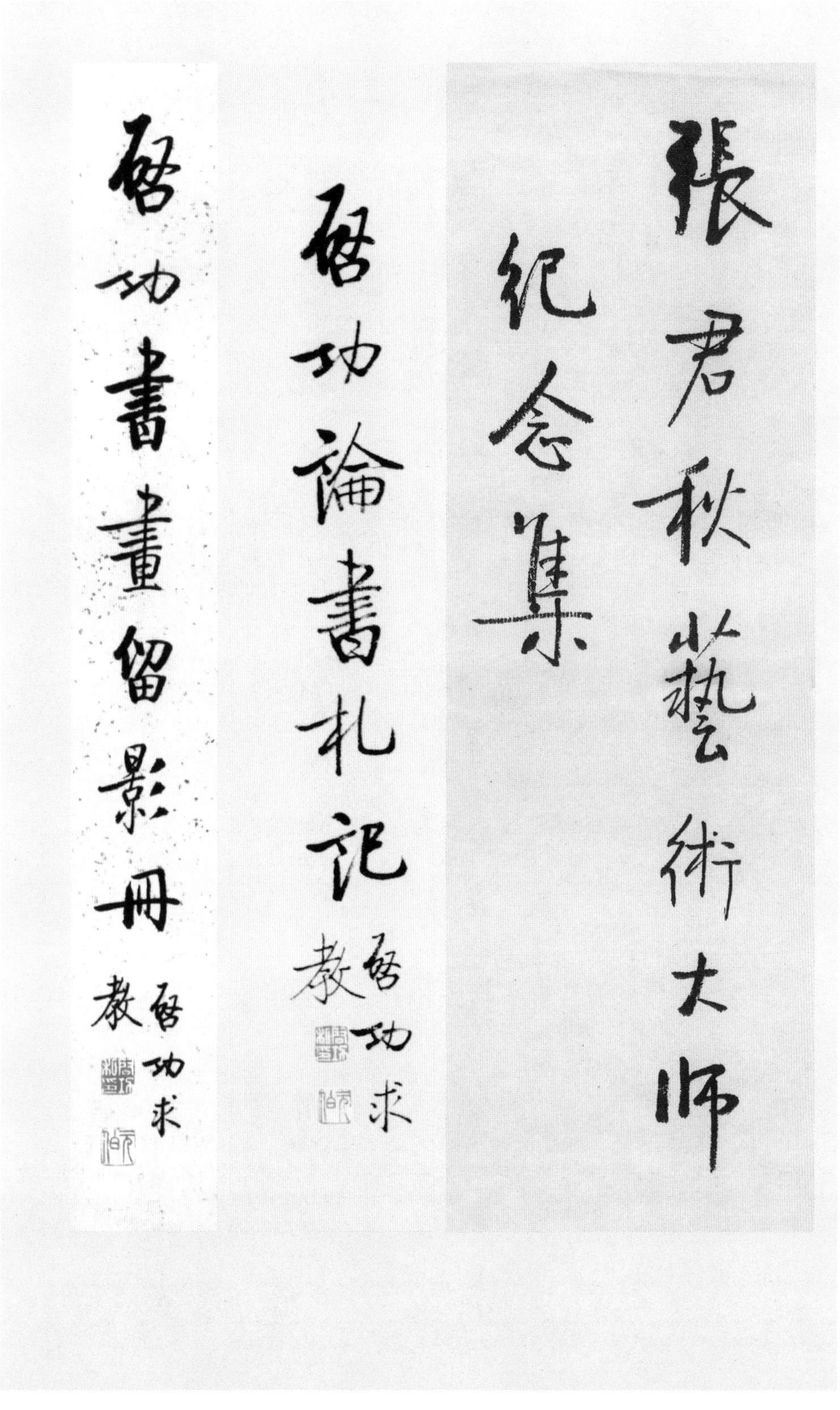
張君秋藝術大师紀念集
啓功論書札記
啓功求教
啓功書畫留影冊
啓功求教

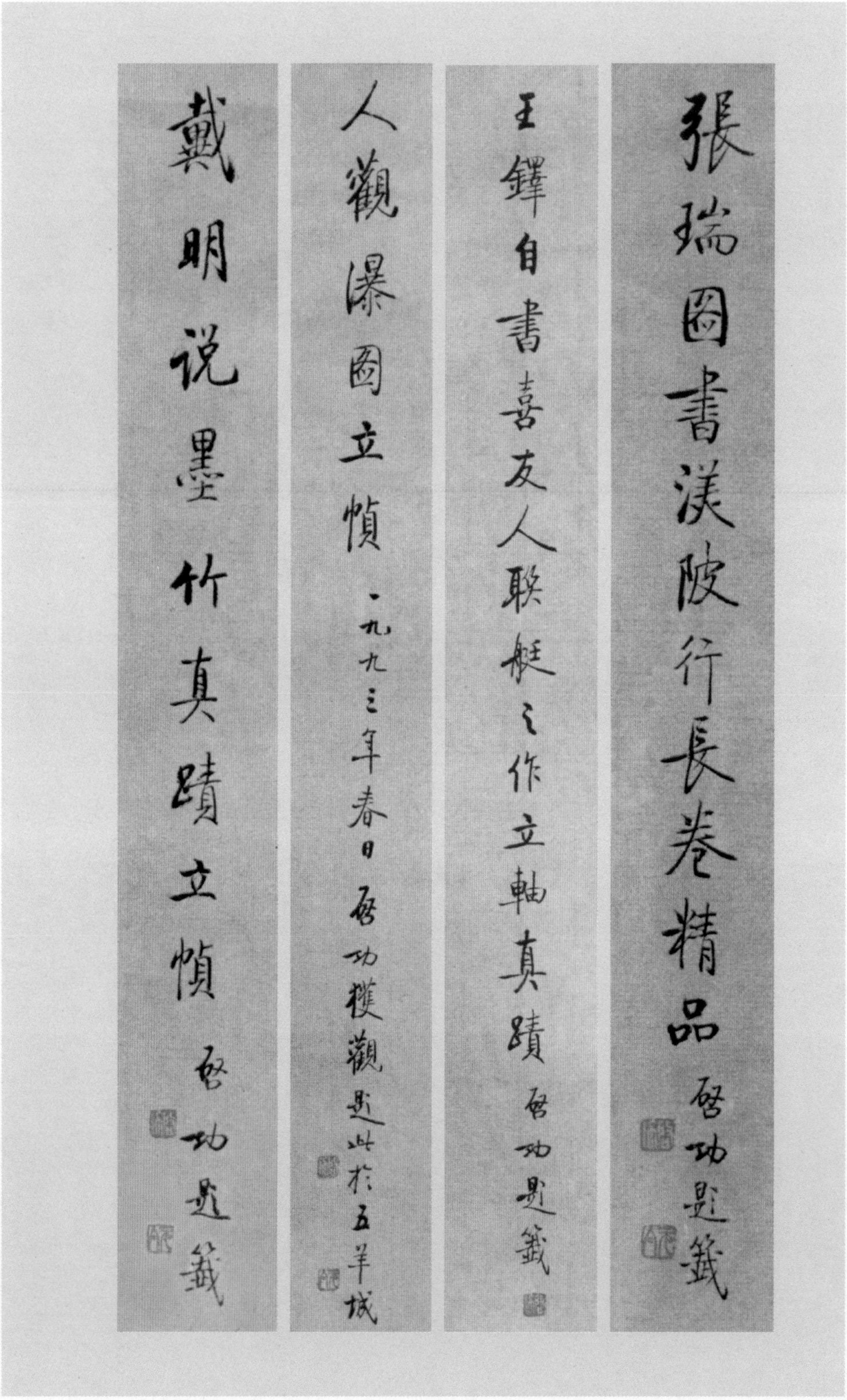
張瑞圖書渼陂行長卷精品 啓功題籤
王鐸自書喜友人聯艇之作立軸真蹟 啓功題籤
人觀瀑圖立幀 一九九三年春日啓功獲觀題此於五羊城
戴明說墨竹真蹟立幀 啓功題籤

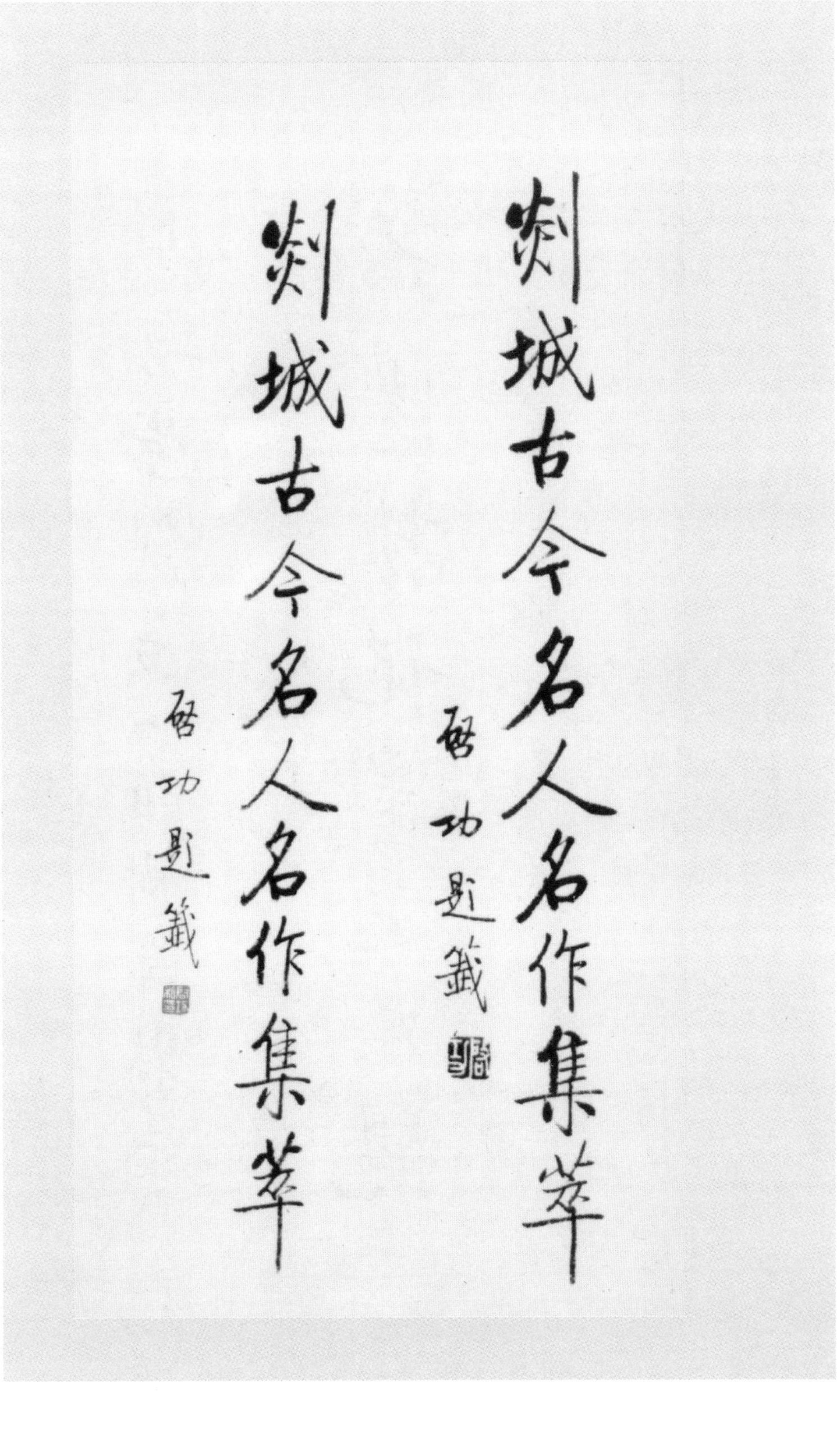
剡城古今名人名作集萃
啓功題籤
剡城古今名人名作集萃
啓功題籤

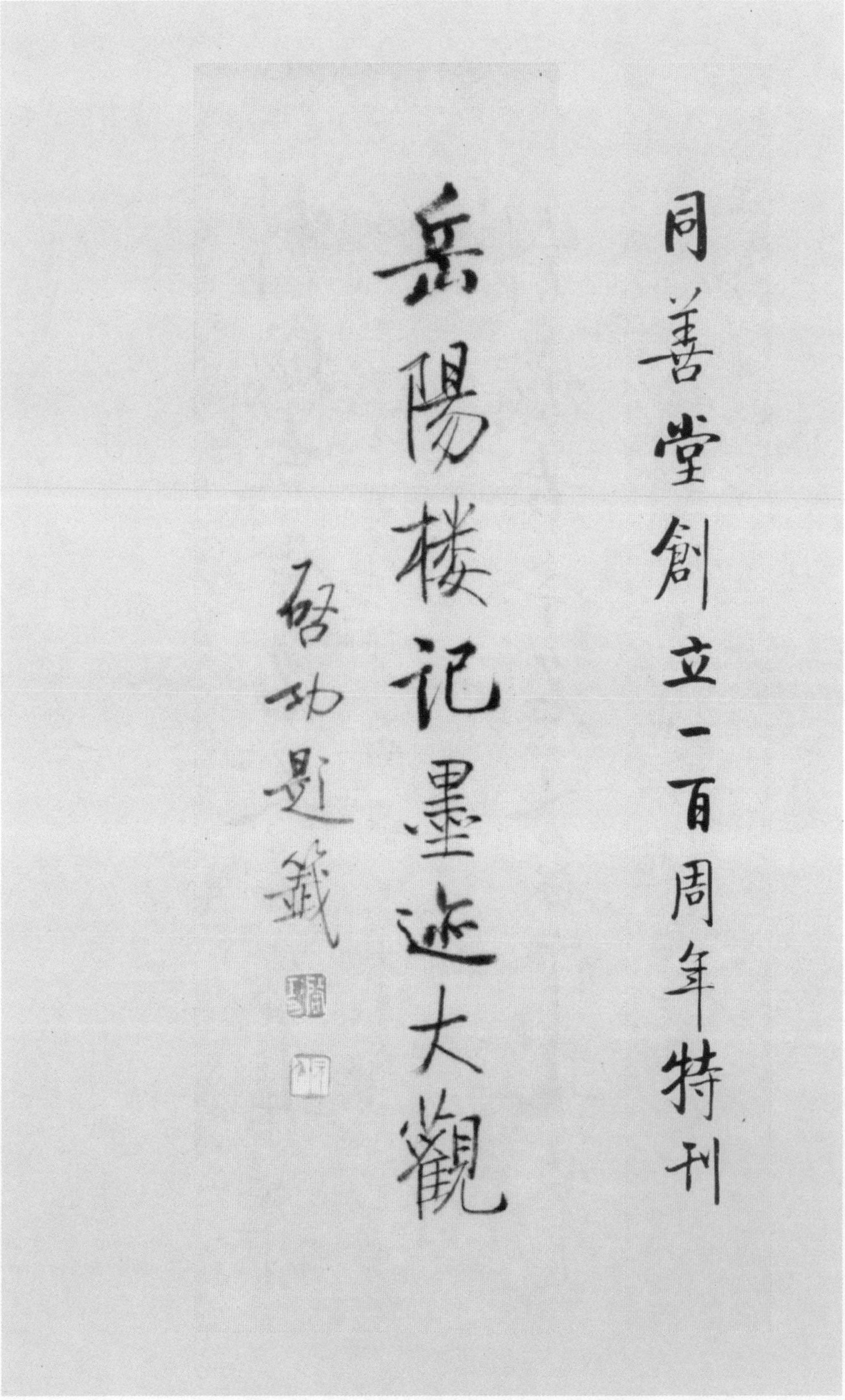
同善堂創立一百周年特刊
岳陽樓記墨迹大觀
啓功題籤

藏園羣書經眼錄

北京平

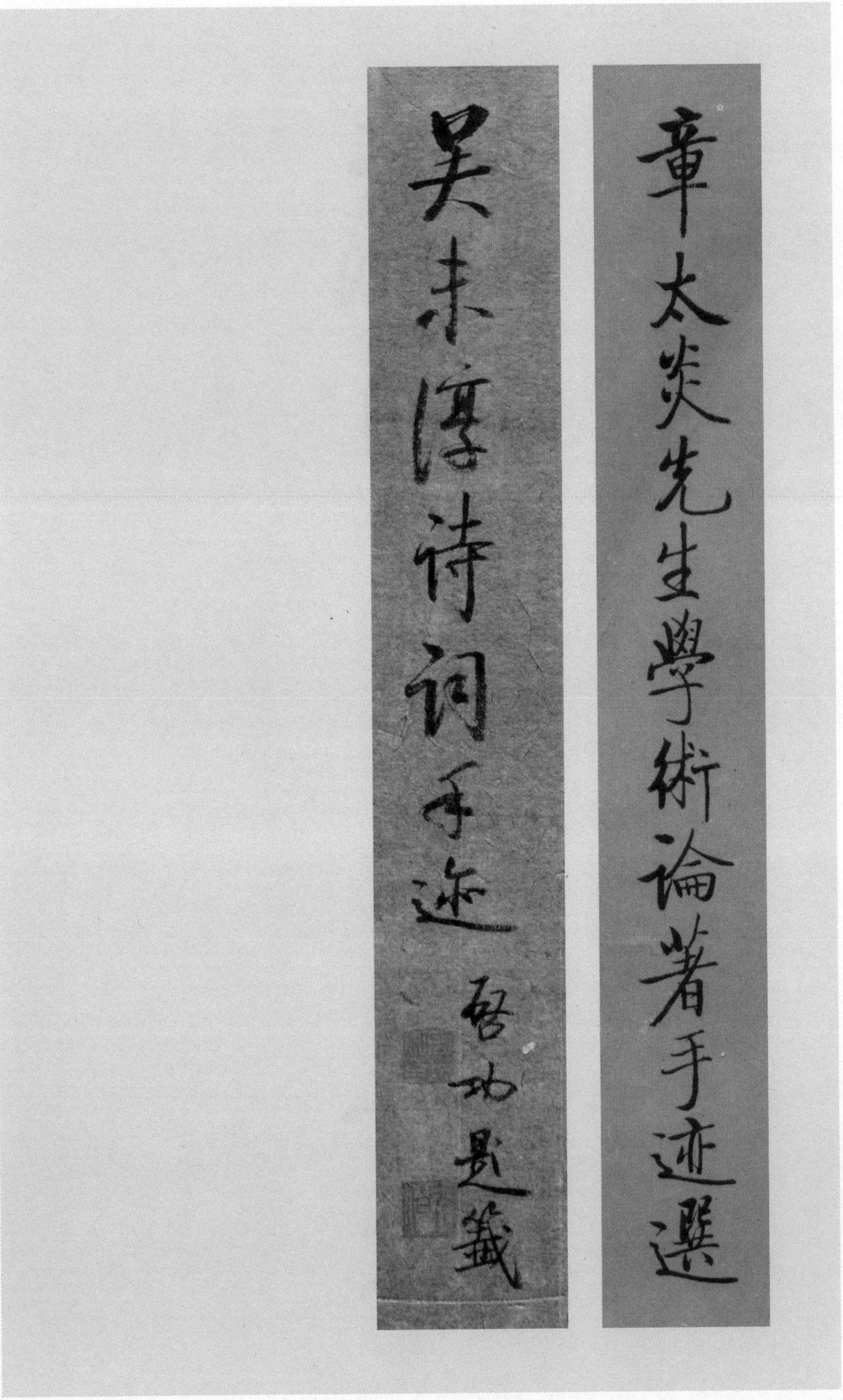
章太炎先生學術論著手迹選
吴未淳詩詞手迹
啓功題籤

全聚德史话

北京全聚德名菜谱

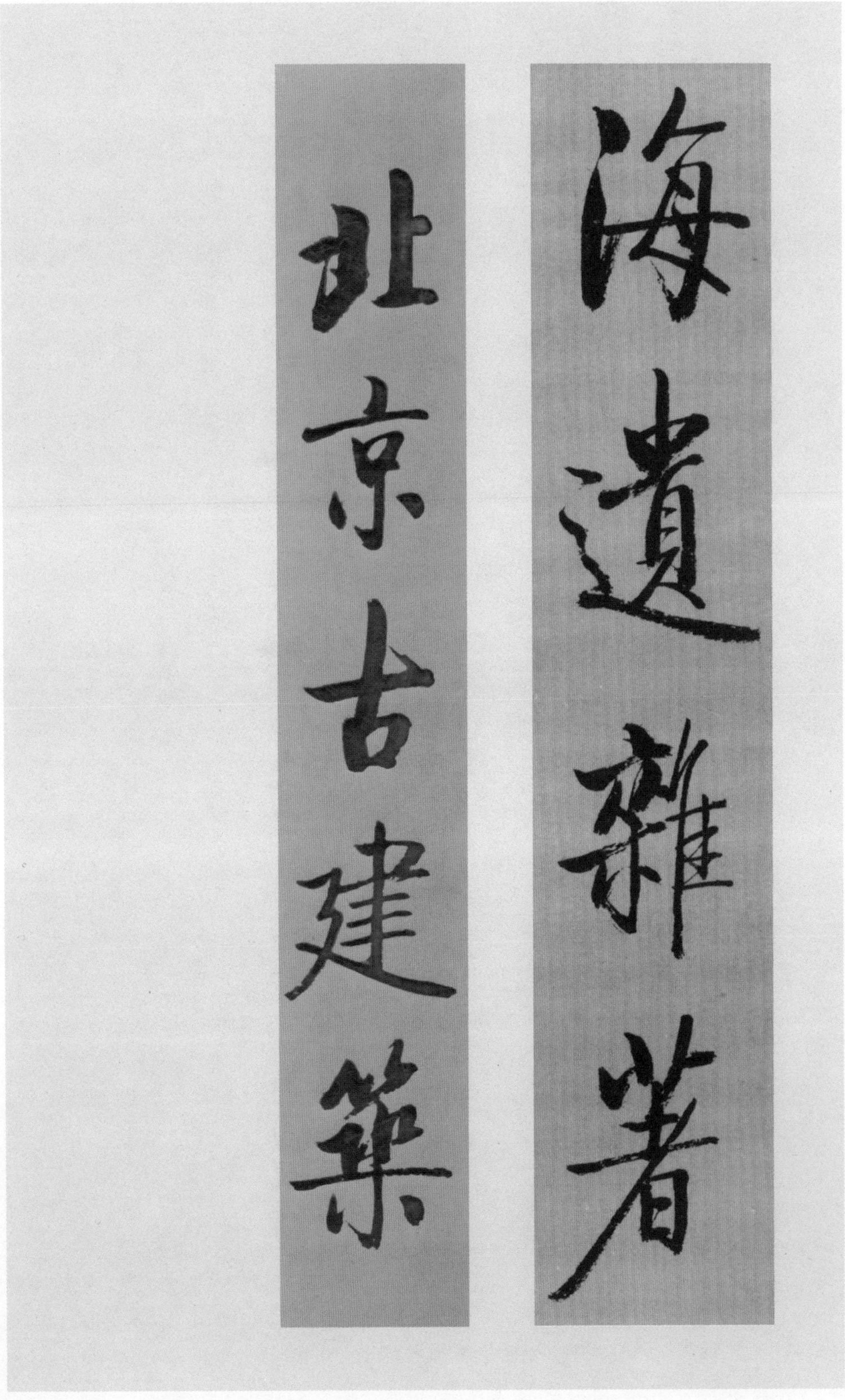
海遺雜著
北京古建築

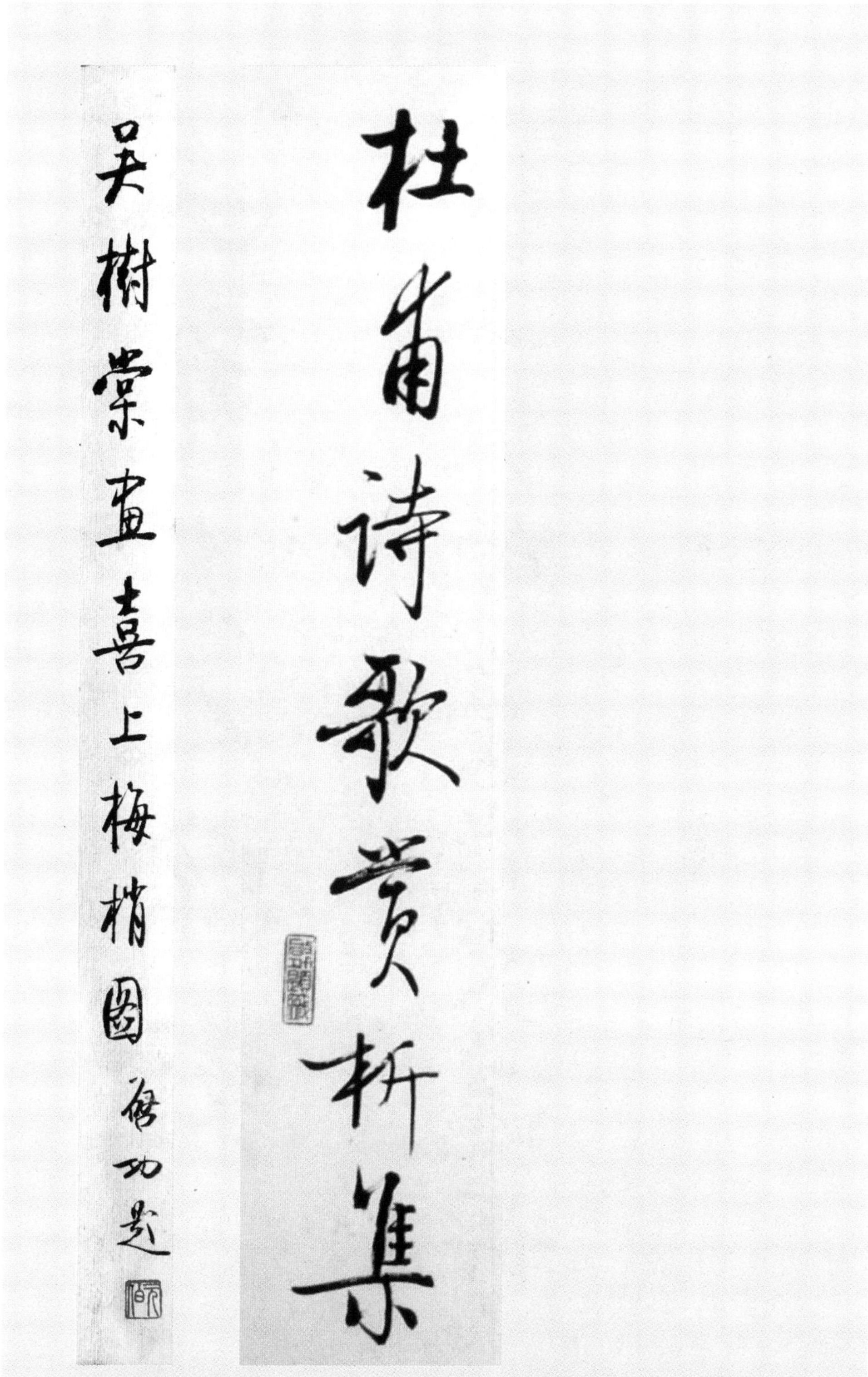
杜甫诗歌赏析集
吴樹棠畫喜上梅梢圖
啓功題

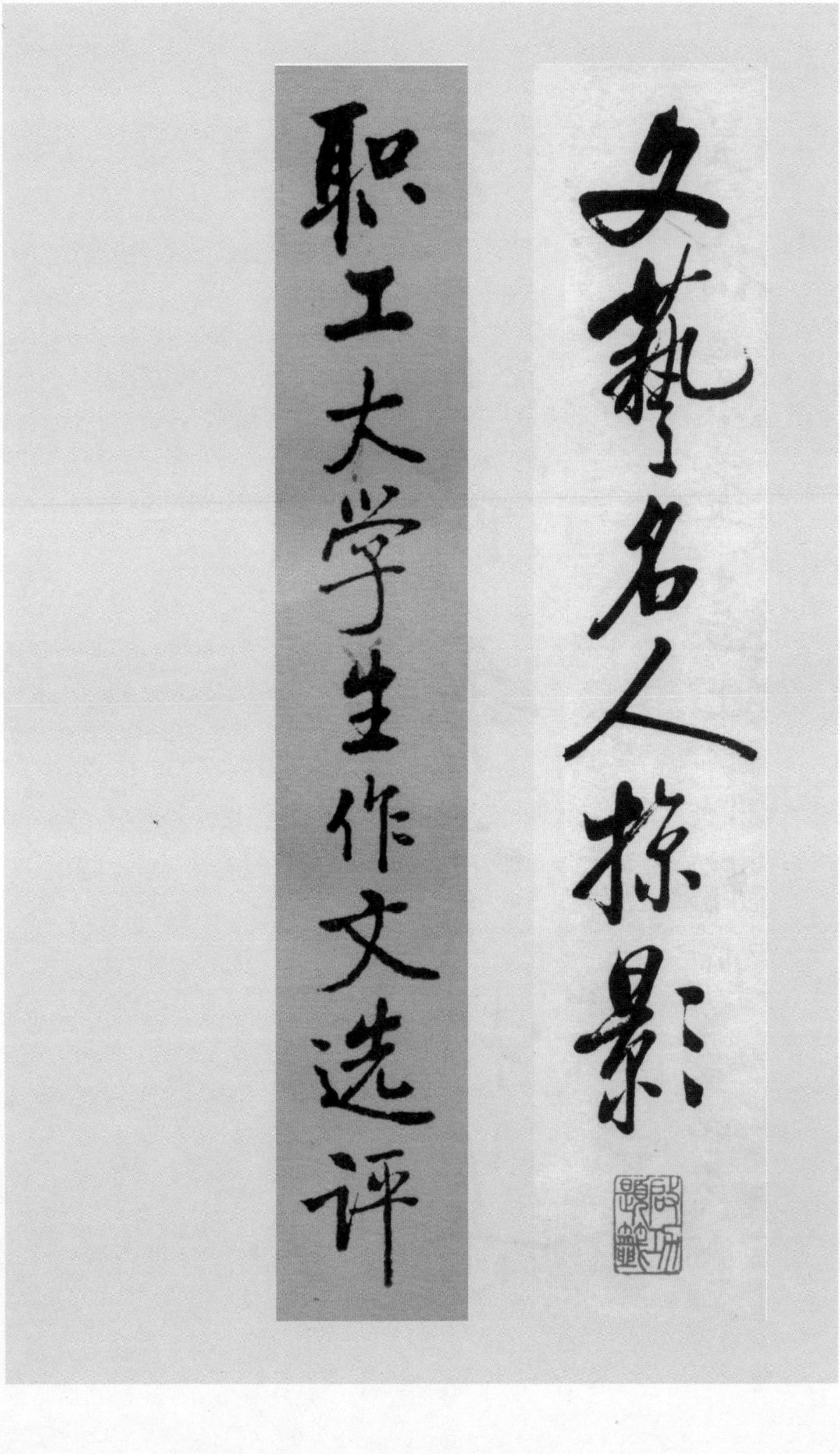
文藝名人掠影
職工大學生作文選評

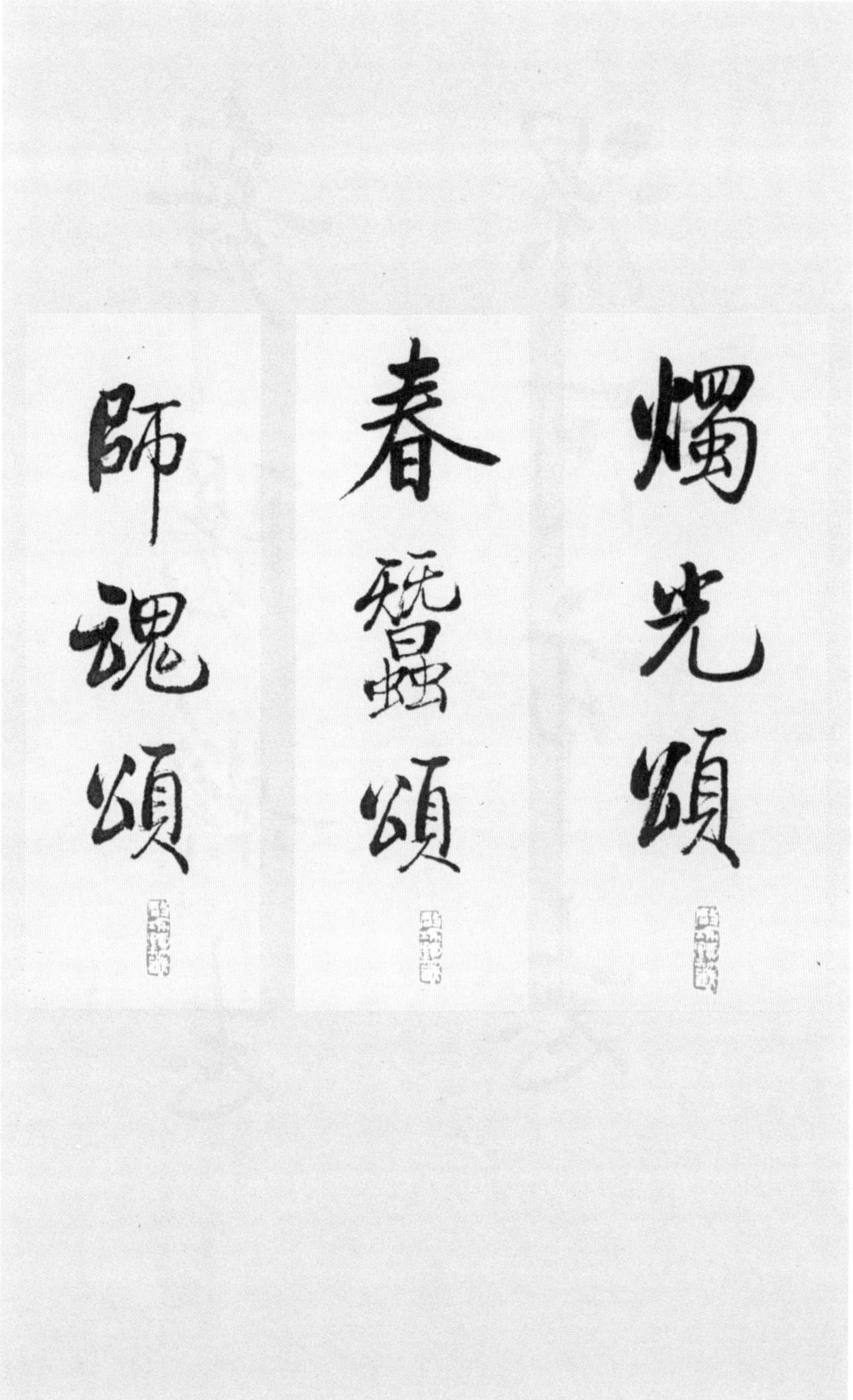
燭光頌
春蠶頌
師魂頌

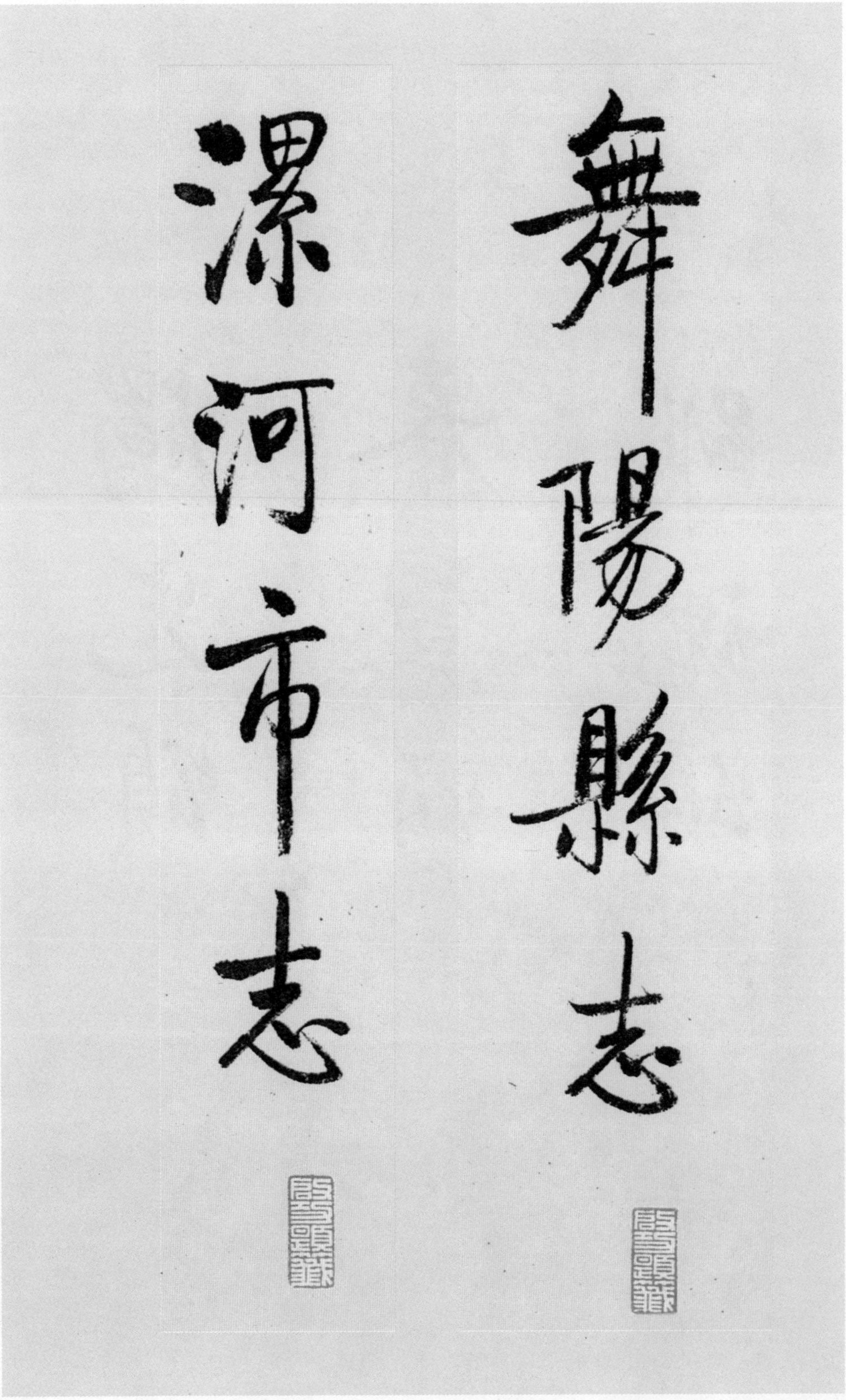
舞陽縣志
漯河市志

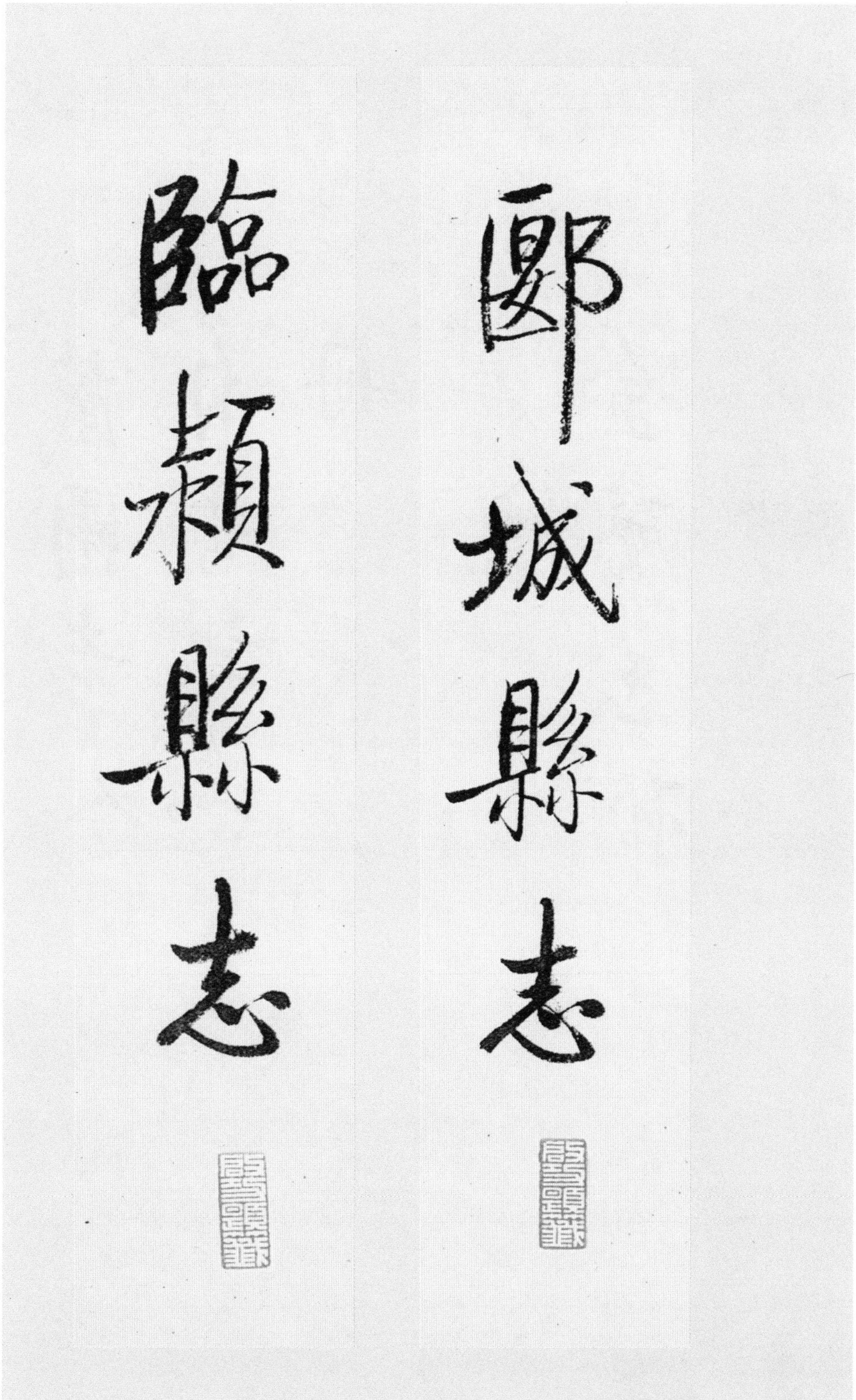
郾城縣志
臨潁縣志

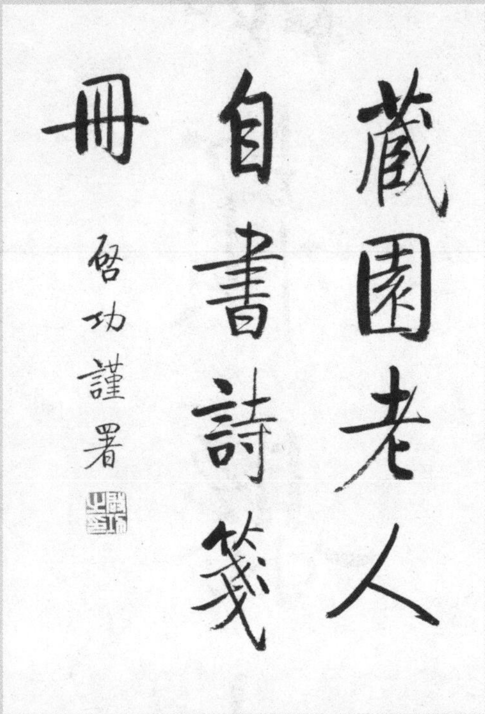
藏園老人自書詩箋册
啓功謹署

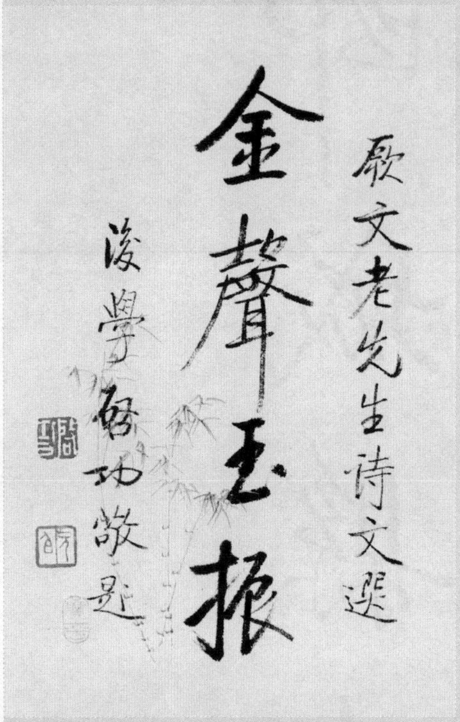
啟文老先生詩文選
金聲玉振
後學啓功敬題

同心集
啓功題籤

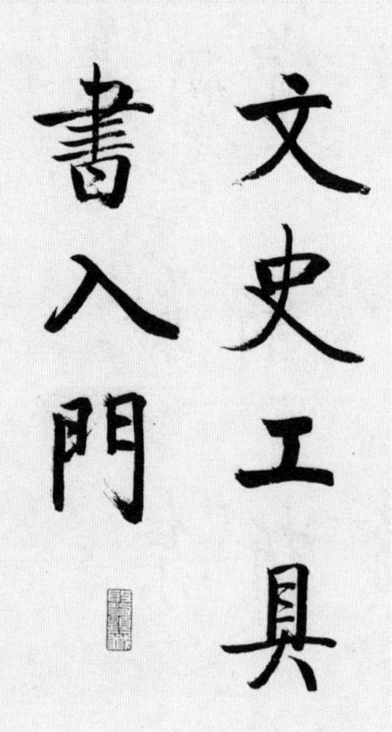
文史工具
書入門

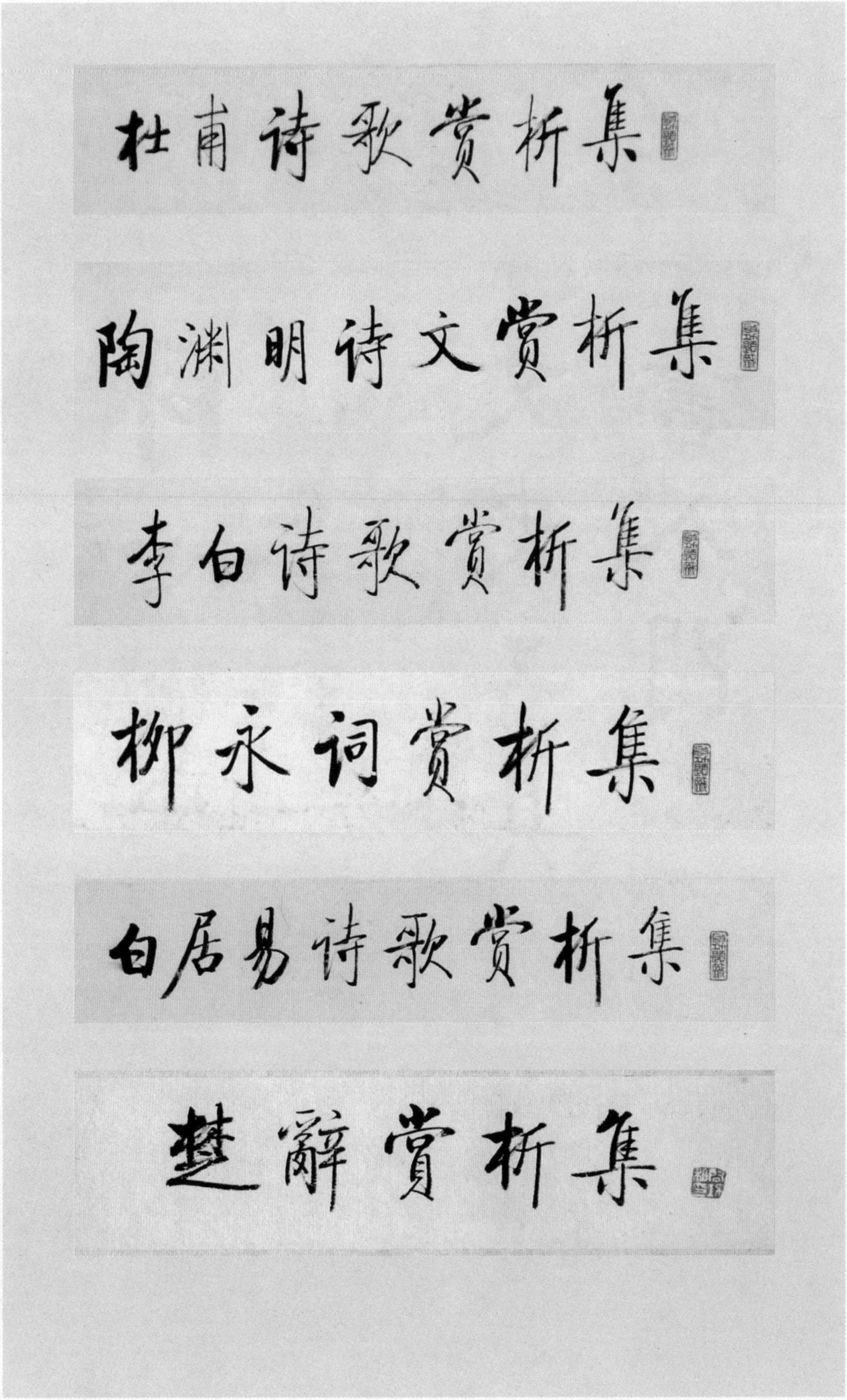
杜甫诗歌赏析集
陶渊明诗文赏析集
李白诗歌赏析集
柳永词赏析集
白居易诗歌赏析集
楚辭賞析集

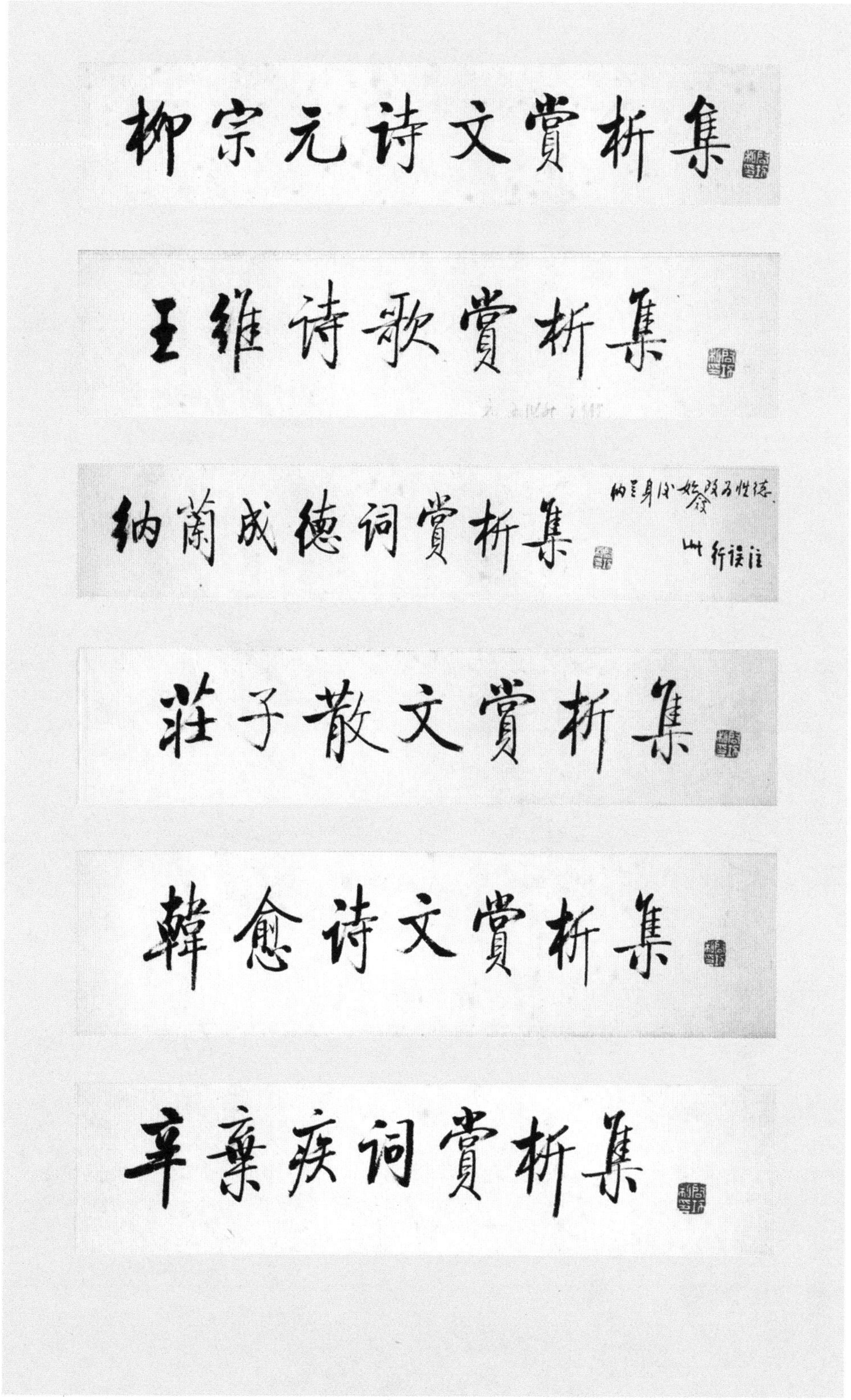
柳宗元诗文賞析集
王維诗歌賞析集
纳蘭成德词賞析集
莊子散文賞析集
韓愈诗文賞析集
辛棄疾词賞析集

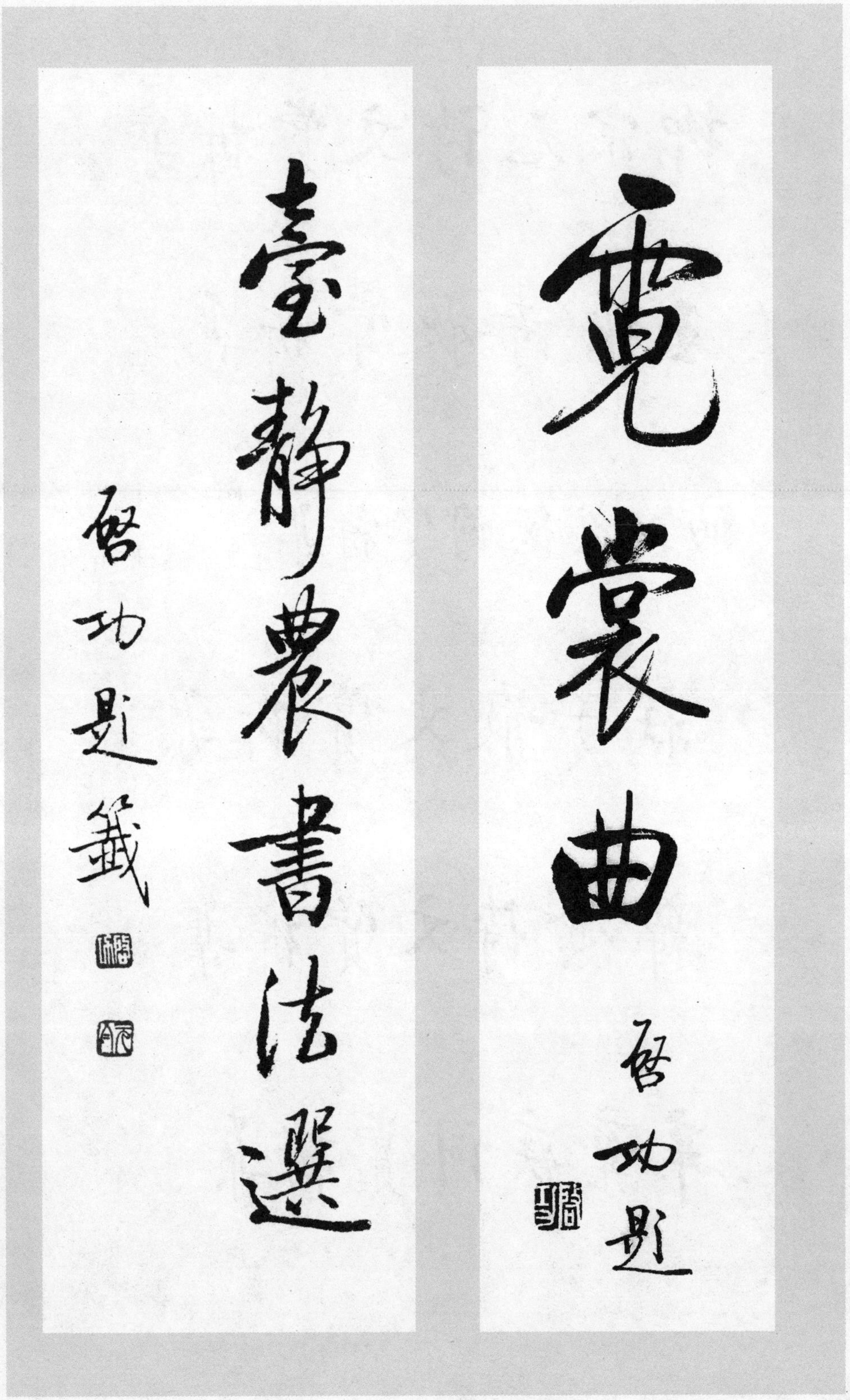
霓裳曲
啓功題
臺靜農書法選
啓功題籤

中國書畫家印鑒款識

述學
內篇 外篇

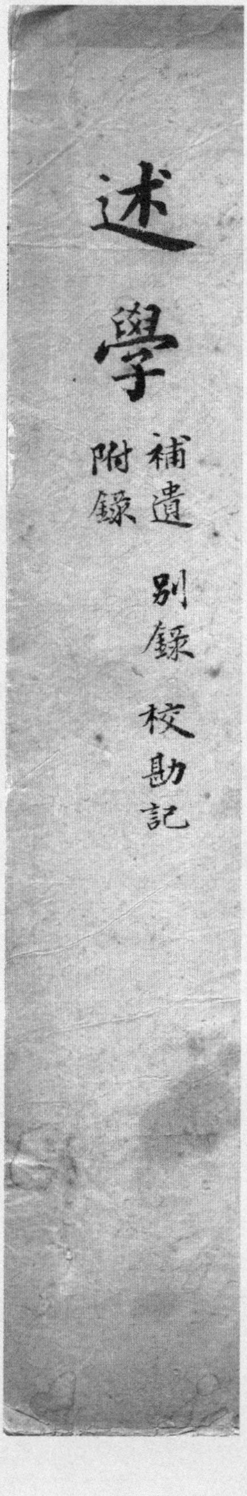
述學
補遺 別錄 校勘記
附錄

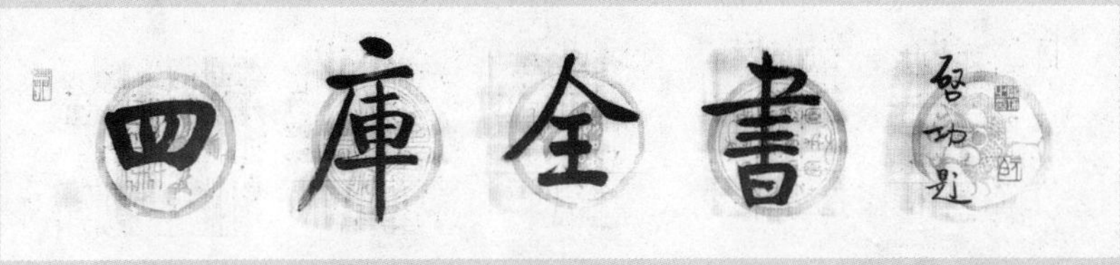
四庫全書
啟功題

书法教程

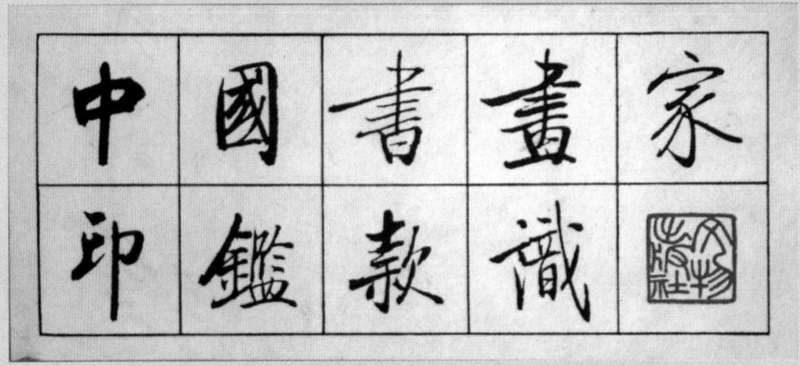
中國書畫家印鑑款識

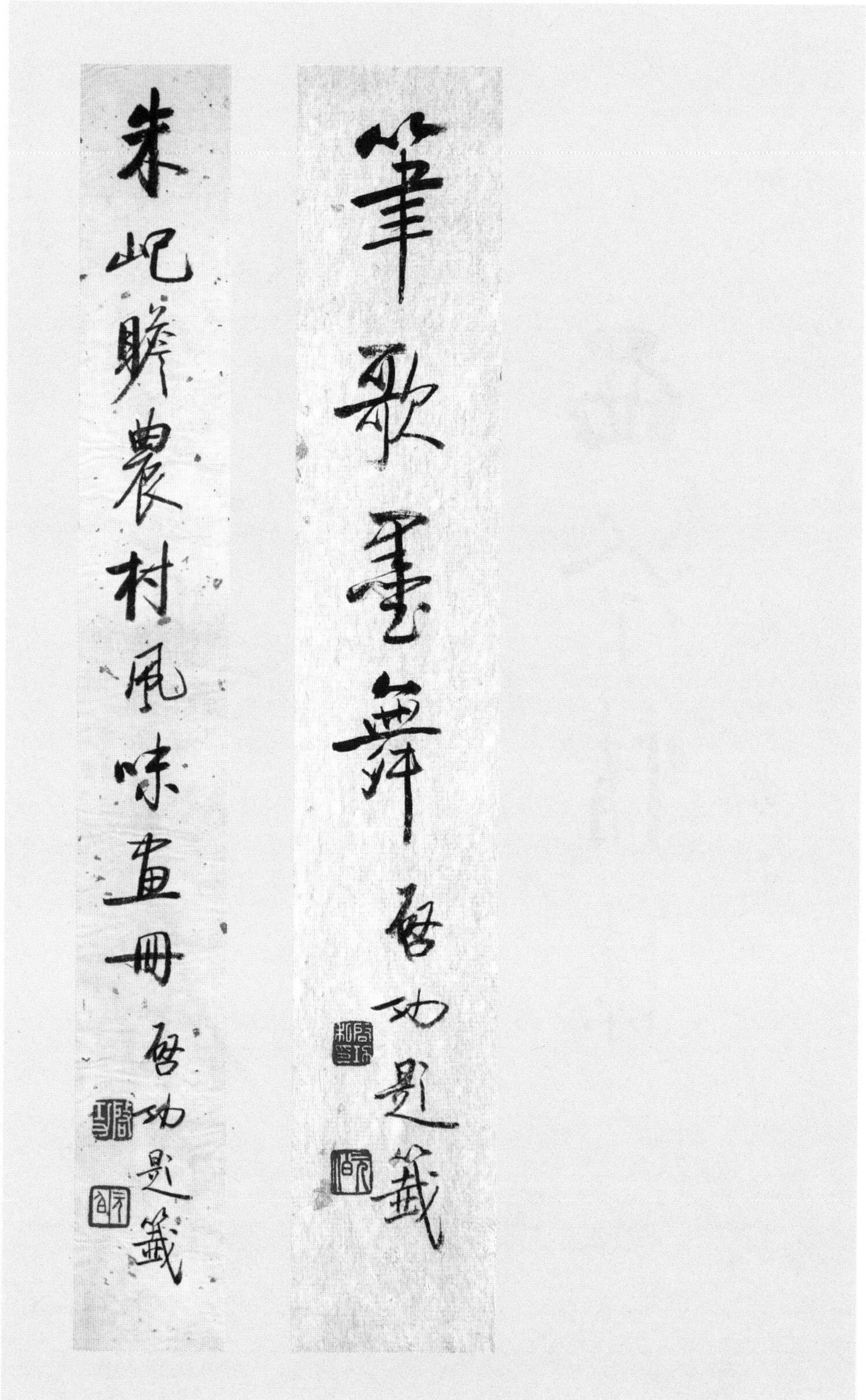
笔歌墨舞
启功题签
朱屺瞻农村风味画册
启功题签

東興口岸
啓功題
西泠情愫
啓功敬題

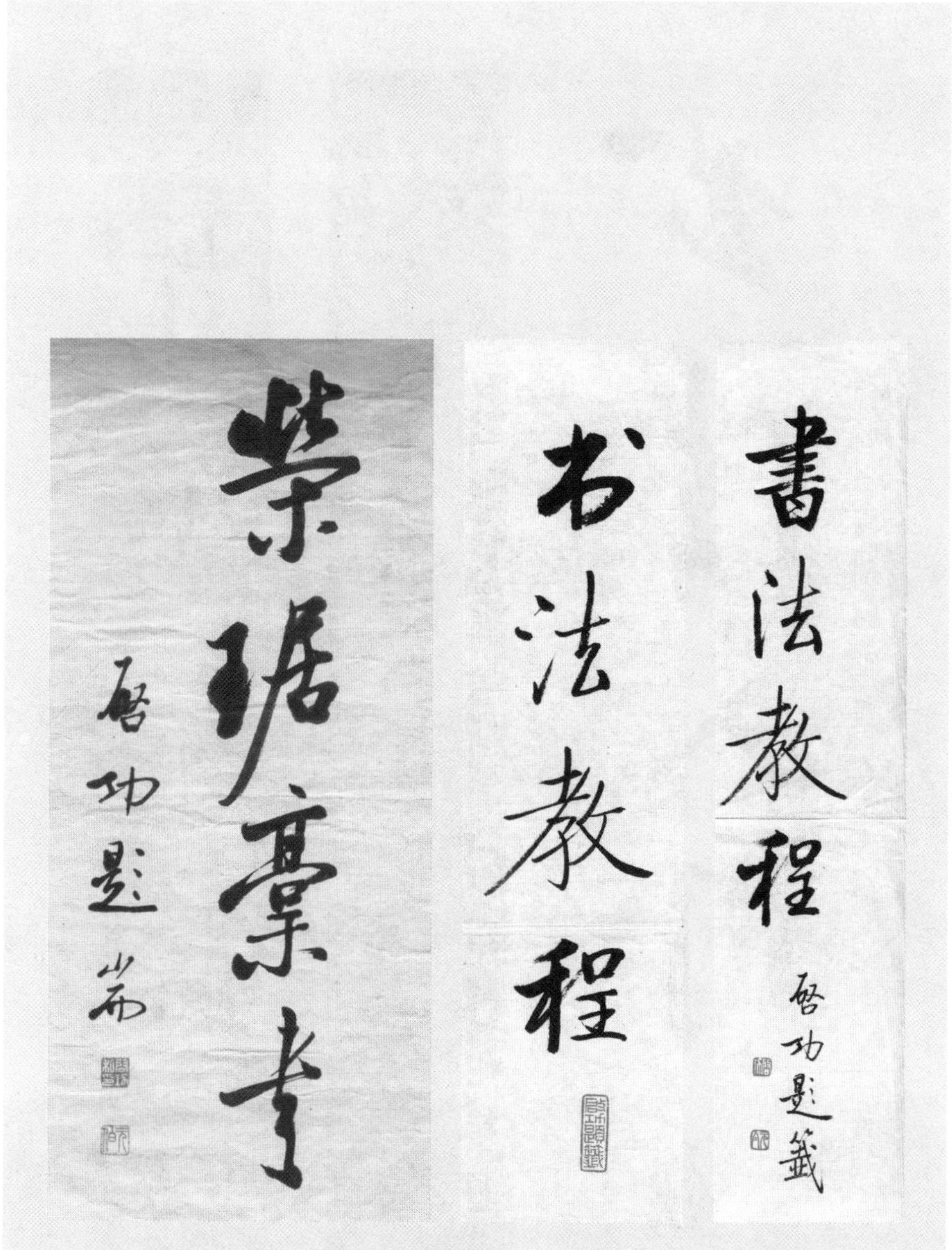
書法教程
啓功題籤
书法教程

书法入门
启功
云萍聚膝
子策同志属
一九六三年启功
萍踪聚膝
启功题

匾

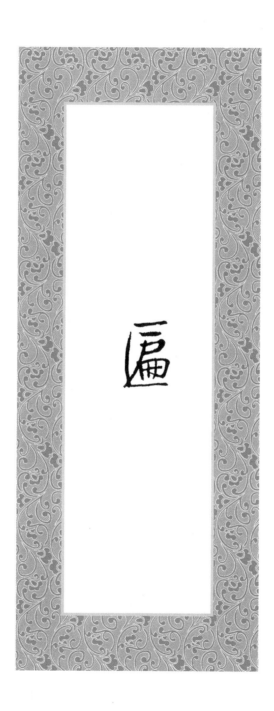

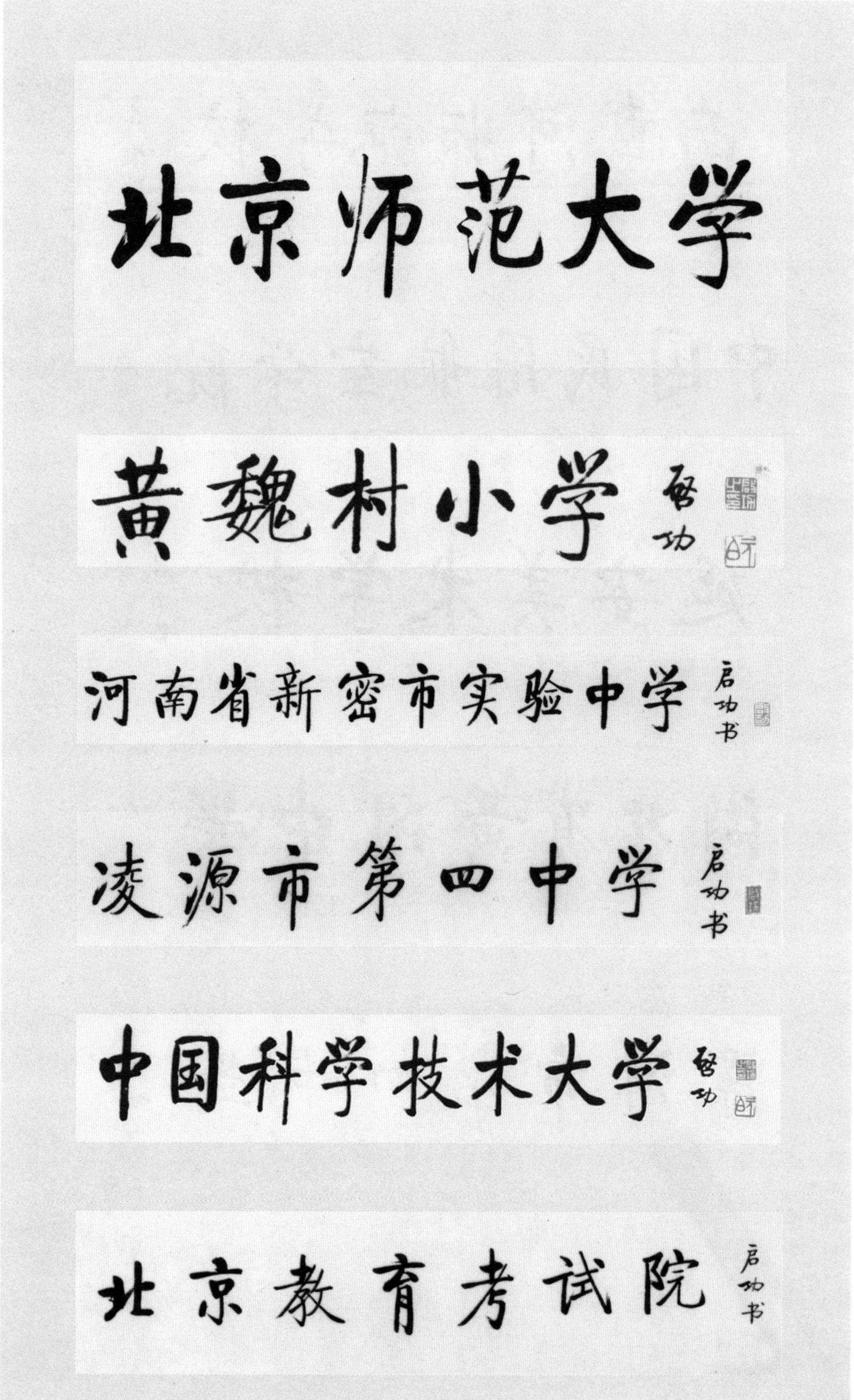
北京师范大学
黄魏村小学
启功
河南省新密市实验中学
启功书
凌源市第四中学
启功书
中国科学技术大学
启功
北京教育考试院
启功书

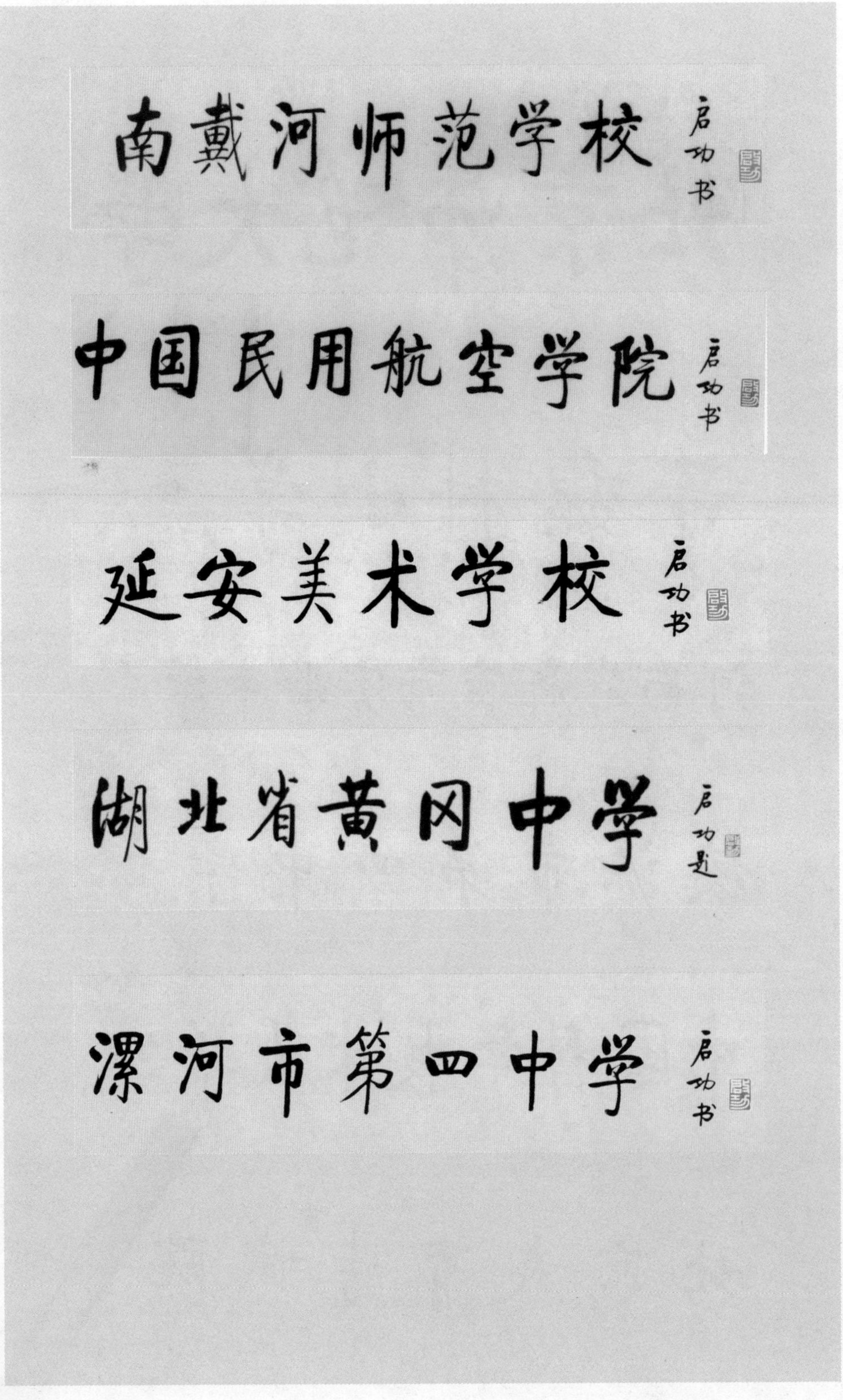
南戴河师范学校
启功书
中国民用航空学院
启功书
延安美术学校
启功书
湖北省黄冈中学
启功题
漯河市第四中学
启功书

没有围墙的大学
启功题

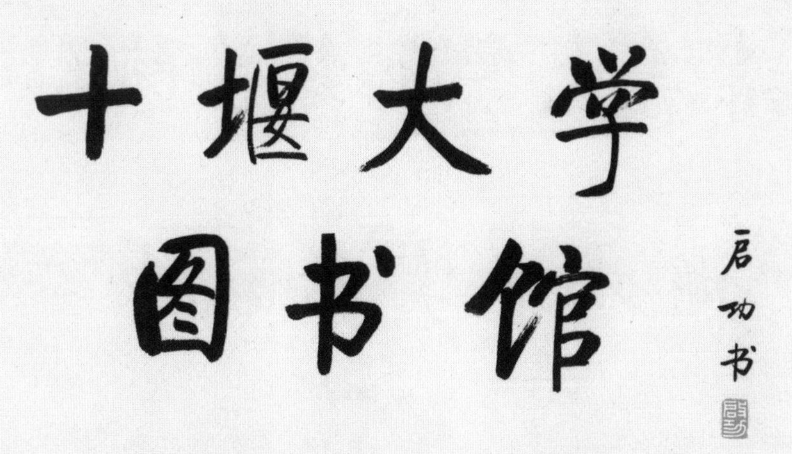
十堰大学
图书馆
启功书

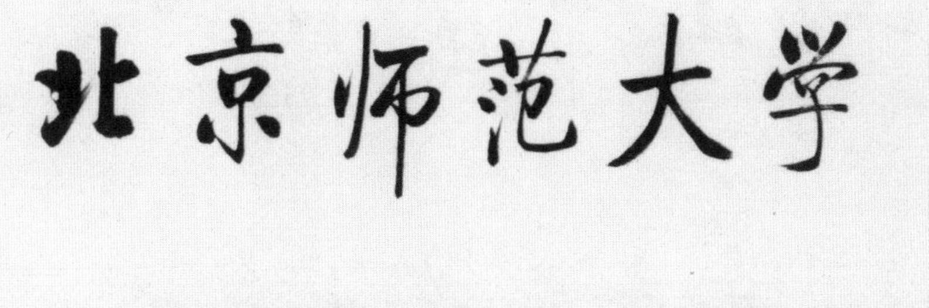
北京师范大学

实验小学

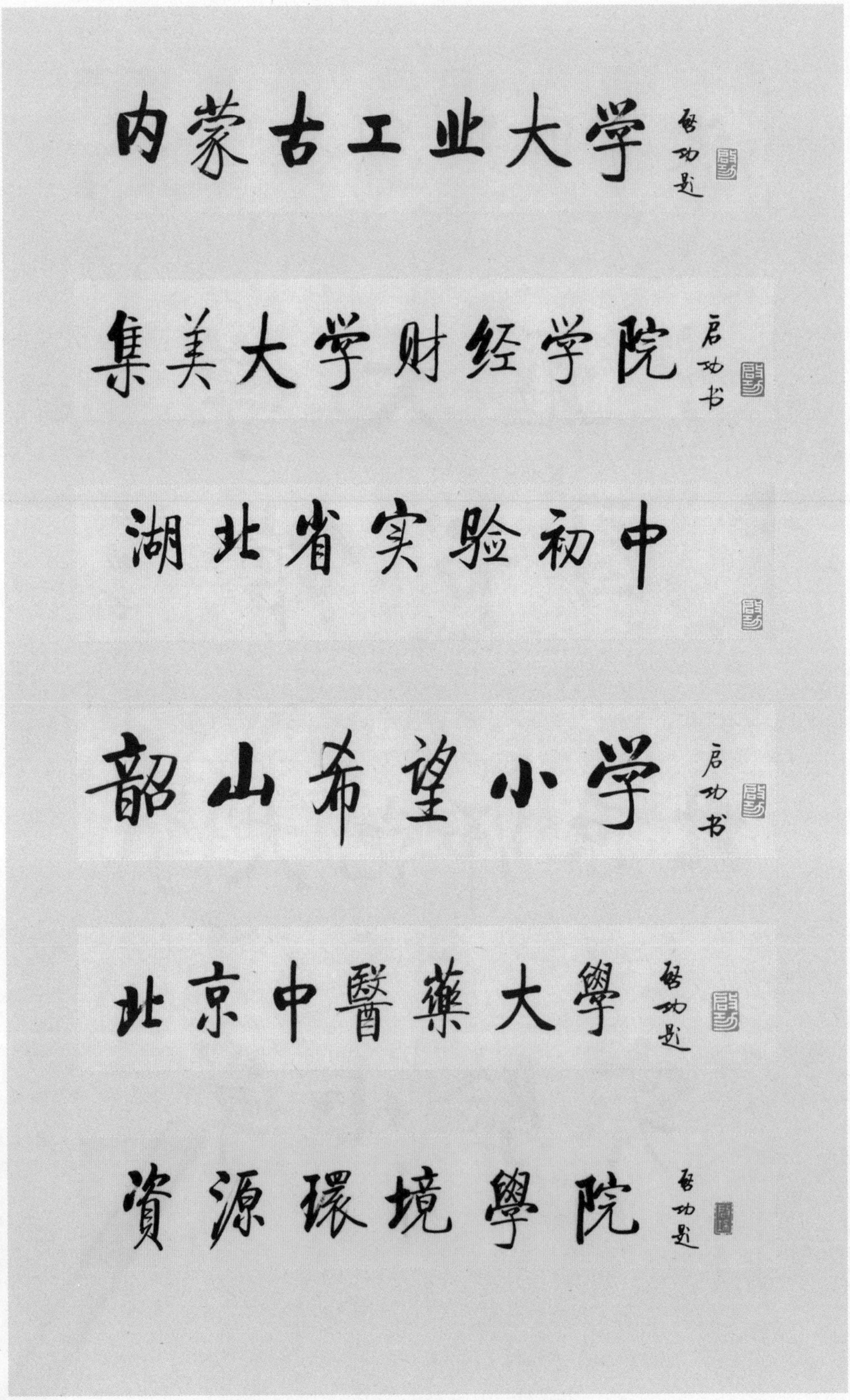
内蒙古工业大学 启功题
集美大学财经学院 启功书
湖北省实验初中
韶山希望小学 启功书
北京中醫藥大學 启功题
資源環境學院 启功题

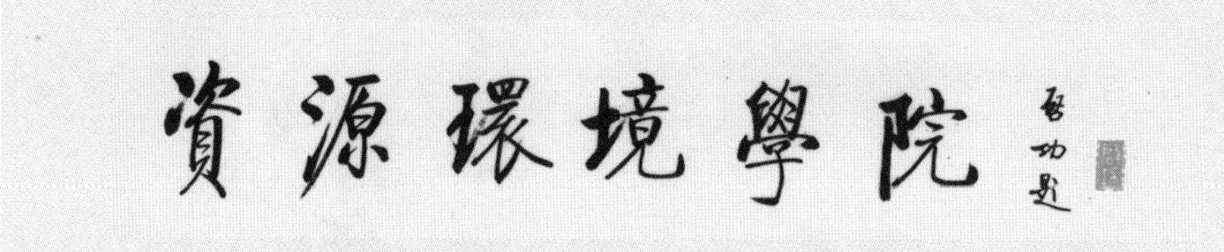
資源環境學院
啓功題

山東老年大學
啓功題

大庆石油学院
启功书

东北石油学院
启功书

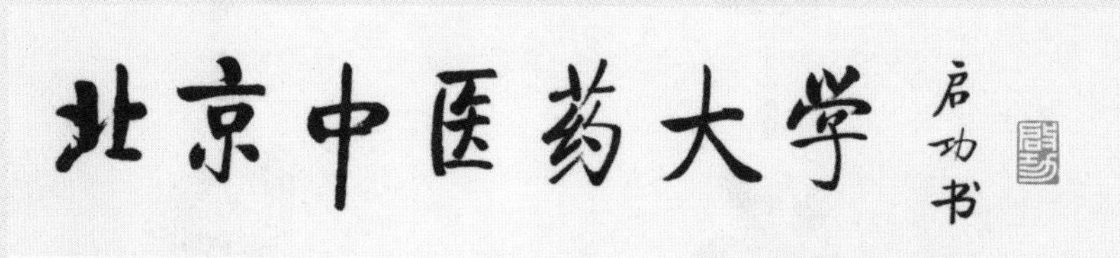
北京中医药大学
启功书

云南民族学院图书館
启功题

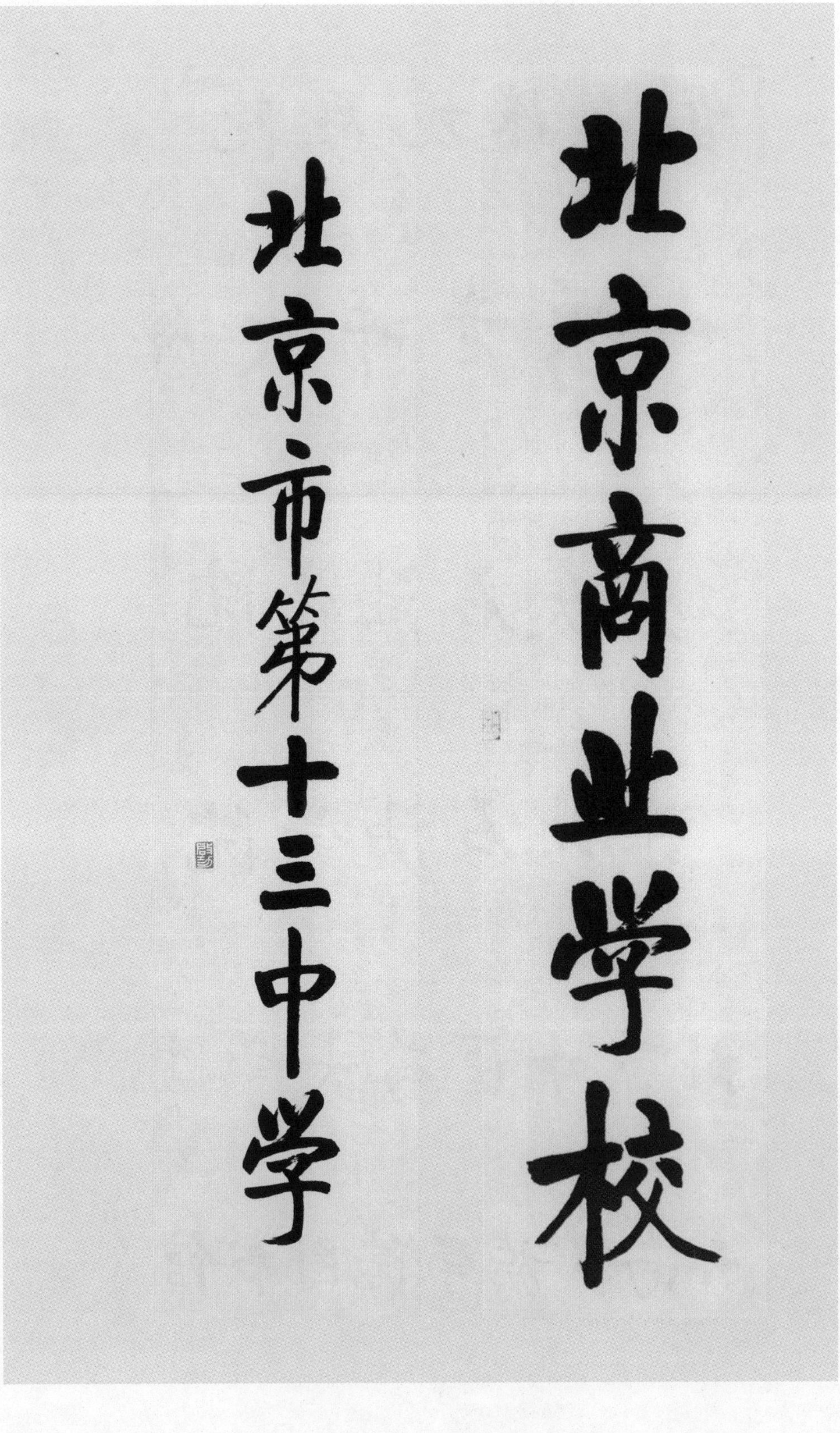
北京商业学校
北京市第十三中学

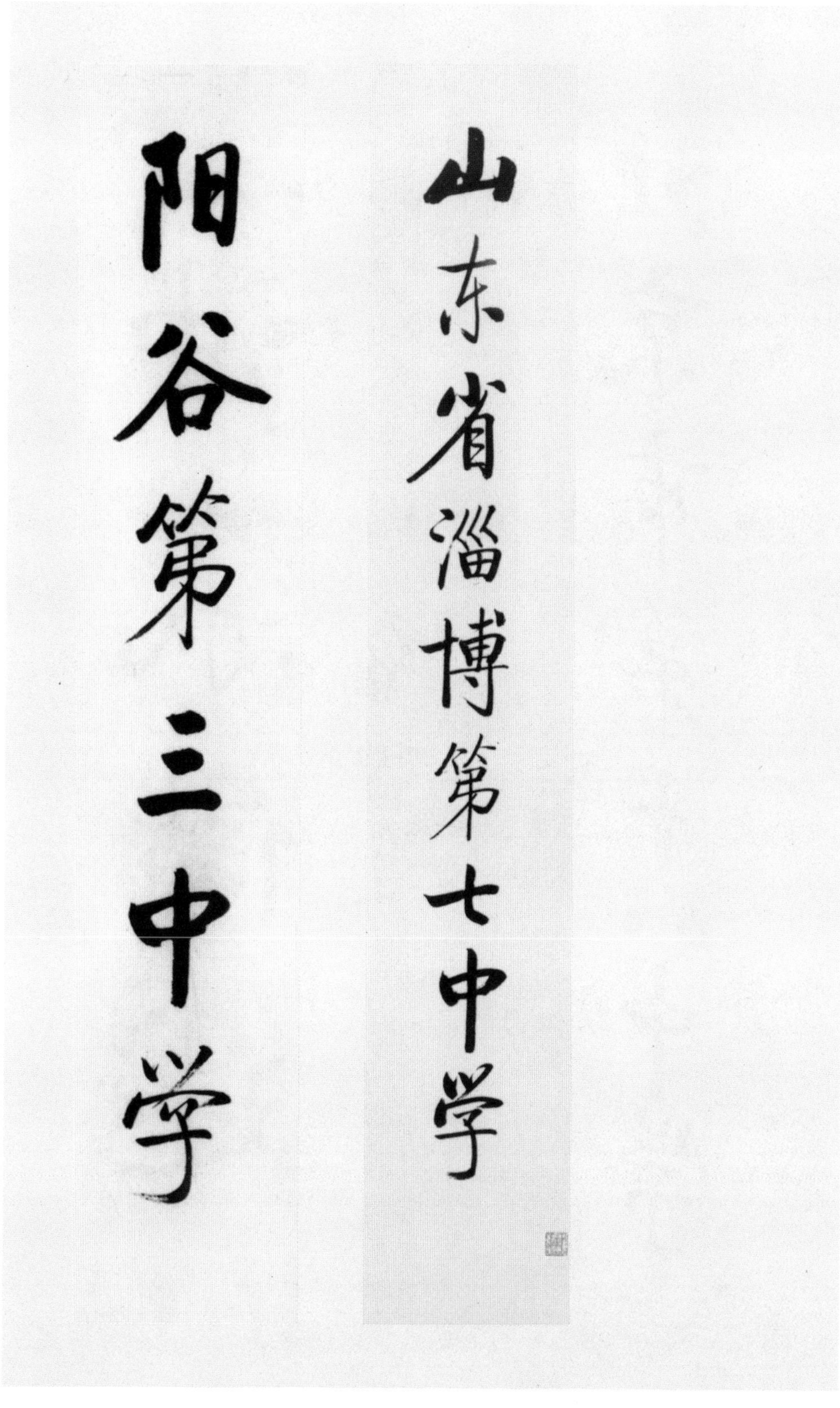
山东省淄博第七中学
阳谷第三中学

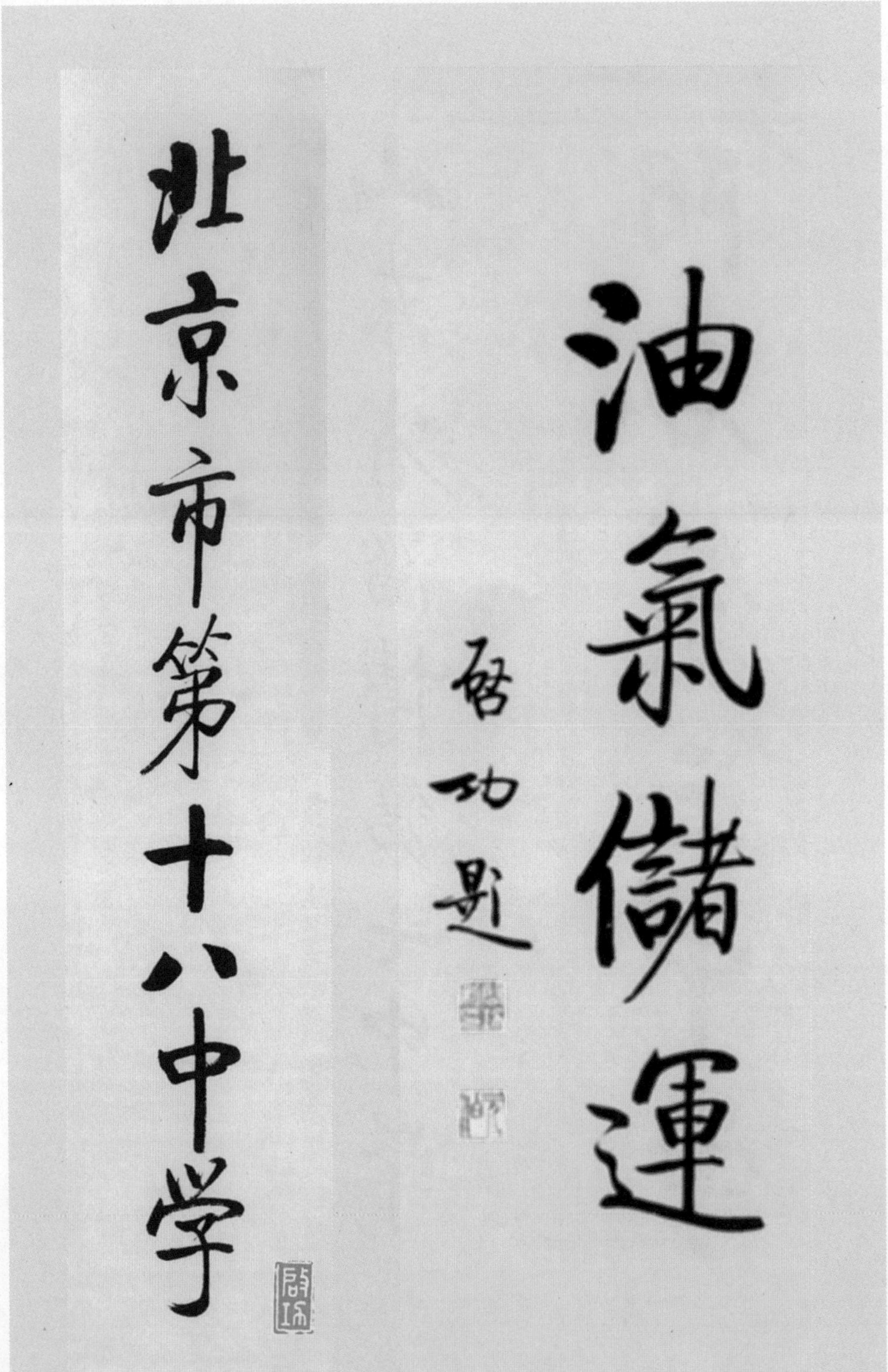
北京市第十八中学
油氣儲運
啓功題

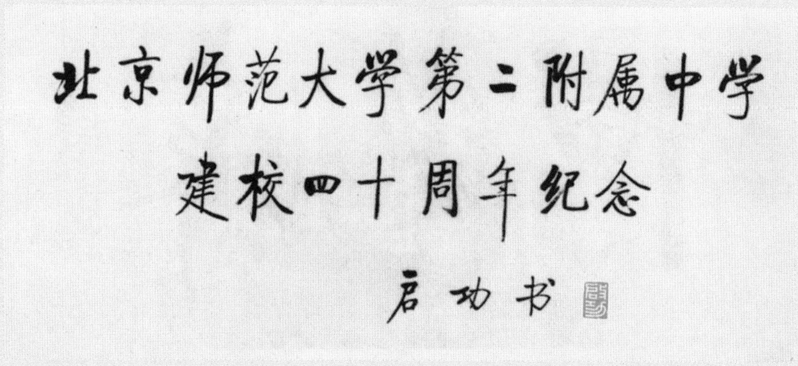
北京师范大学第二附属中学
建校四十周年纪念
启功书

陳垣故居
启功敬题

中国的老字号
启功书

天下第一牛
启功题

博藝齋
啓功

岳母祠
啓功敬題

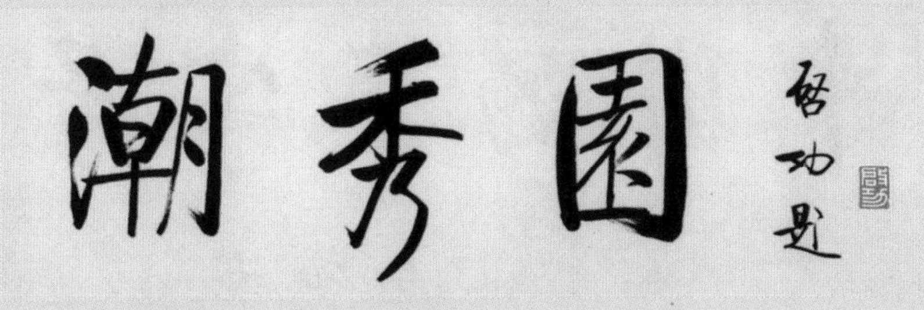
潮秀園
啓功題

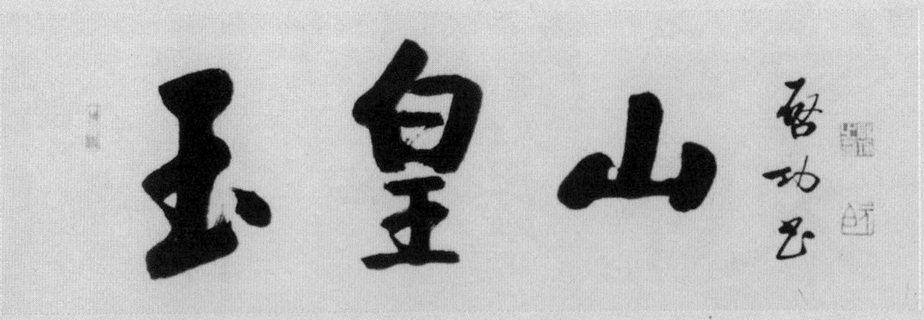
玉皇山
啓功題

三元洞
啓功
大風堂
鷲鼻嘴公園
啓功題
黄石硯廠
啓功題
玄奘故里
啓功題

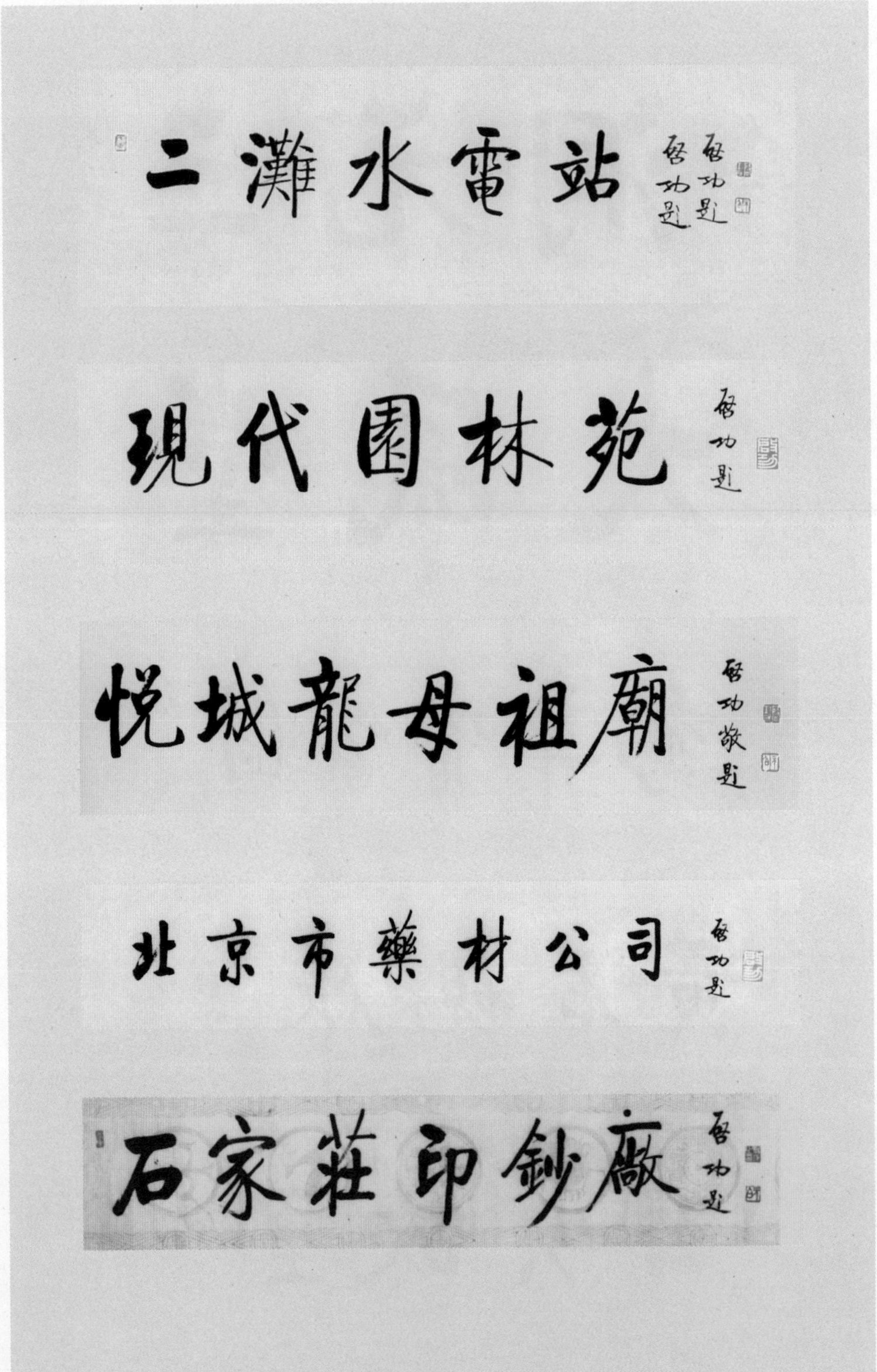
二灘水電站
啓功題
啓功題
現代園林苑
啓功題
悅城龍母祖廟
啓功敬題
北京市藥材公司
啓功題
石家莊印鈔廠
啓功題

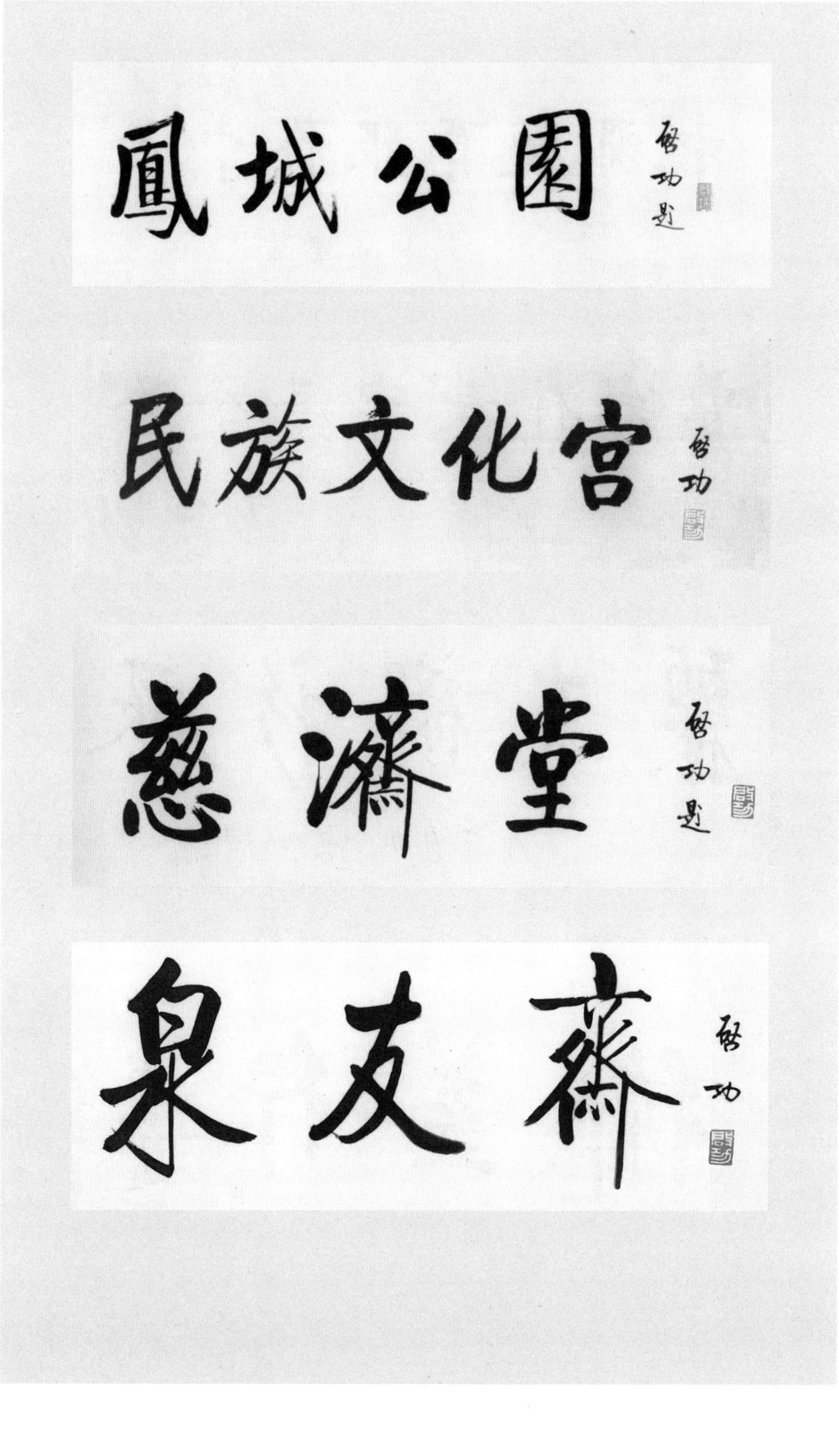
鳳城公園
啟功題
民族文化宮
啟功
慈濟堂
啟功題
泉友齋
啟功

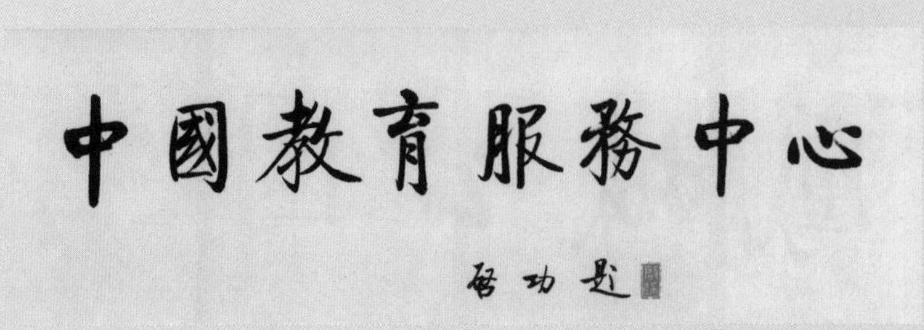
中國教育服務中心
啓功題

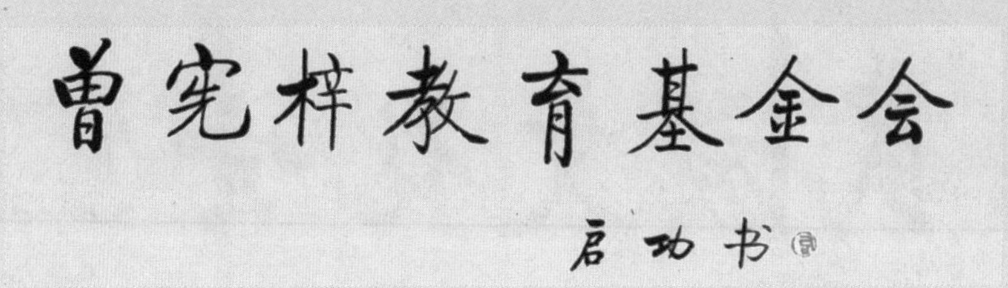
曾宪梓教育基金会
启功书

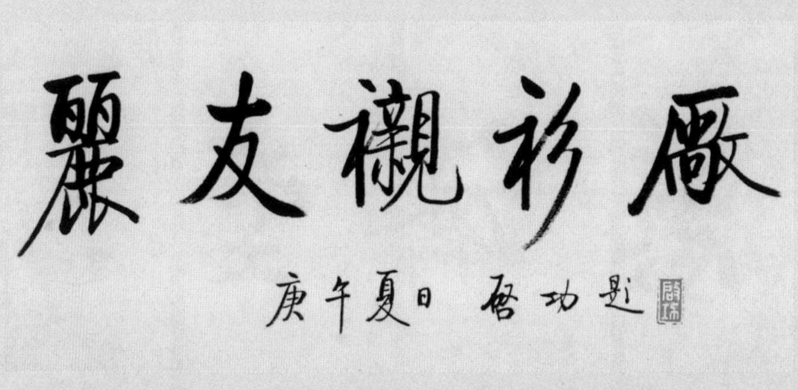
麗友襯衫廠
庚午夏日 啓功題

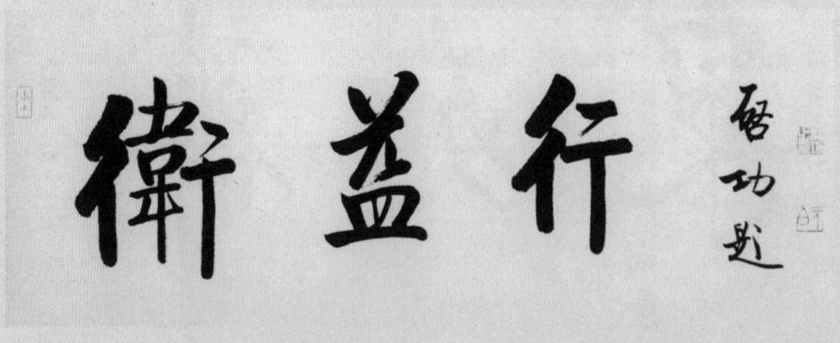
衛益行
啓功題

博藝齋
啓功

蒹葭樓
啓功題

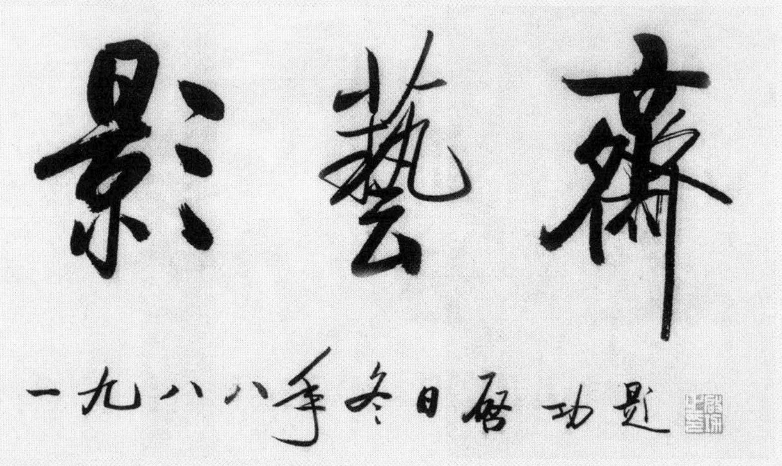
影藝齋
一九八八年冬日啓功題

四寶齋公司
啟功

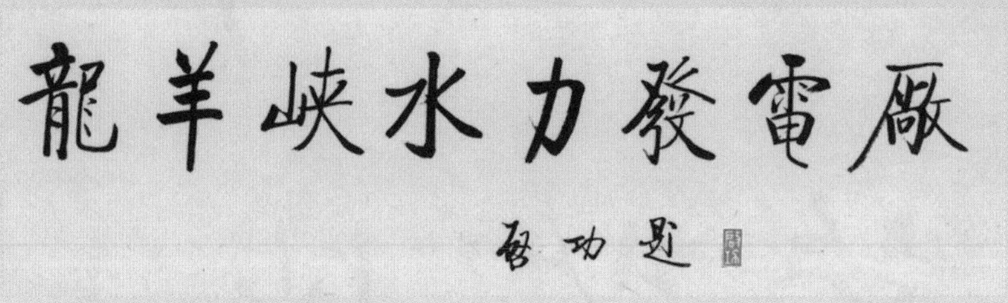
龍羊峽水力發電廠
啟功題

長城賓館
啟功題

連雲港
啟功題

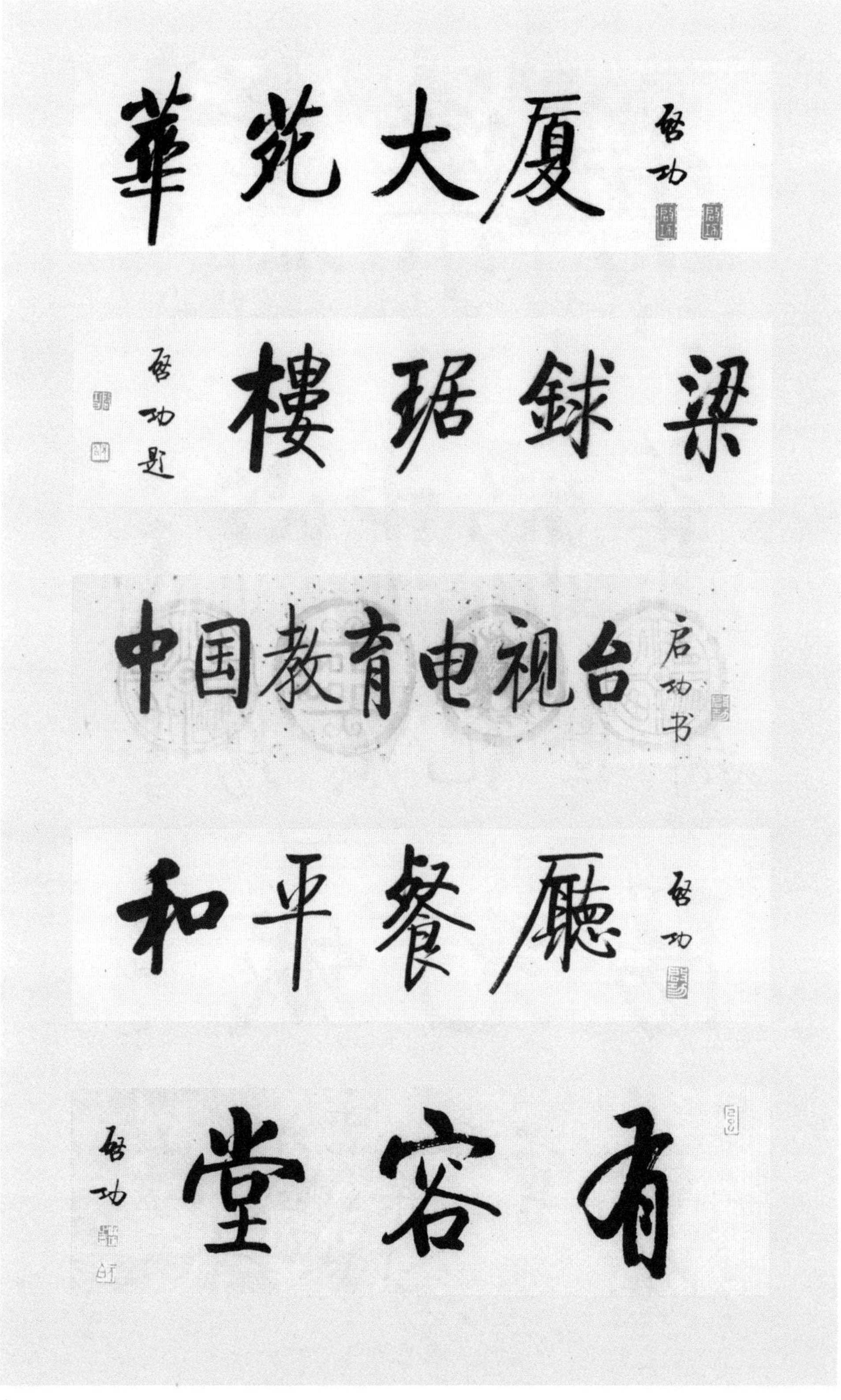
華苑大厦
啓功
梁銶琚樓
啓功題
中国教育电视台
启功书
和平餐廳
啓功
有容堂
啓功

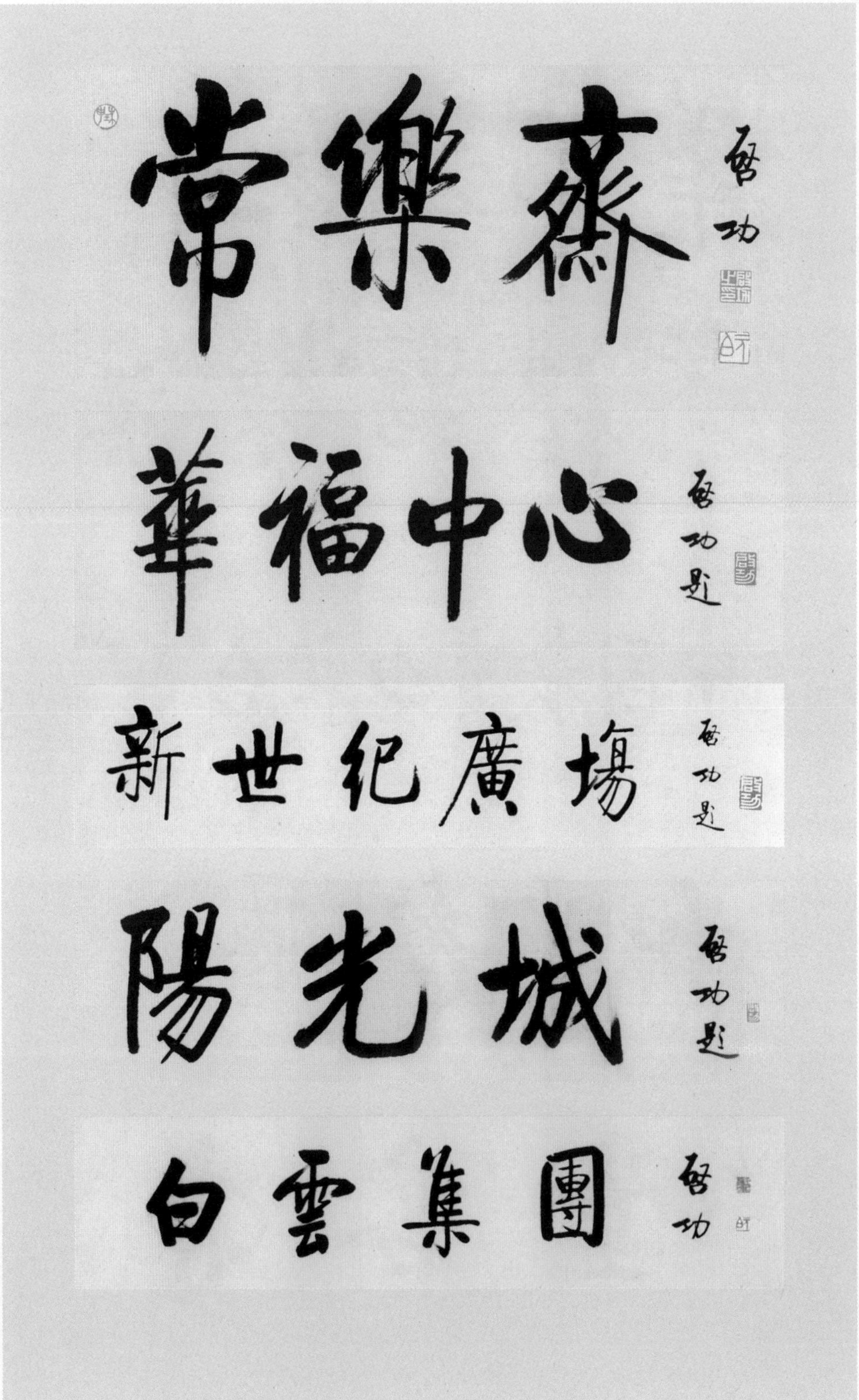
常樂齋
啓功
華福中心
啓功題
新世紀廣場
啓功題
陽光城
啓功題
白雲集團
啓功

辽源日报

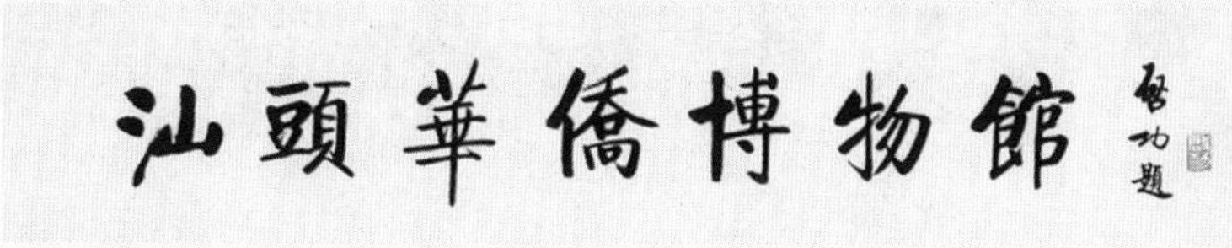
汕頭華僑博物館
啓功題

潍坊哮喘病医院
启功

花果山森林公園
啓功題

黃石硯工藝美術公司
啓功題

焦作市山陽賓館
啓功題

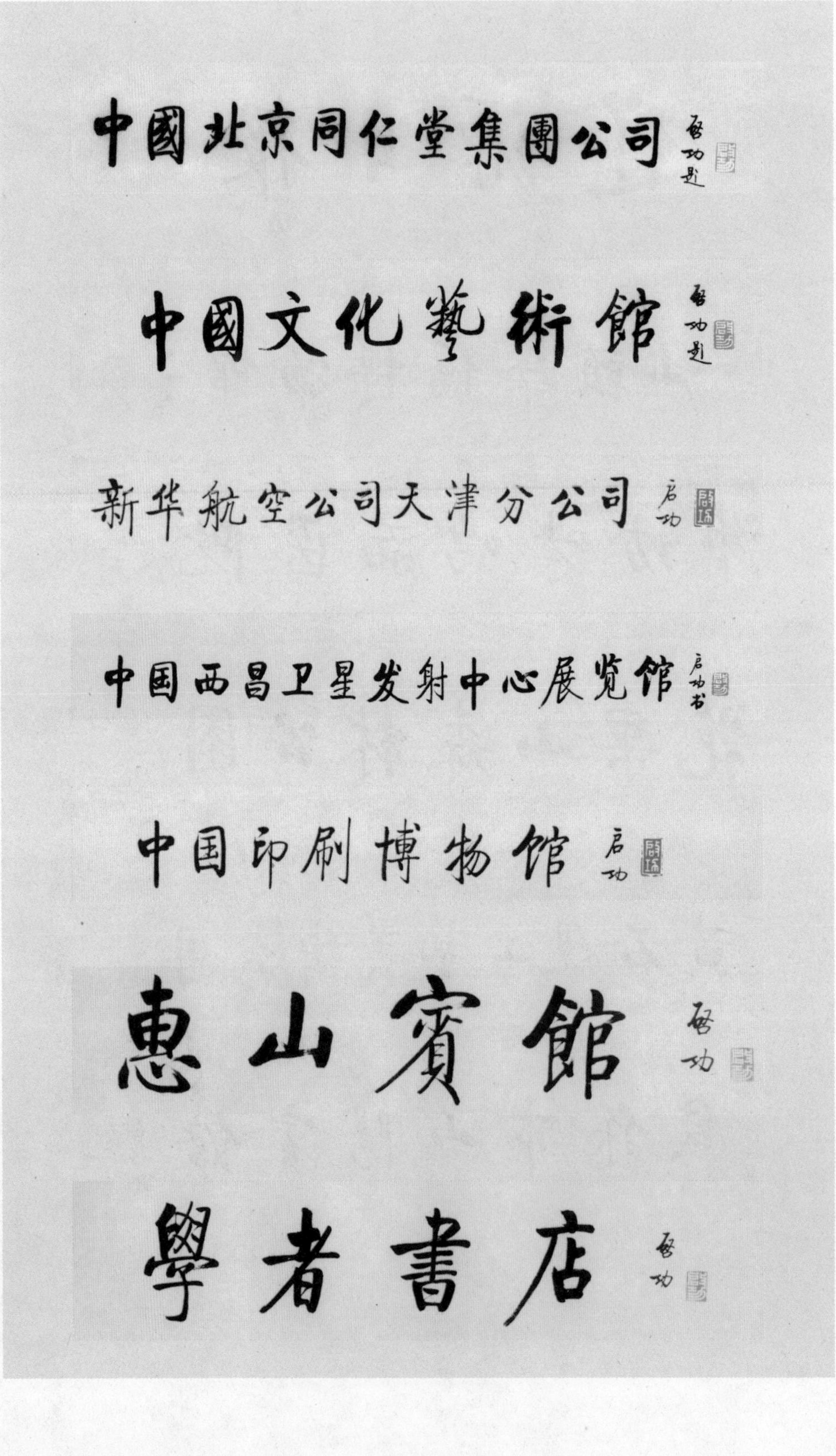
中國北京同仁堂集團公司
启功题
中國文化藝術館
启功题
新华航空公司天津分公司
启功
中国西昌卫星发射中心展览馆
启功书
中国印刷博物馆
启功
惠山賓館
启功
學者書店
启功

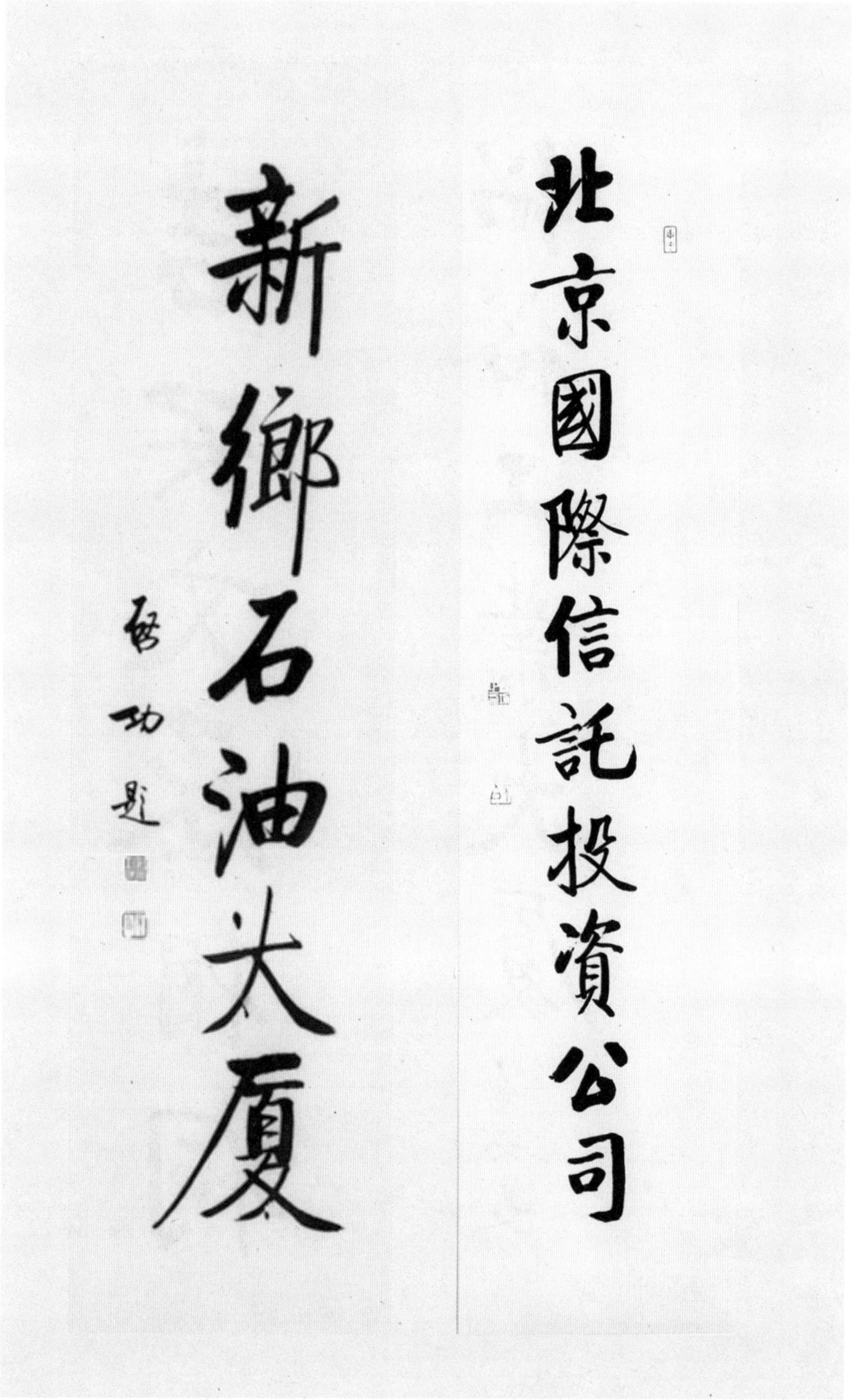
北京國際信託投資公司
新鄉石油大厦
啟功題

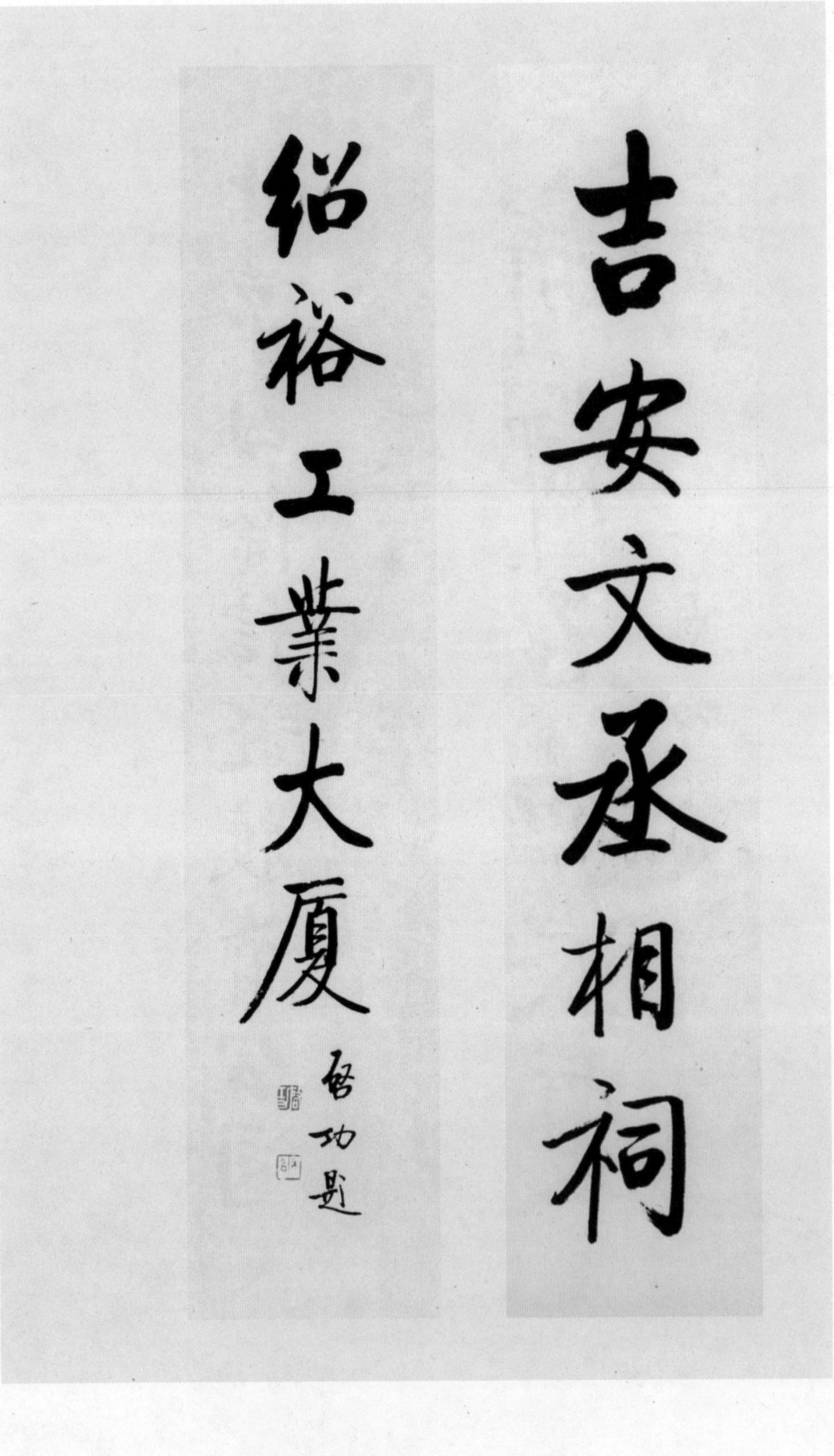
吉安文丞相祠
绍裕工業大厦
启功题

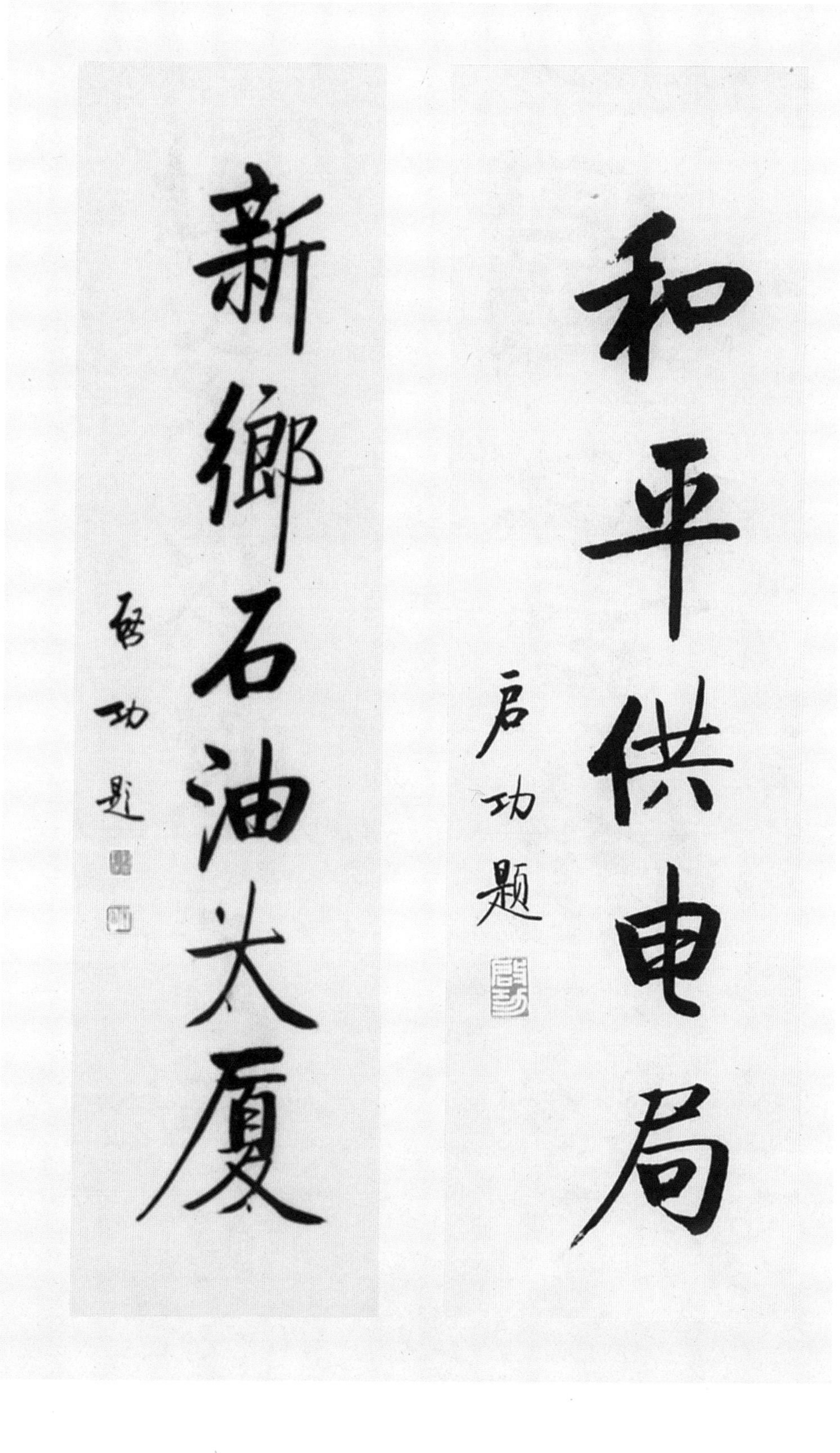
和平供电局
启功题
新鄉石油大厦
启功题

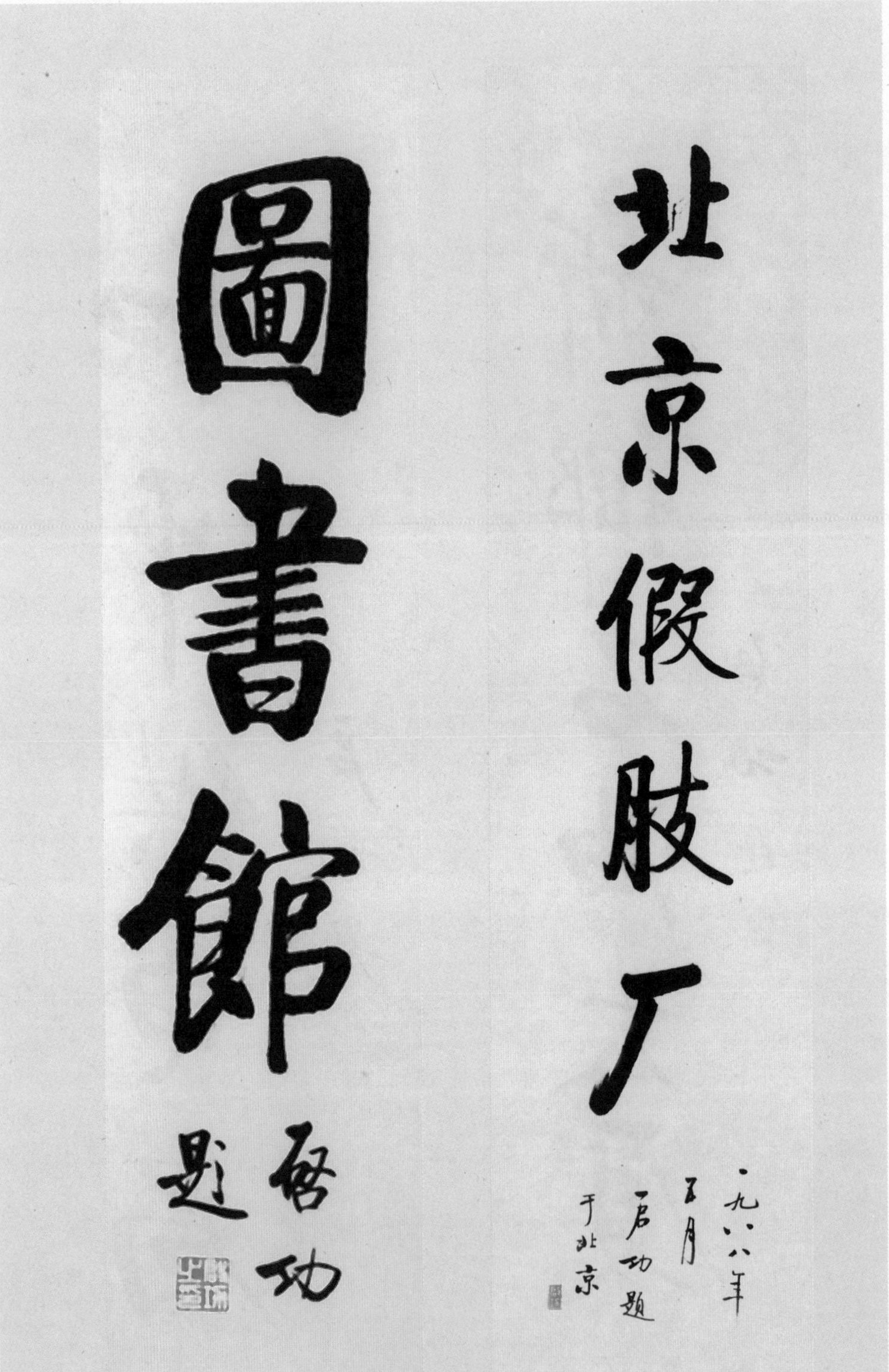
北京假肢厂
圖書館
啓功題

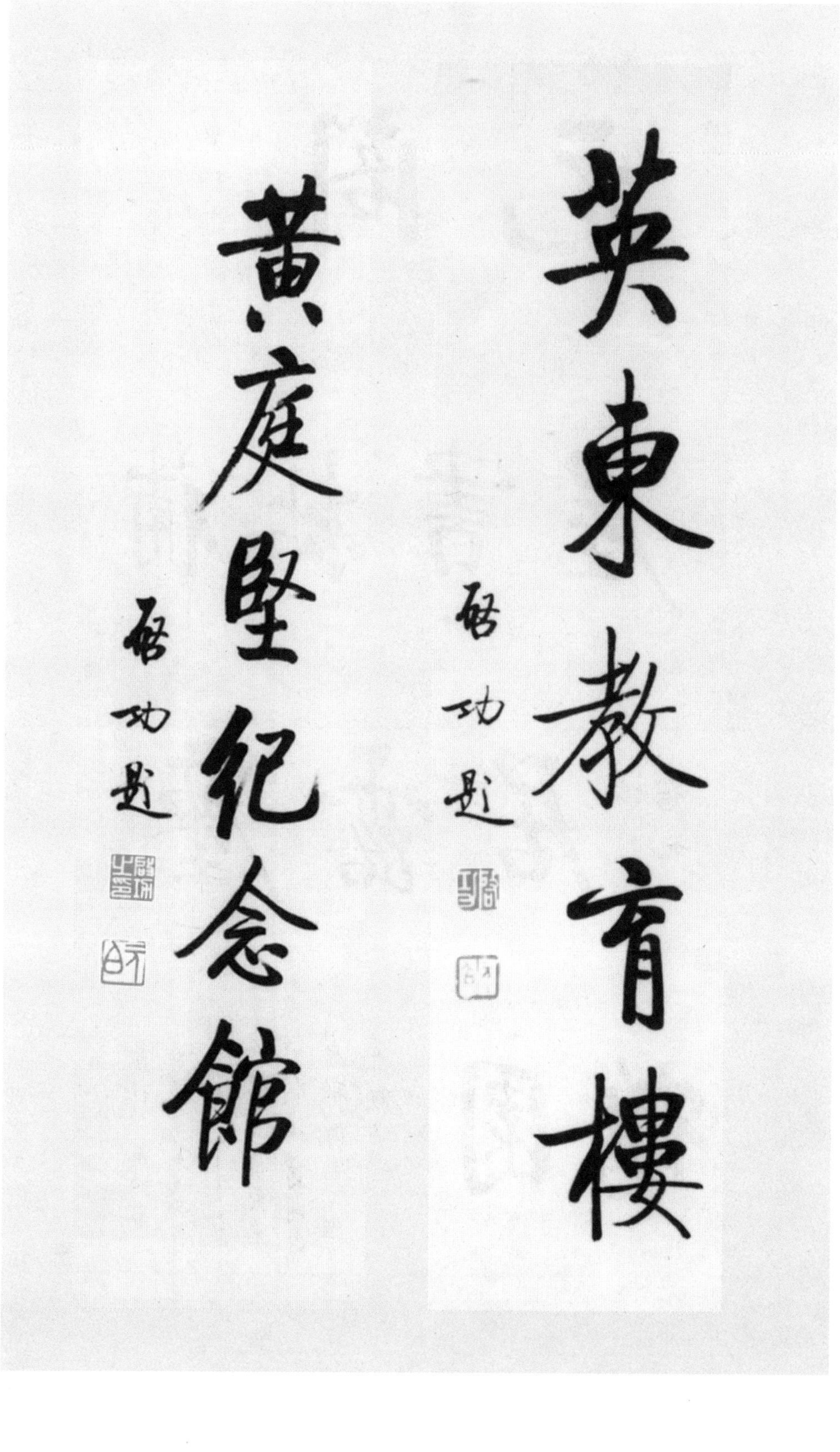
英東教育樓
啟功題
黃庭堅紀念館
啟功題

元阁
启功题

補拙書屋
启功

塵露居
启功

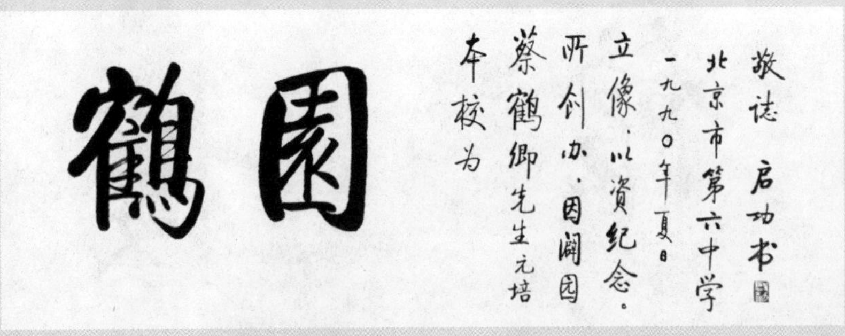
鶴園
本校为蔡鹤卿先生元培所创办，因闢园立像，以资纪念。
一九九〇年夏日
北京市第六中学敬志
启功书

北京發展大厦
啟功

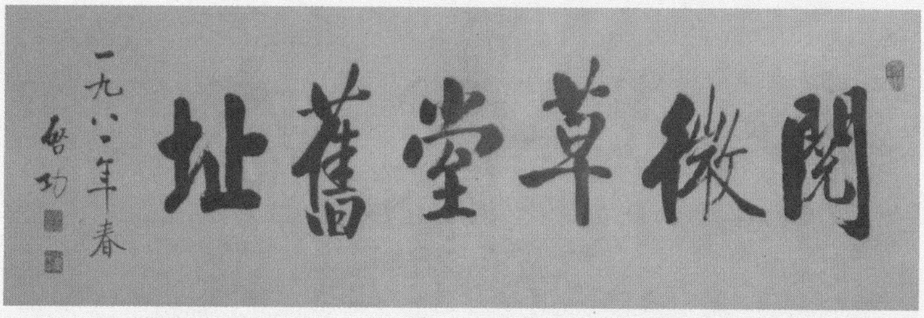
閱微草堂舊址
啟功

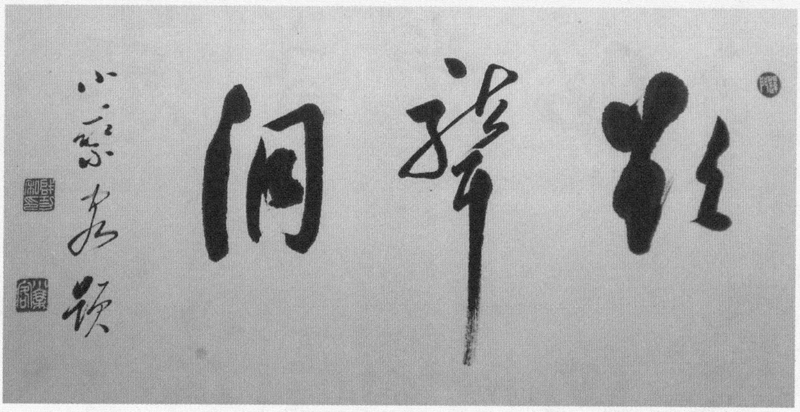

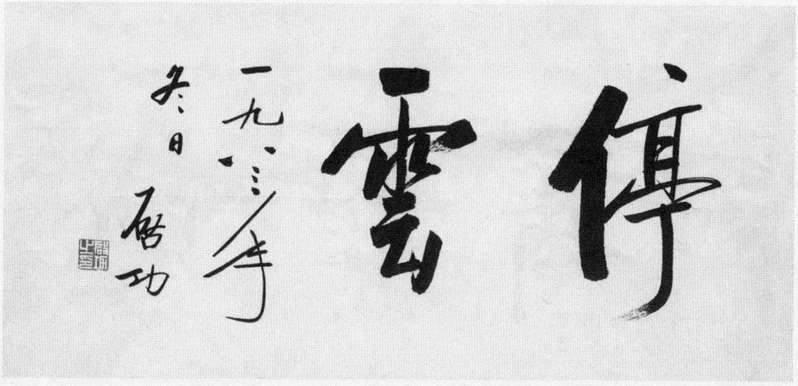
停雲
啟功

啓功
一九八零年

和平飯店
啓功題

忠義常昭
啓功敬題

宋河大酒店
啓功題

誠雅齋
秀芹同志屬
啓功

佛光普照
启功和南

知音大厦
启功题

芙蓉洞
启功题

一九八零年
平湖秋月
启功

善之先生属題
博愛堂
乙亥夏日
啓功

立新先生屬題
鳴鶴樓
戊寅春日
啓功

黎明圖書館
啓功

雅嘉齋
啓功

啓功

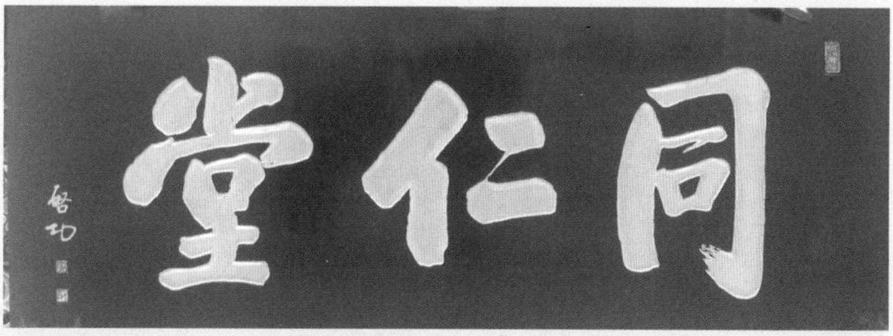
同仁堂
啓功

堅淨居
啓功

黃鶴樓公園
啓功題

順德西山碑廊
啓功

大觀樓
啓功

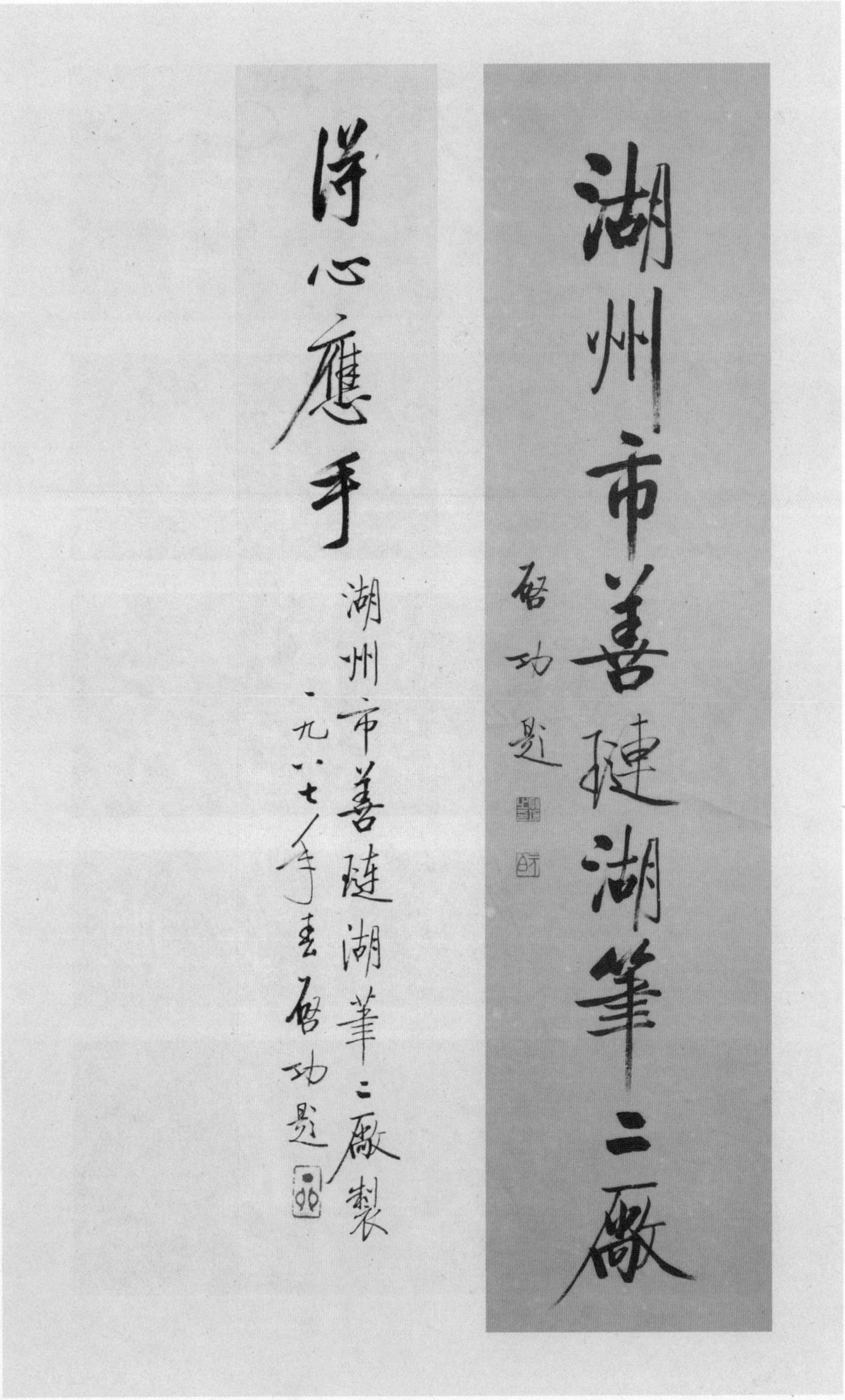
湖州市善璉湖筆二廠
啓功題
得心應手
湖州市善璉湖筆二廠製
一九八七年春
啓功題

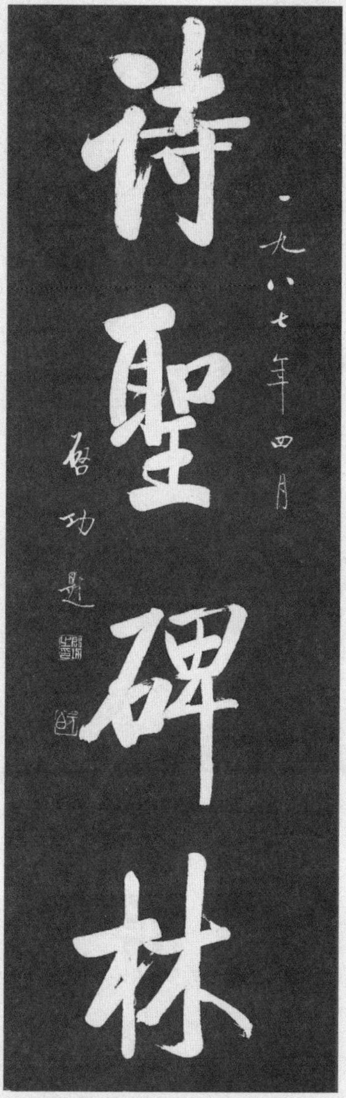

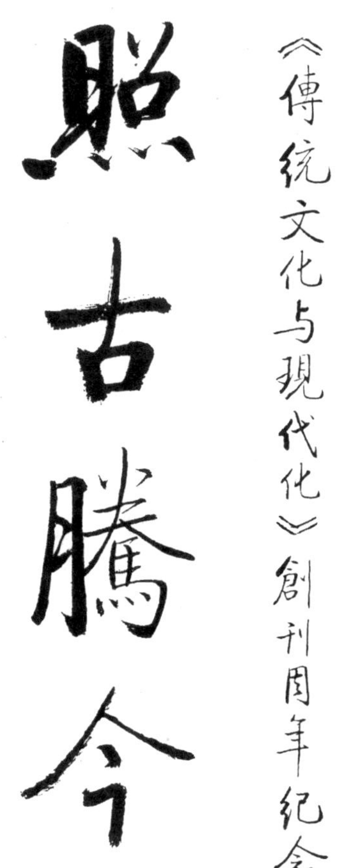

153

匾

墨缘齋
啓功

友誼之家
啓功

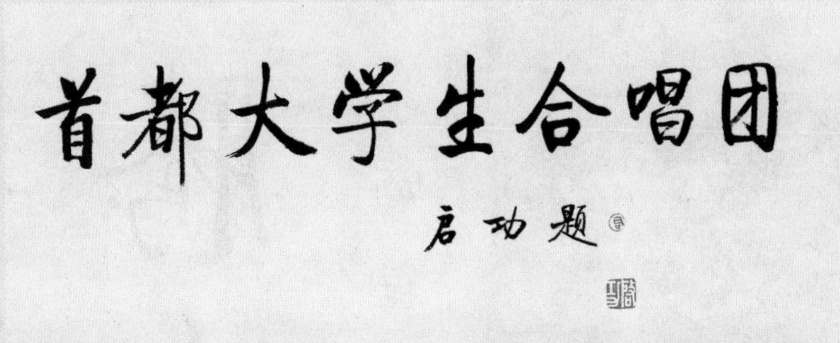
首都大学生合唱团
启功题

房山石匠
戊寅首夏
啓功

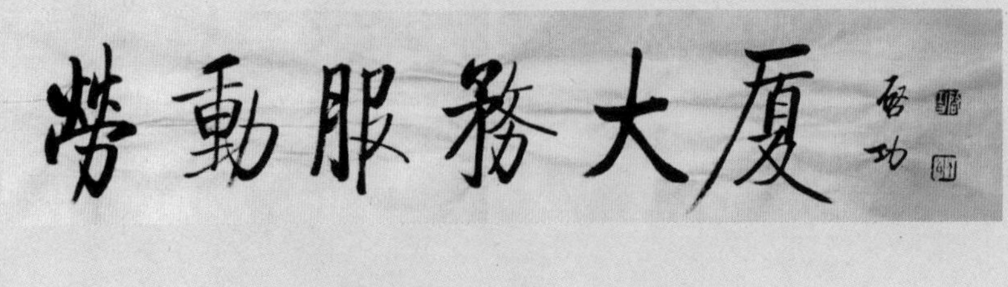
勞動服務大厦
啓功

155

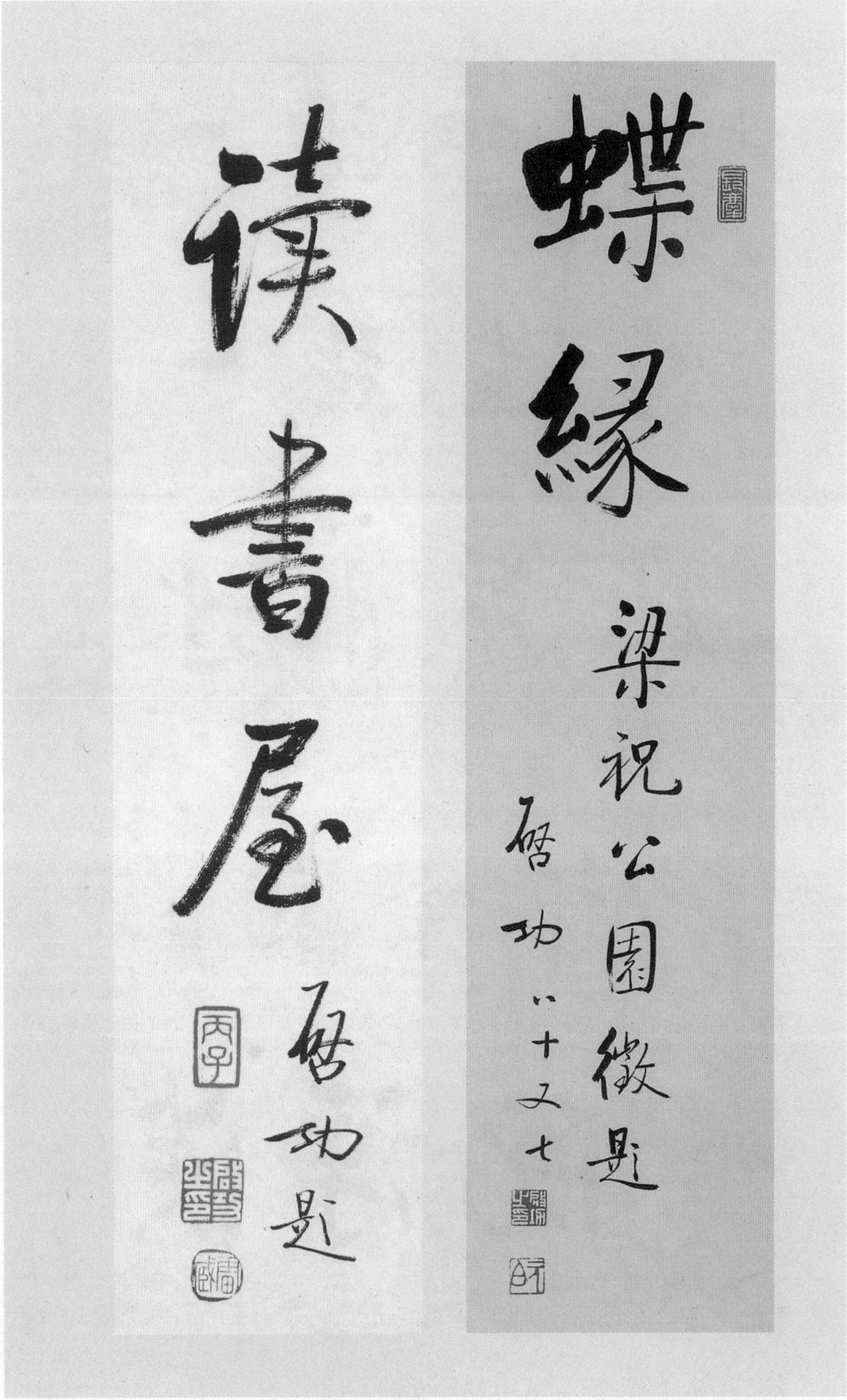
蝶缘
梁祝公园徵题
启功八十又七
读书屋
启功题

紫雲山莊　啟功題

瀚兄命筆正之　一九八七年丁友啟功　寰齋

常樂齋　啟功

神州書社　啟功題

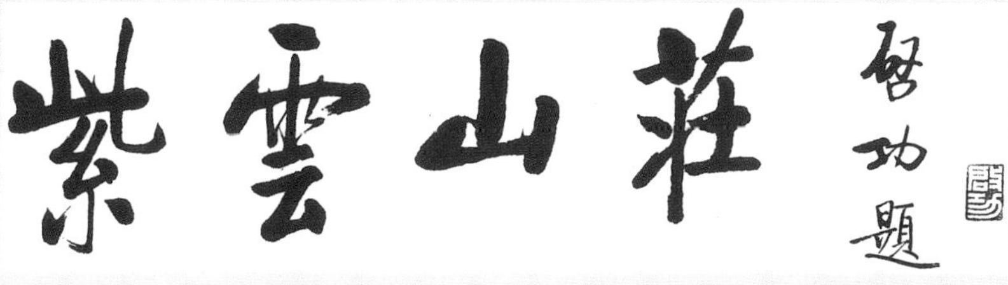

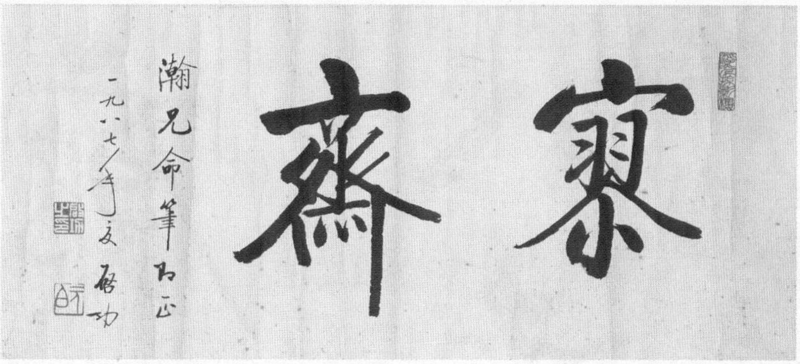

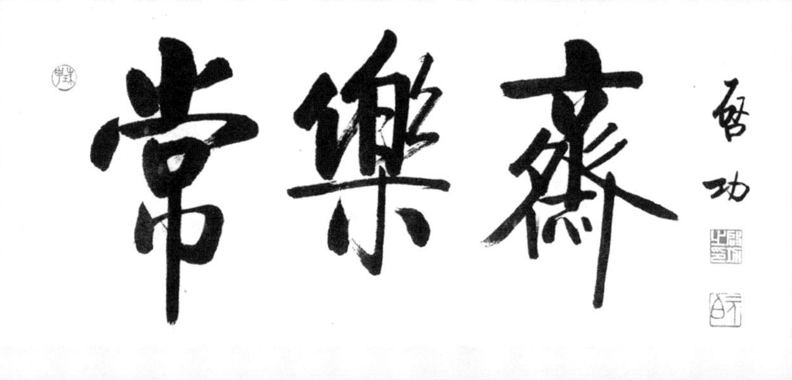

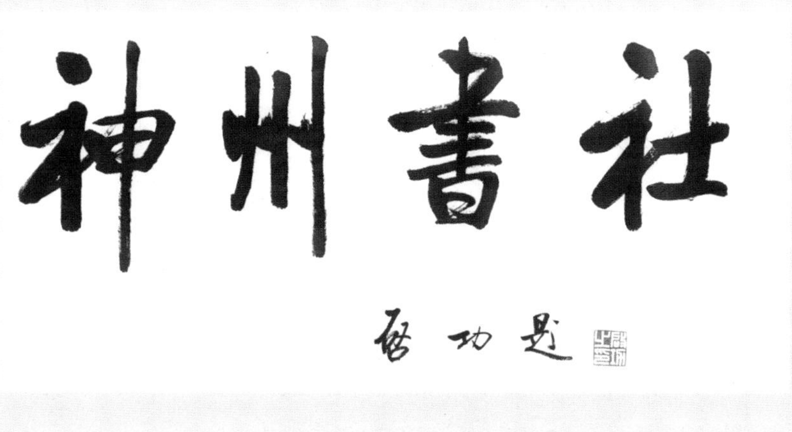

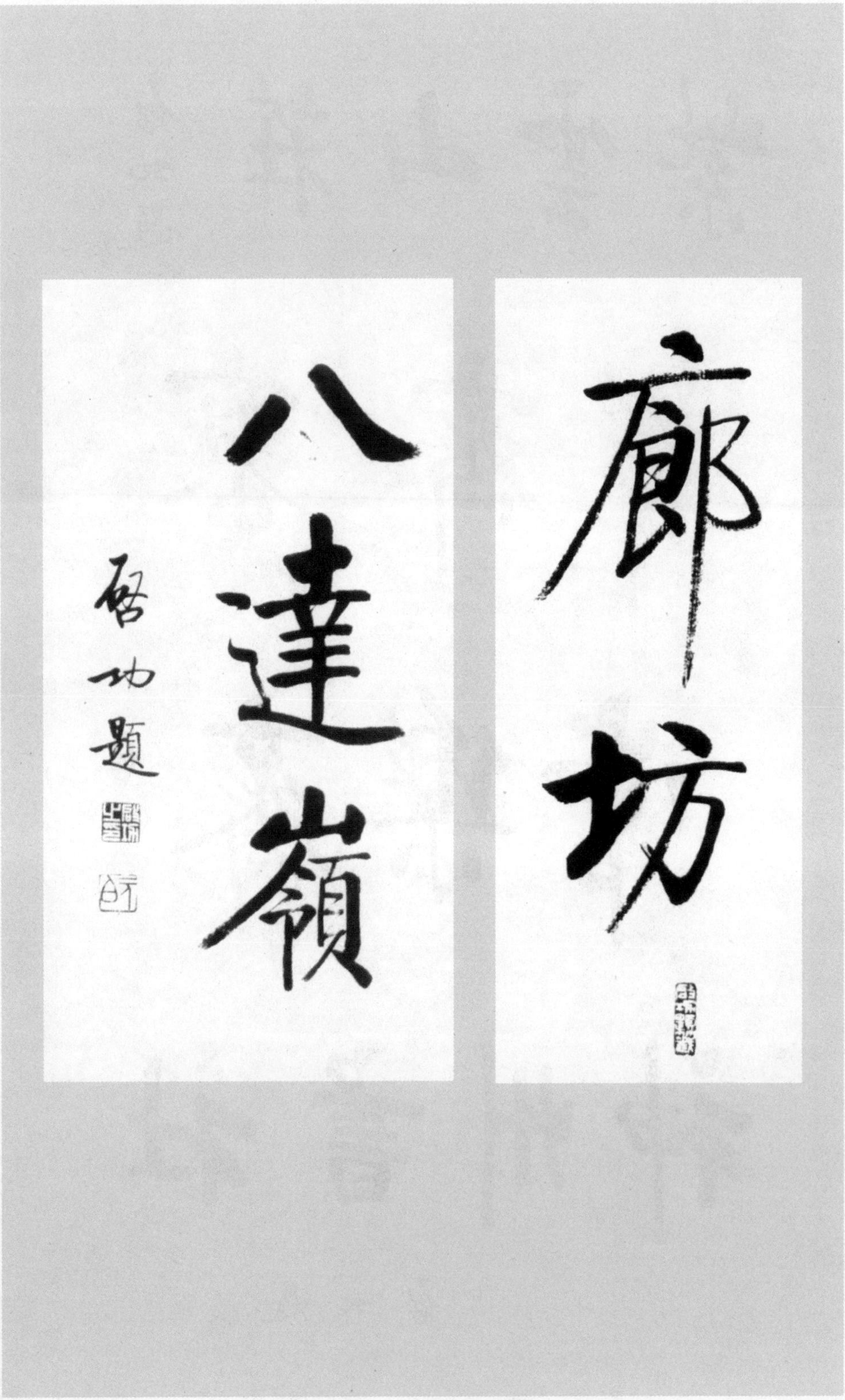
廊坊
八達嶺
啓功題

翰墨苑
启功题

友于楼
启功题

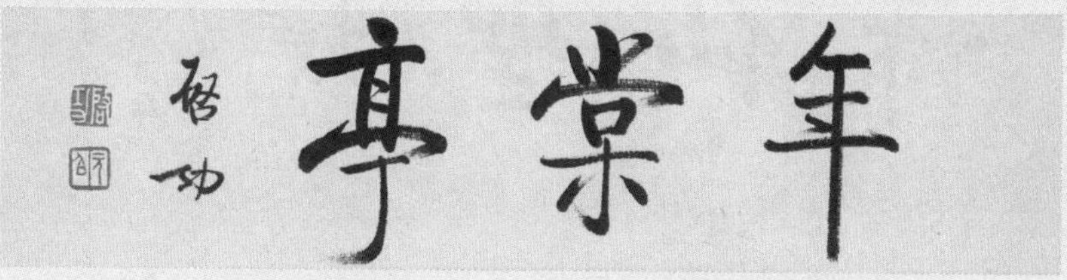
年崇亭
启功

艺苑

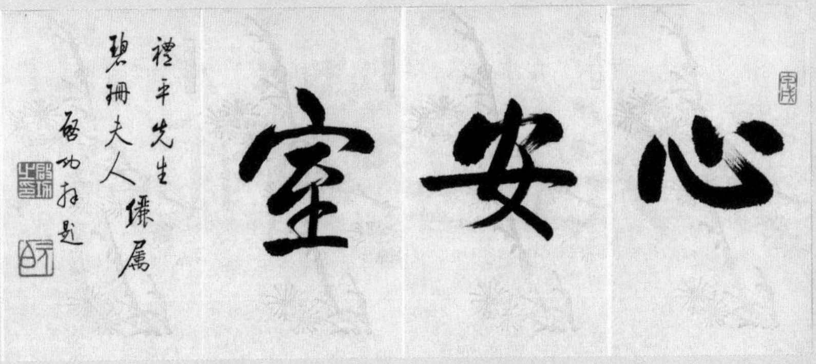
心安室
禮平先生
碧珊夫人
儷屬
啟功敬題

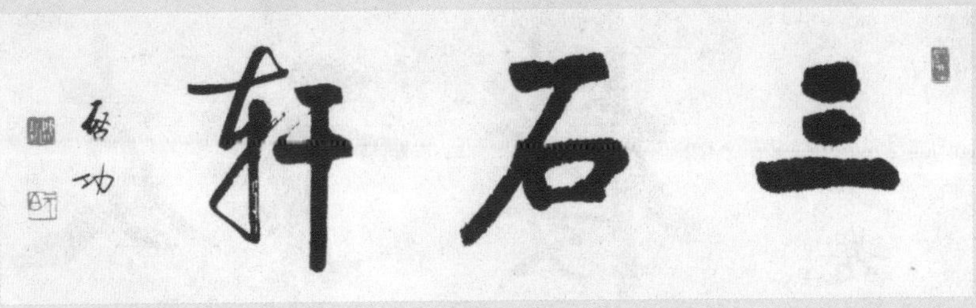
三石轩
啟功

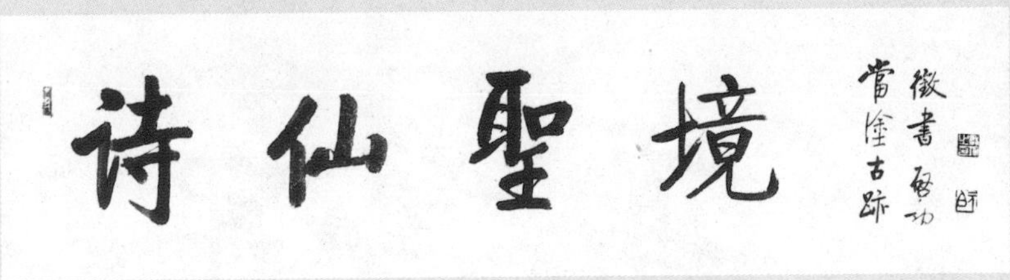
诗仙聖境
徵書
當塗古跡
啟功

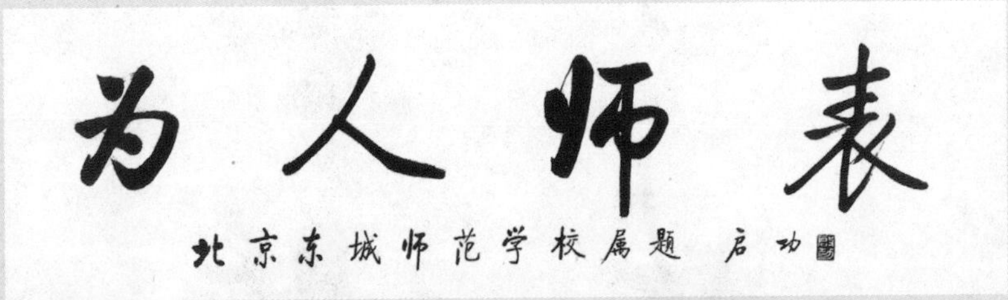
为人师表
北京东城师范学校属题　启功

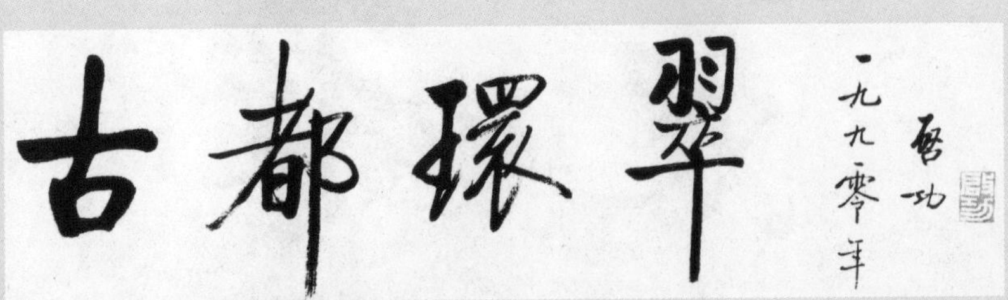
古都環翠
一九九零年
啟功

东育苗寺

一九八八年秋日

启功乙

雅軒

軒延雅士廿

凭东鳥路江

心四望寬为有

杨光常照英

三关北國六七

寒丙子攬月

启功題之十

楼磨

墨

启功

北京经济学院

图书馆

启功題

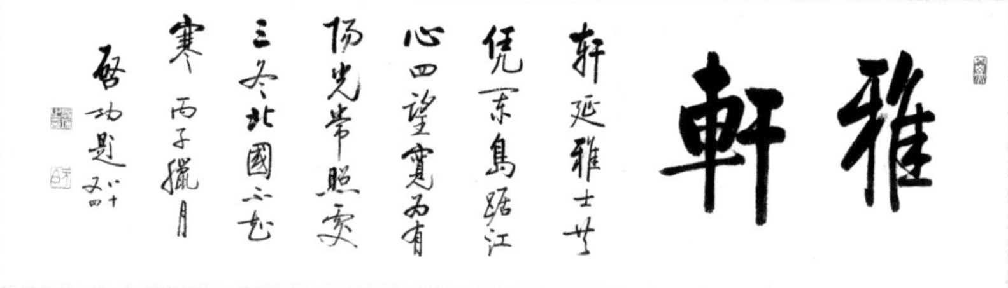

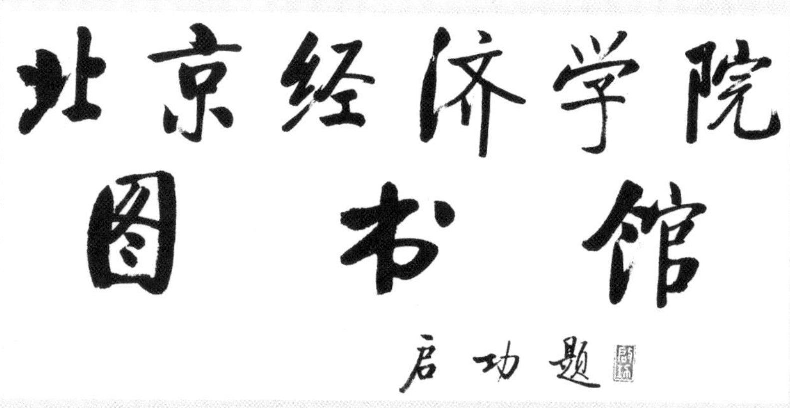

藜光閣
啟功

藜光閣
啟功

联

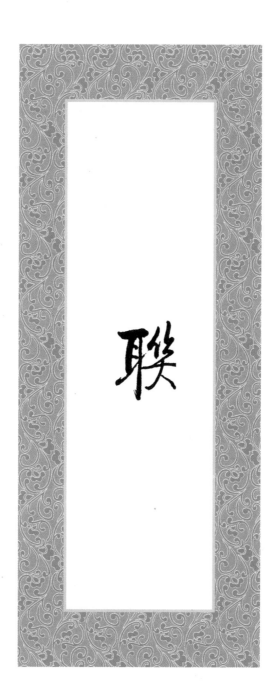

二儀清濁還高下
萬國衣冠拜冕旒

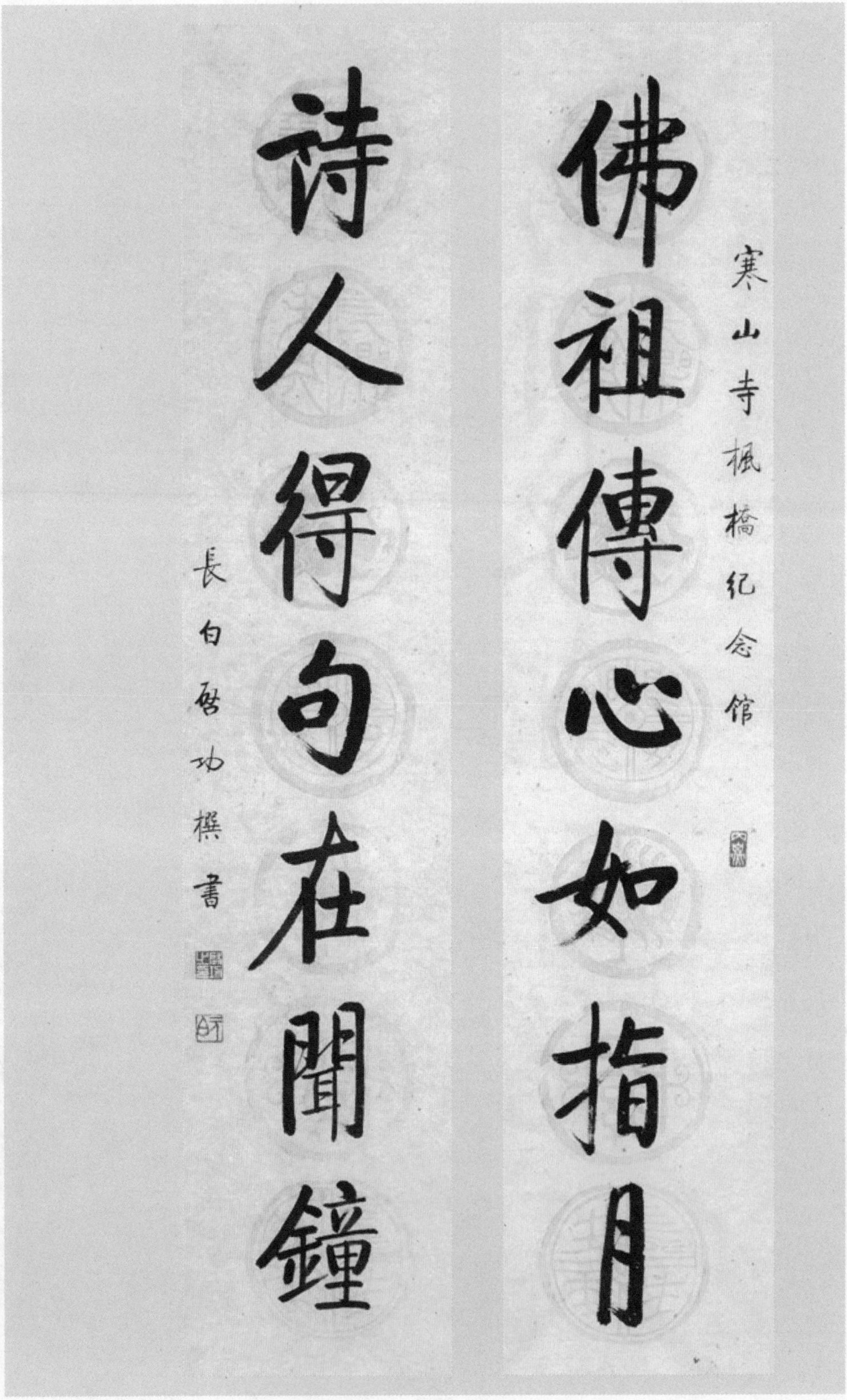
寒山寺楓橋紀念館
佛祖傳心如指月
詩人得句在聞鐘
長白啓功撰書

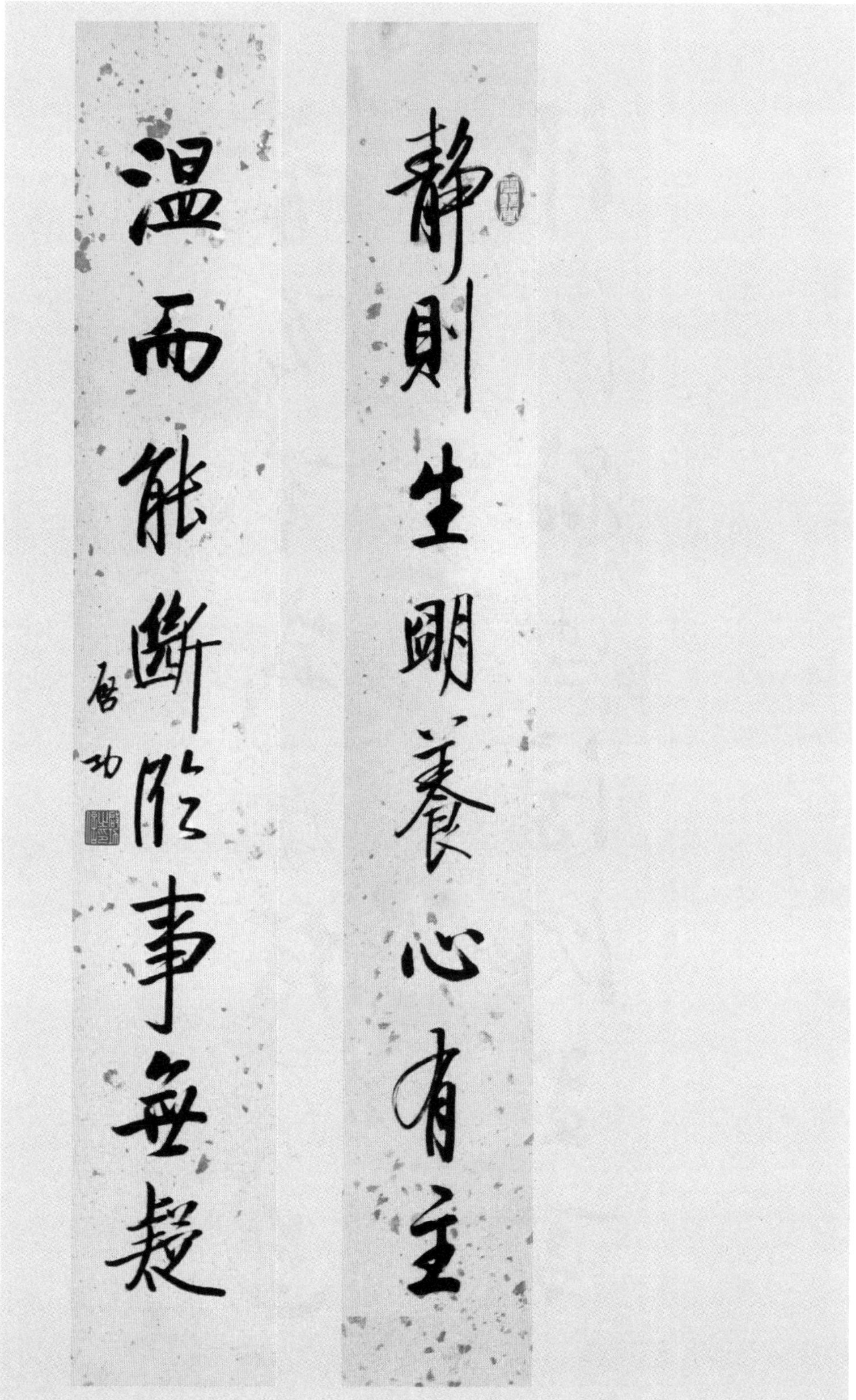
静则生明养心有主
温而能断临事无疑
启功

肯与武库结东忘

汗漫翰墨浮沉里苦

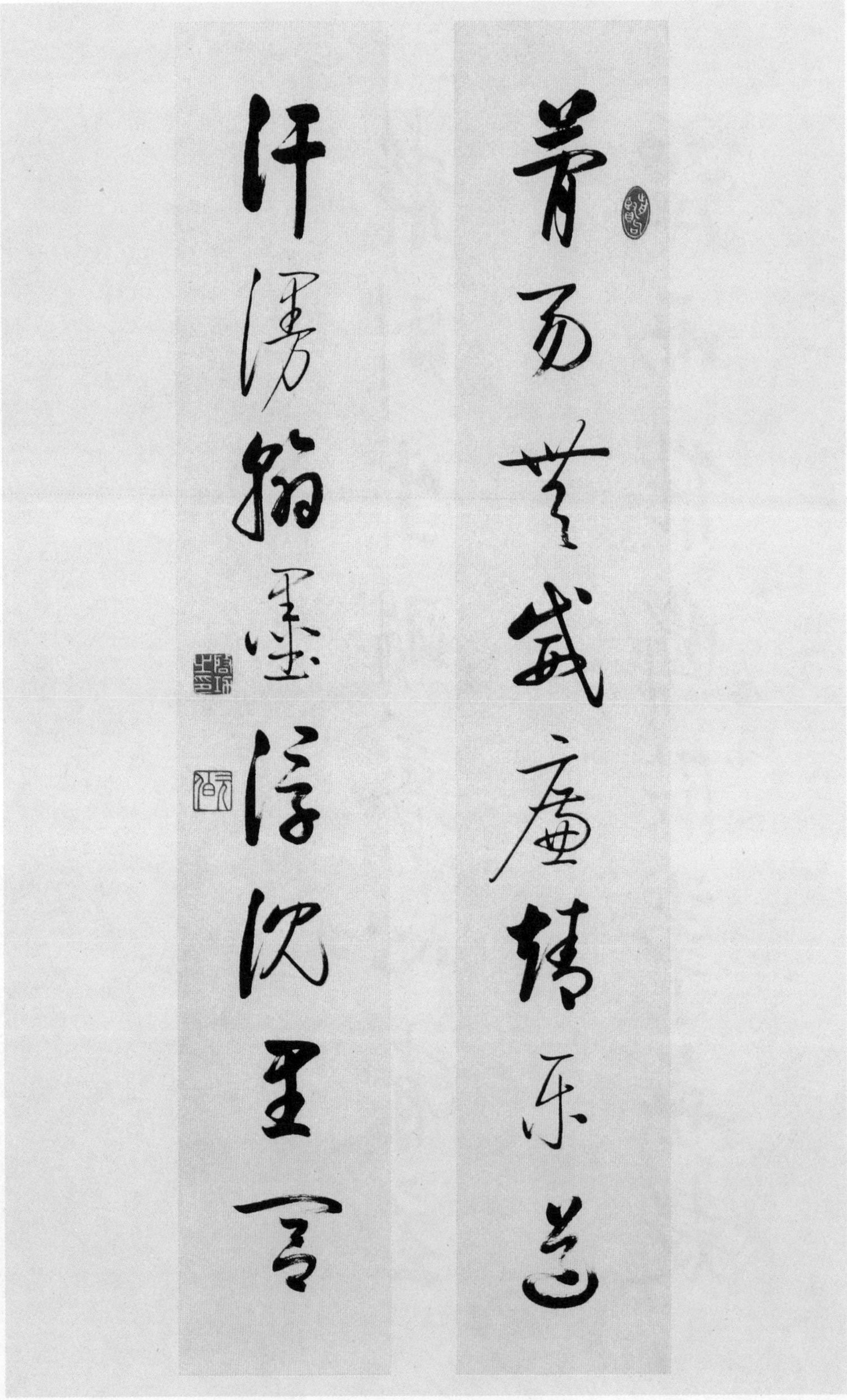

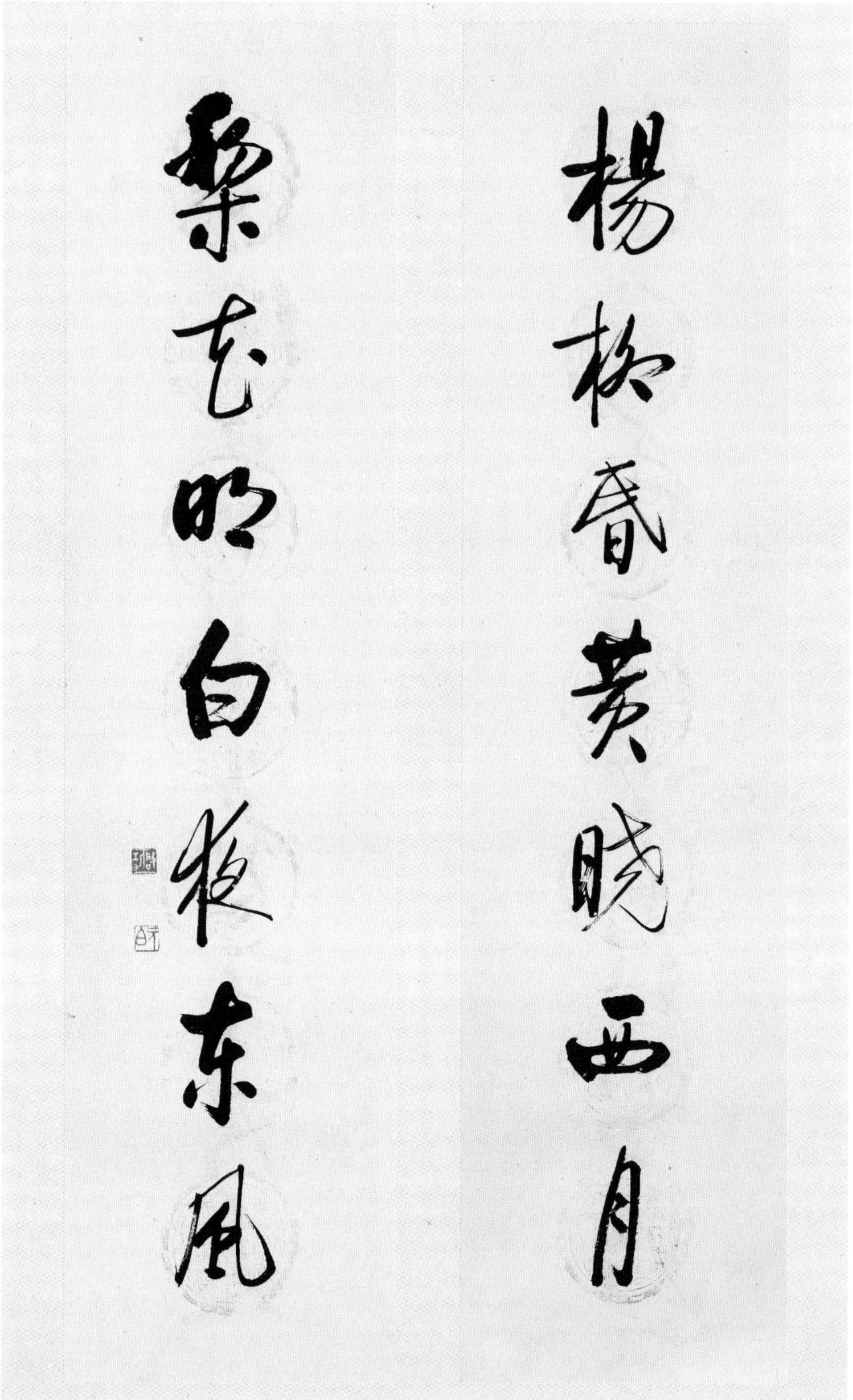
楊柳春黃曉西月
梨花明白夜東風

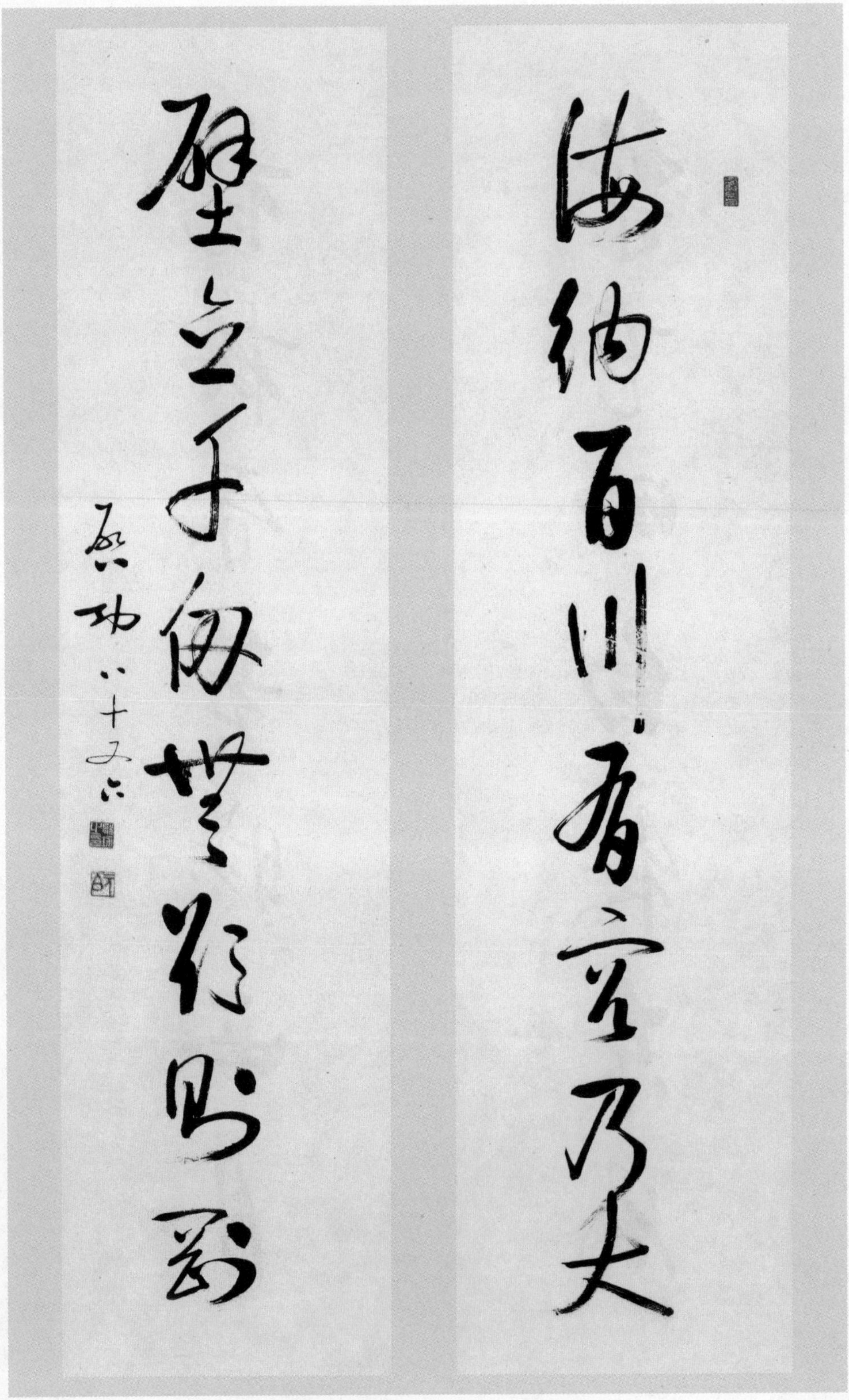
海纳百川有容乃大
壁立千仞无欲则刚
启功八十又六

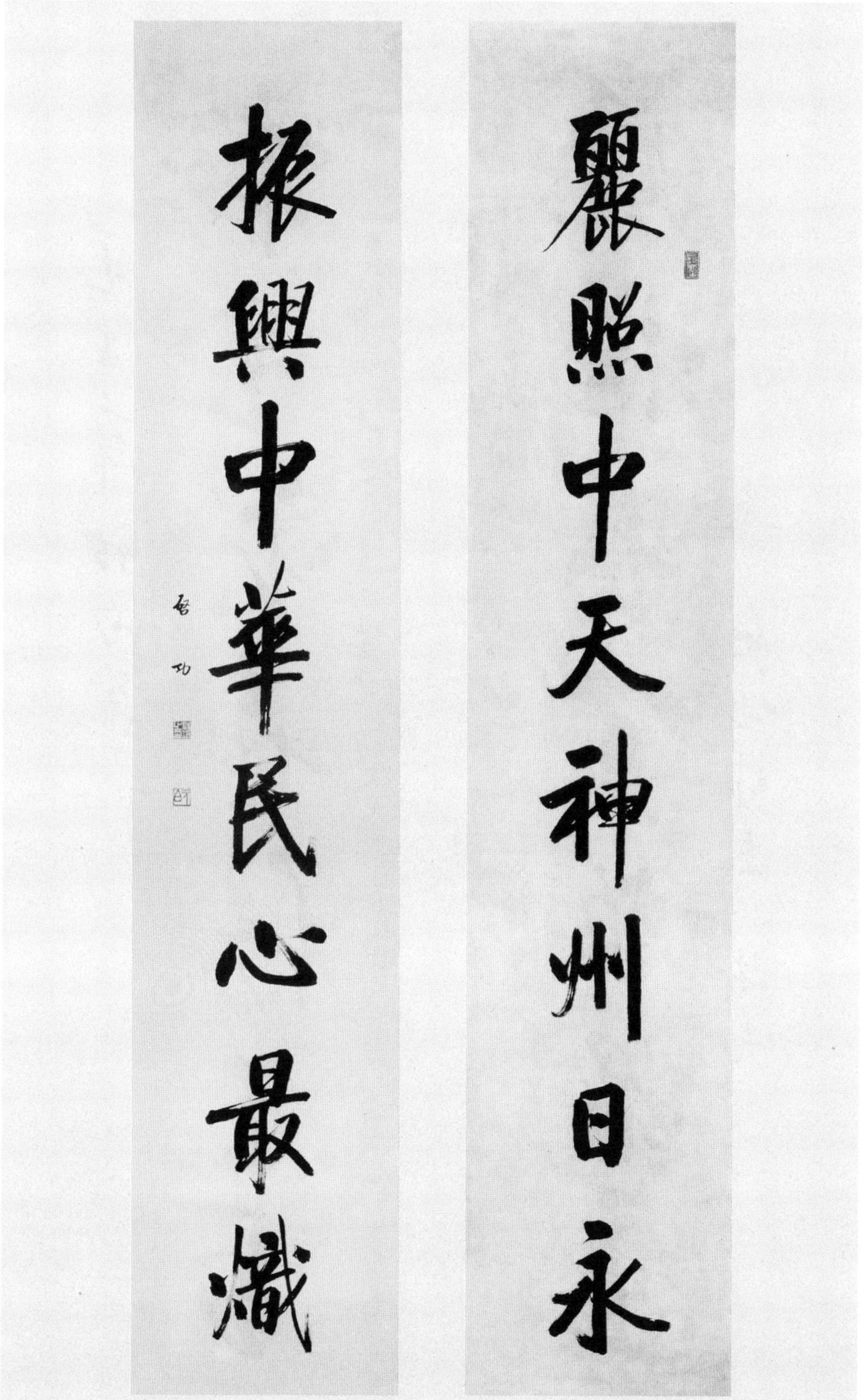
麗照中天神州日永
振興中華民心最熾
啟功

梅花欢喜漫天雪
毛主席诗句集联
一九七二年书
风物长宜放眼量

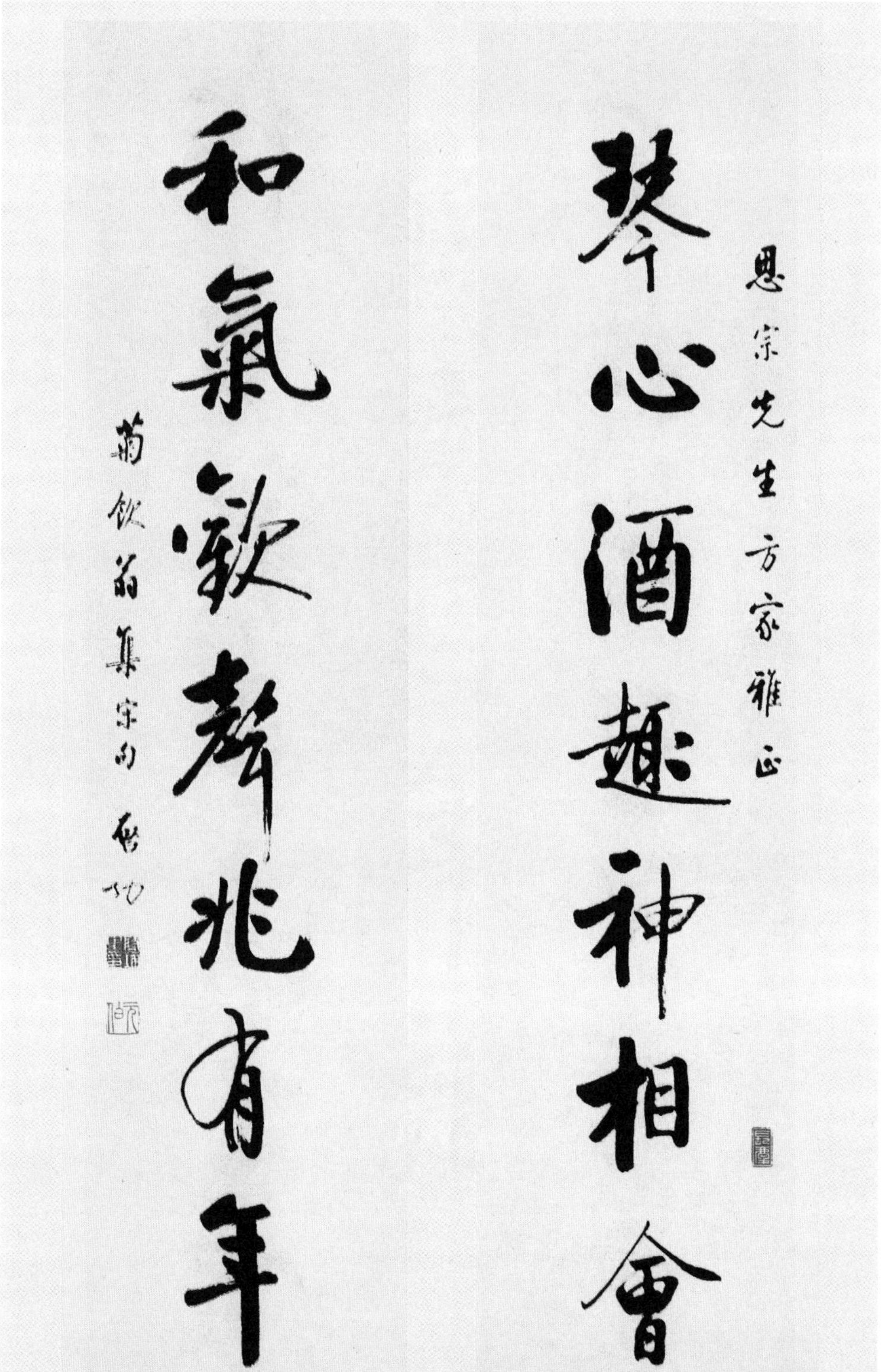
琴心酒趣神相會
恩宗先生方家雅正
和氣歡聲兆有年

梅花歡喜漫天雪
風物長宜放眼量
啓功

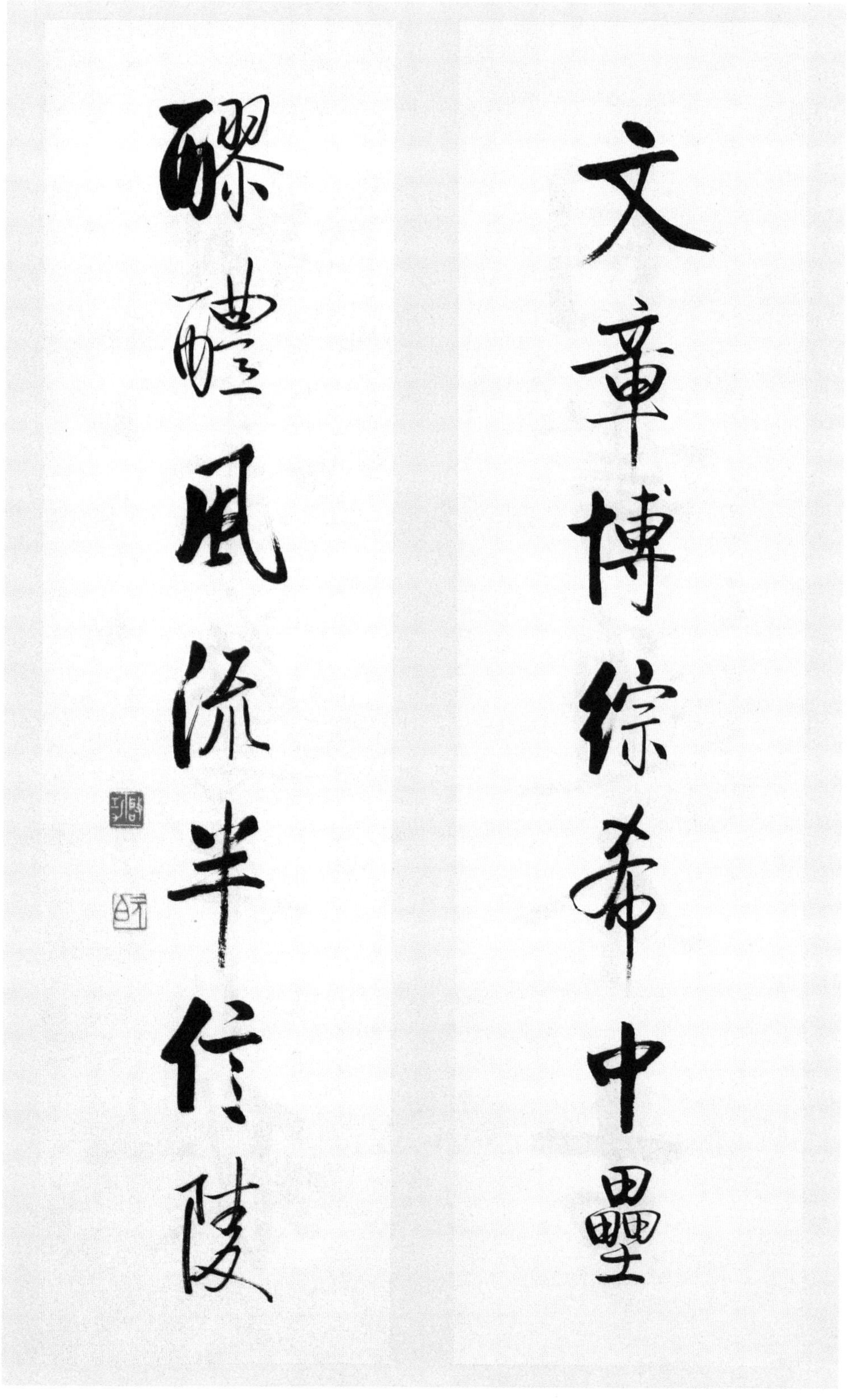
文章博綜希中壘
醪醴風流半信陵

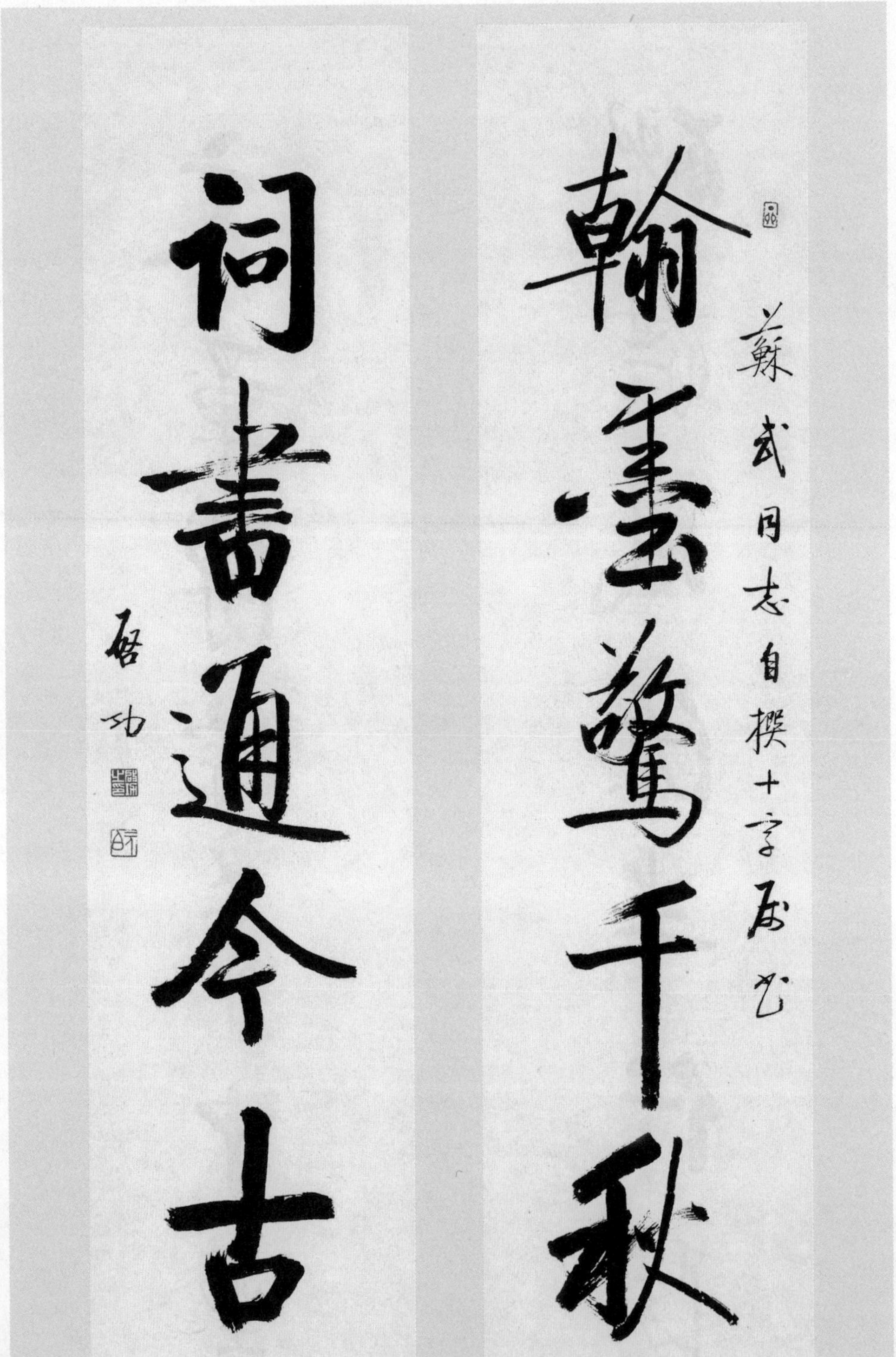
翰墨驚千秋
蘇武同志自撰十字 启功
词書通今古
启功

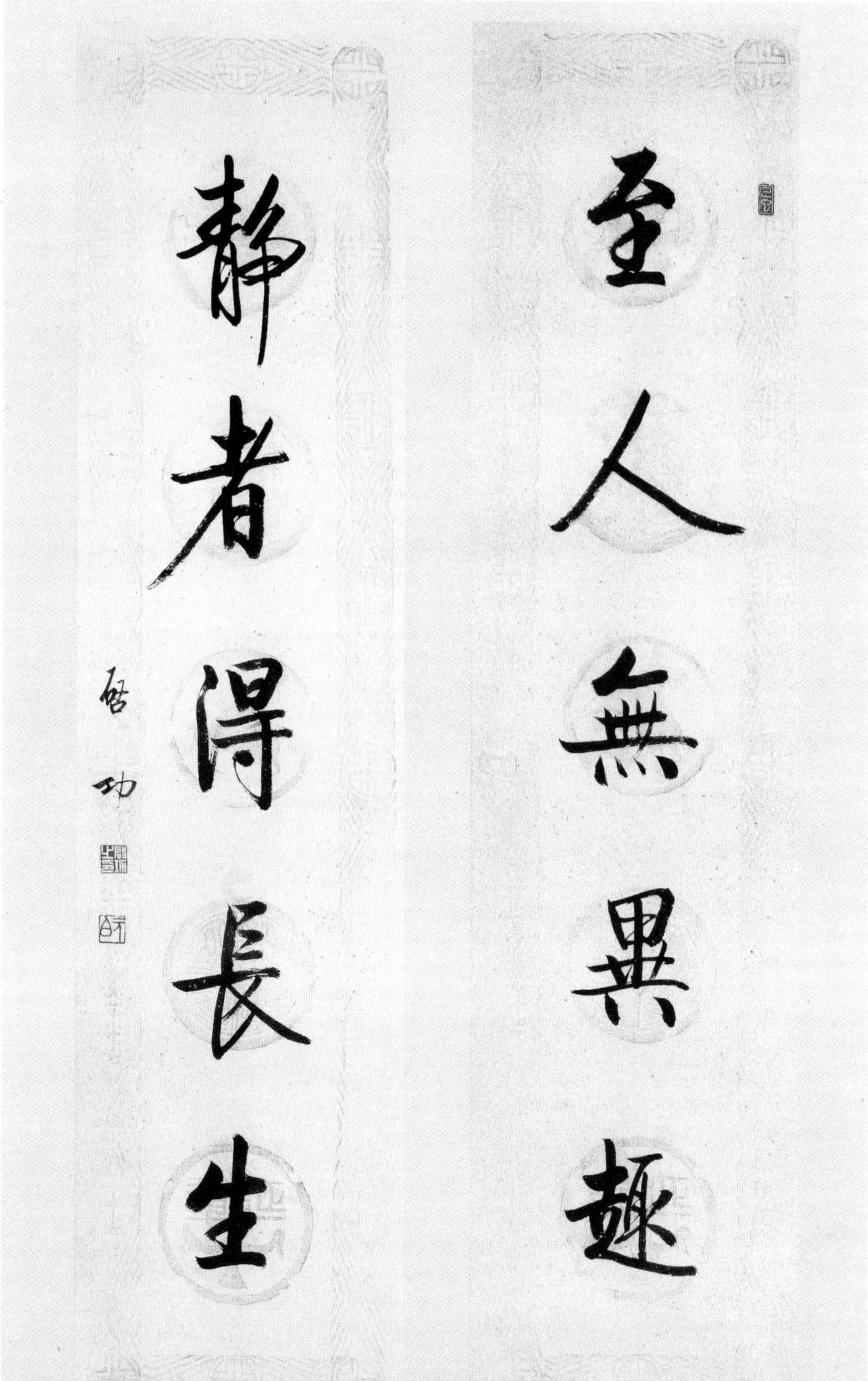
至人無異趣
靜者得長生
啟功

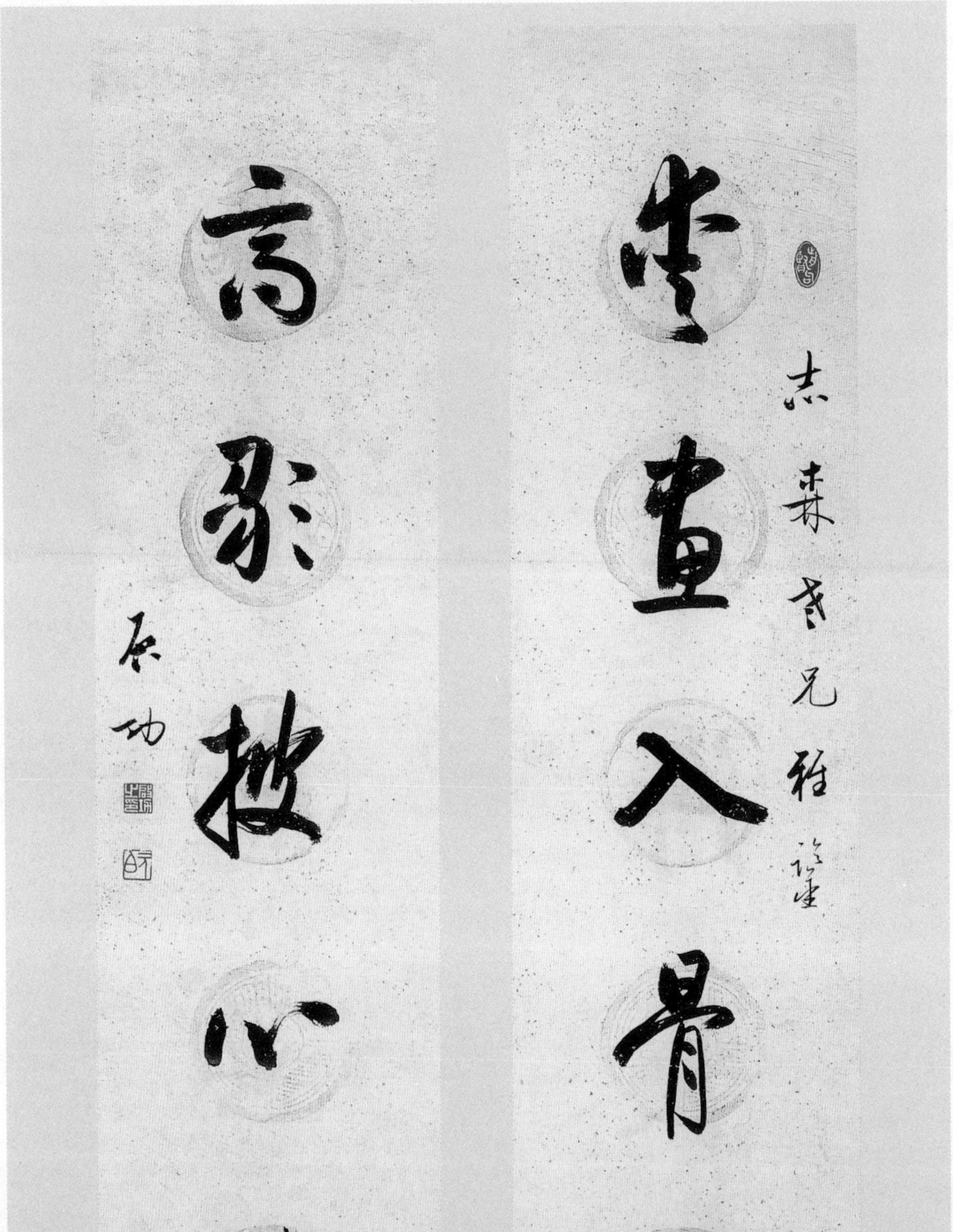

高名郭有道
介節王無功

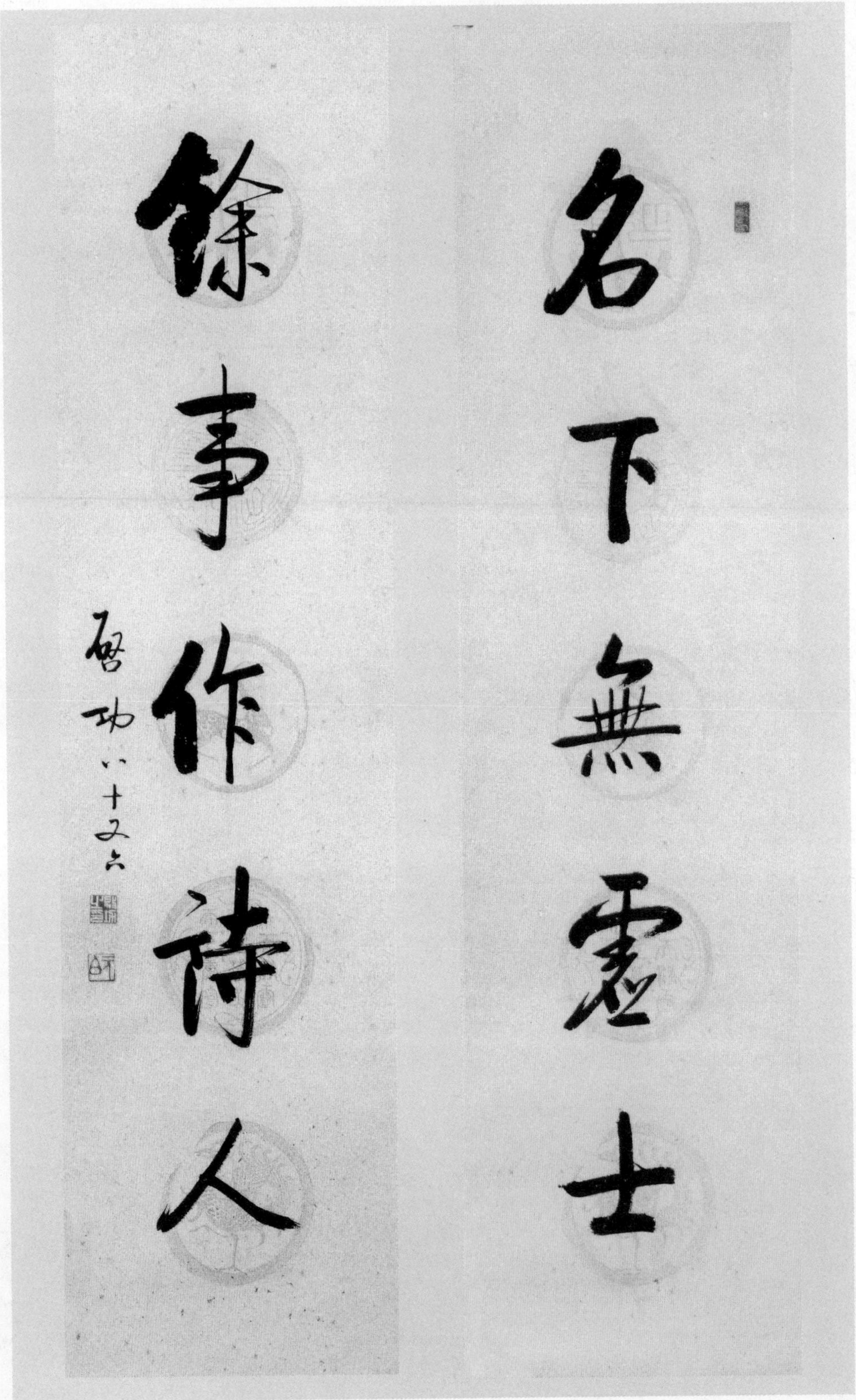
名下無虛士
餘事作詩人
啓功八十又六

琴高缘不鼓
松老是忘年
启功 八十又七

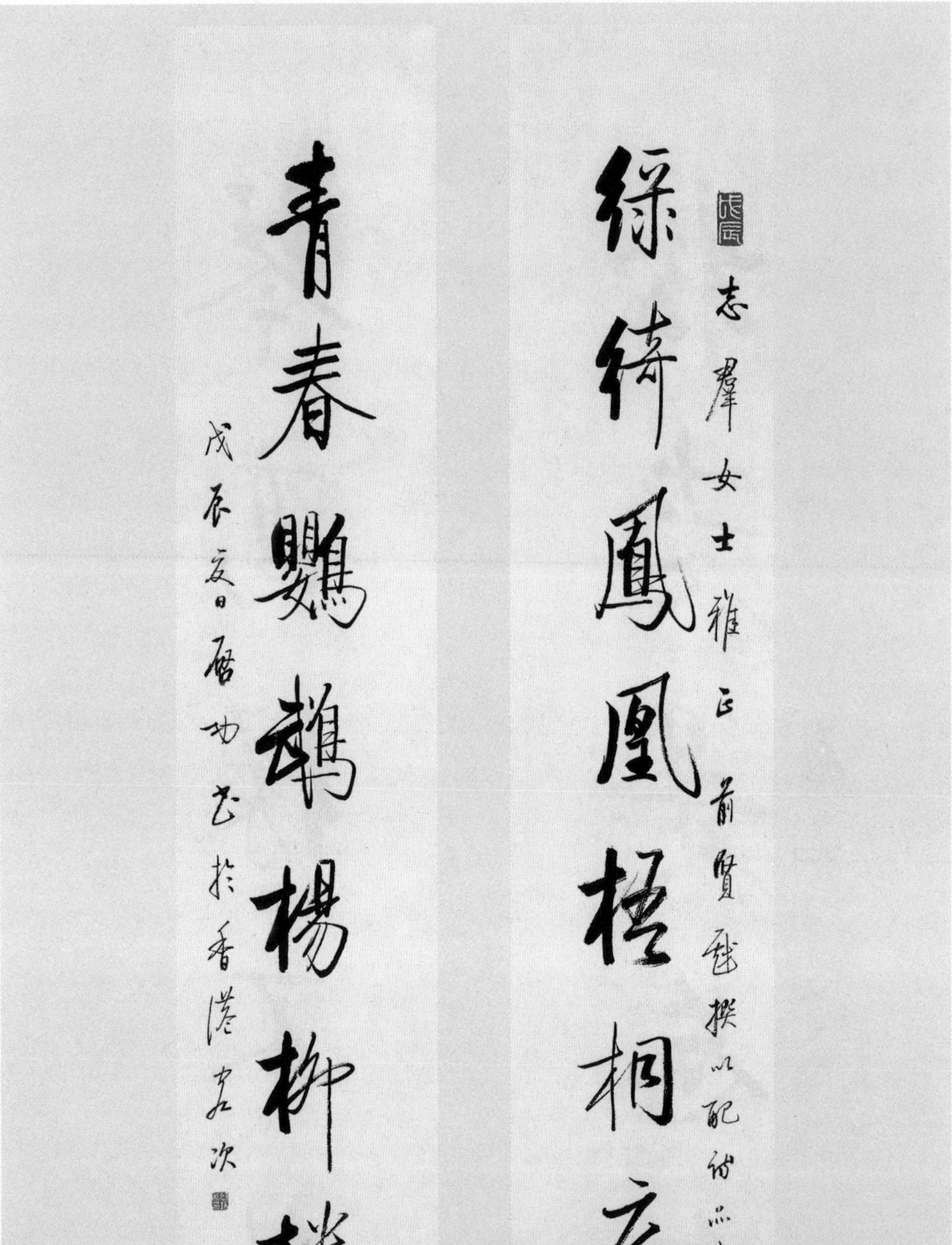
绿绮凤凰梧桐庭院
志群女士雅正
青春鹦鹉杨柳楼台
戊辰夏日启功书於香港客次

滄海未全歸禹貢
春城無處不飛花
啓功

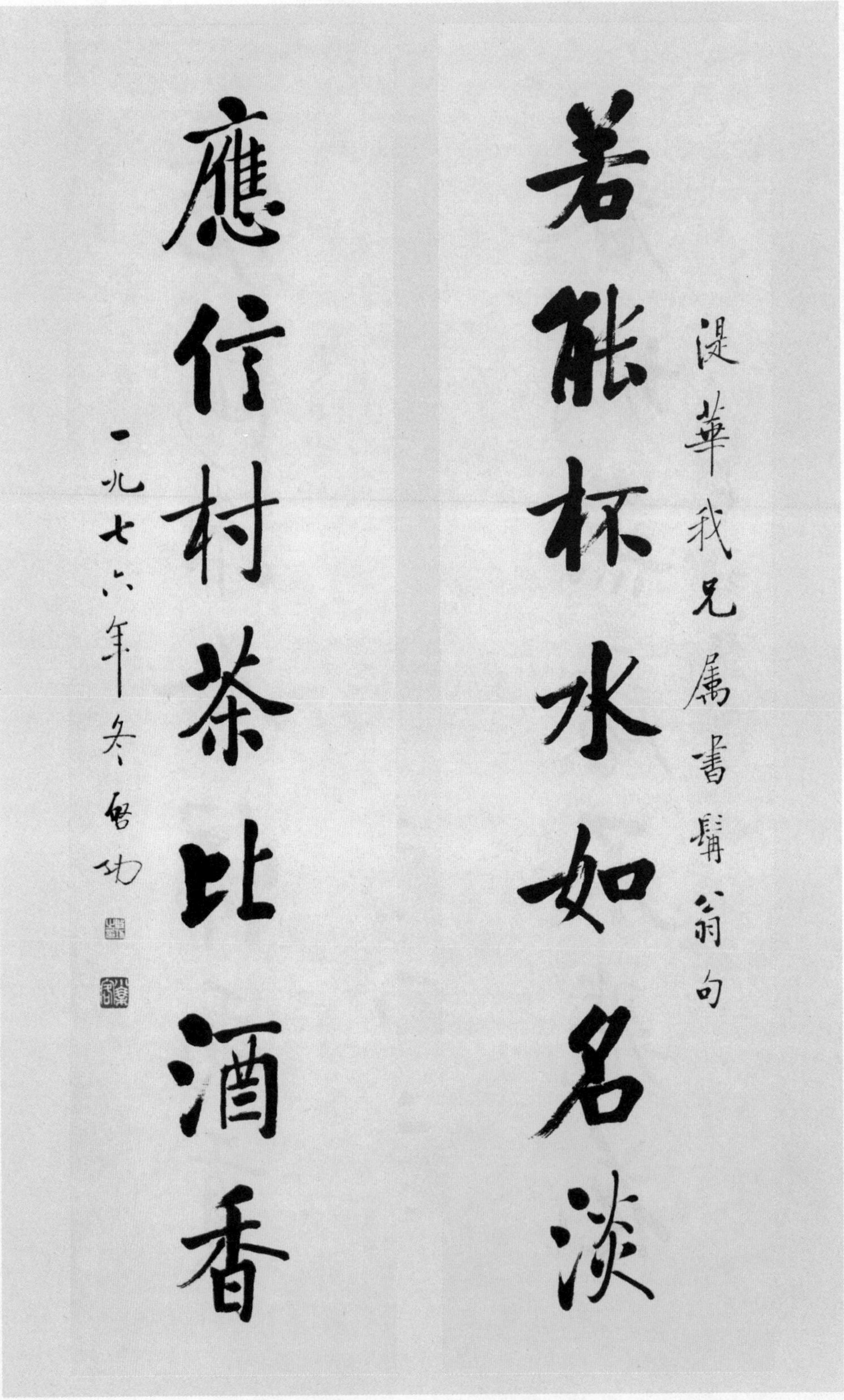
若能杯水如名淡
應信村茶比酒香
湜華我兄屬書髯翁句
一九七六年冬 啓功

苏能杯水如名淡

庭竹村茶比酒香

涤华先生正腕

龚翁句 一九七六冬 启功

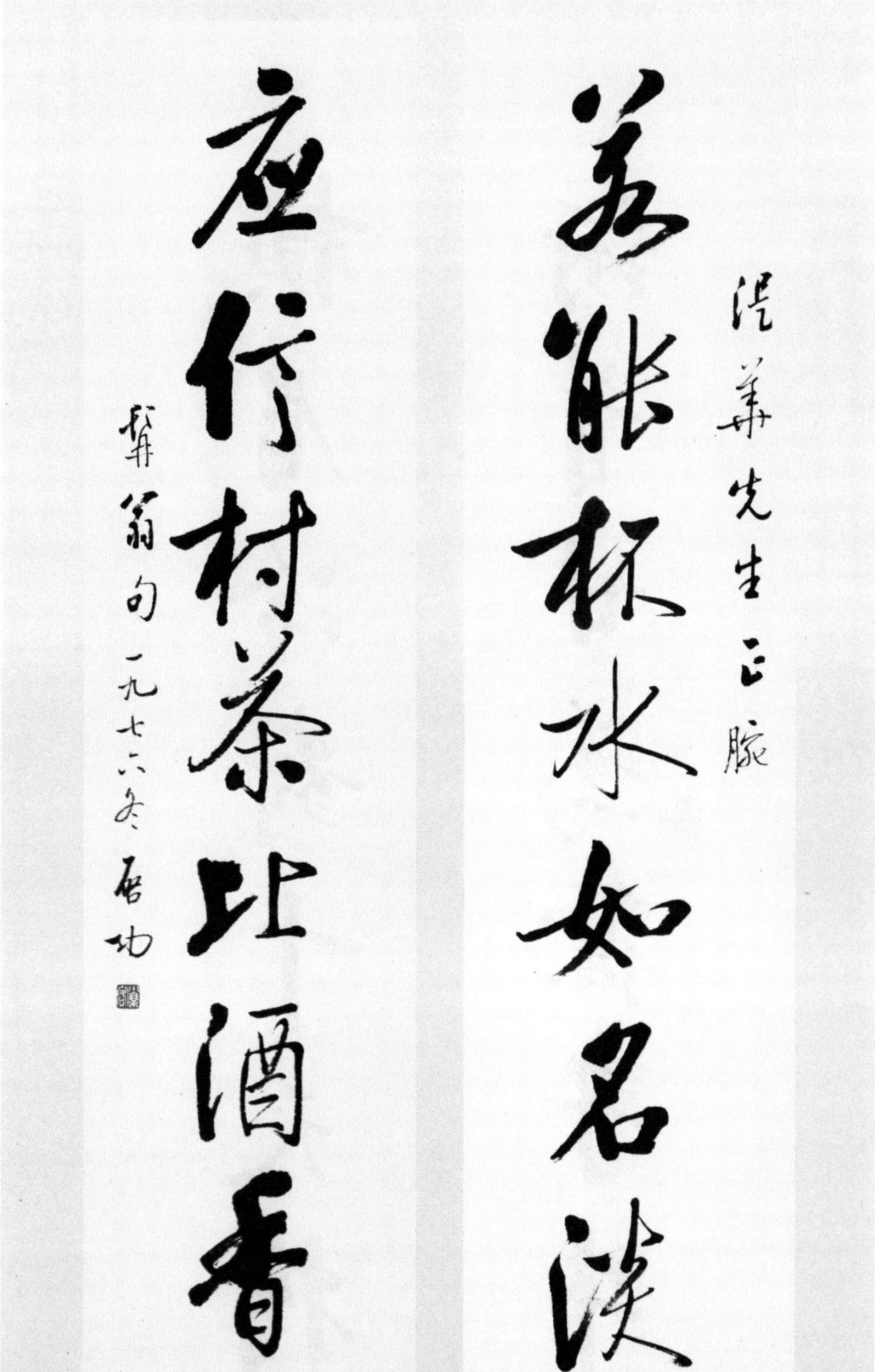

横眉冷對千夫指
俯首甘為孺子牛

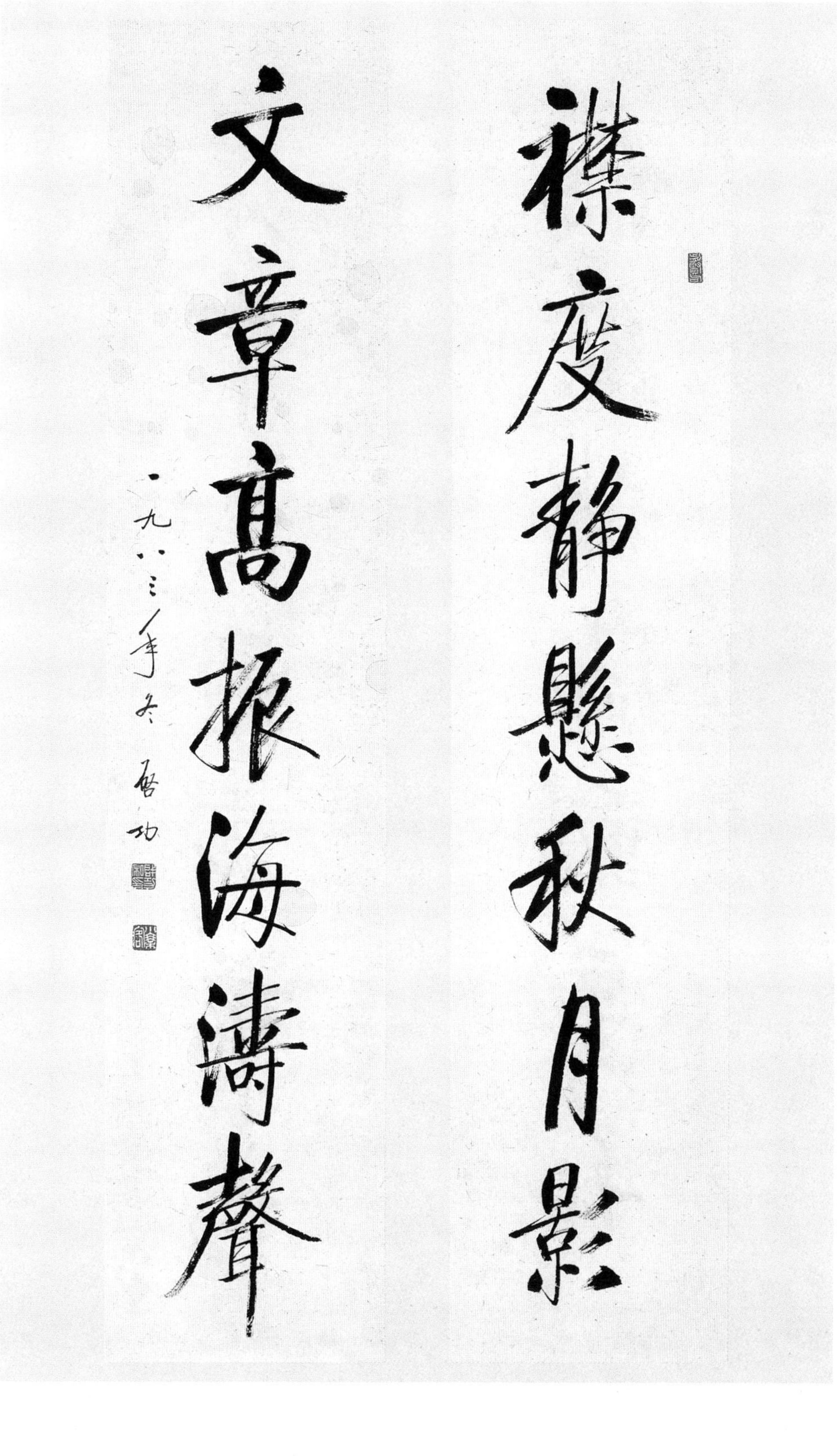
襟度靜懸秋月影
文章高振海濤聲
一九八三年冬 啓功

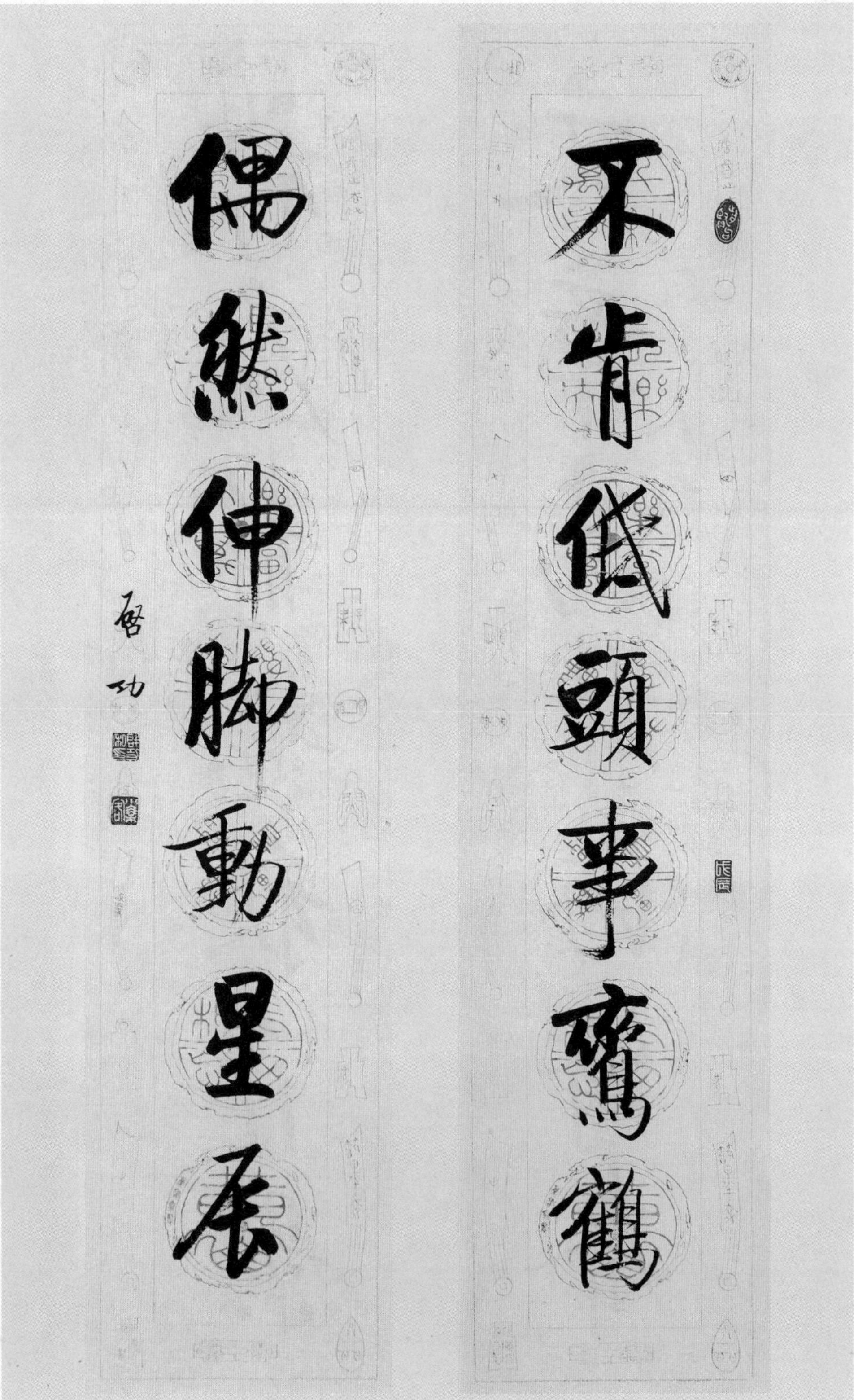
不肯低頭事鷹鶴
偶然伸脚動星辰
啓功

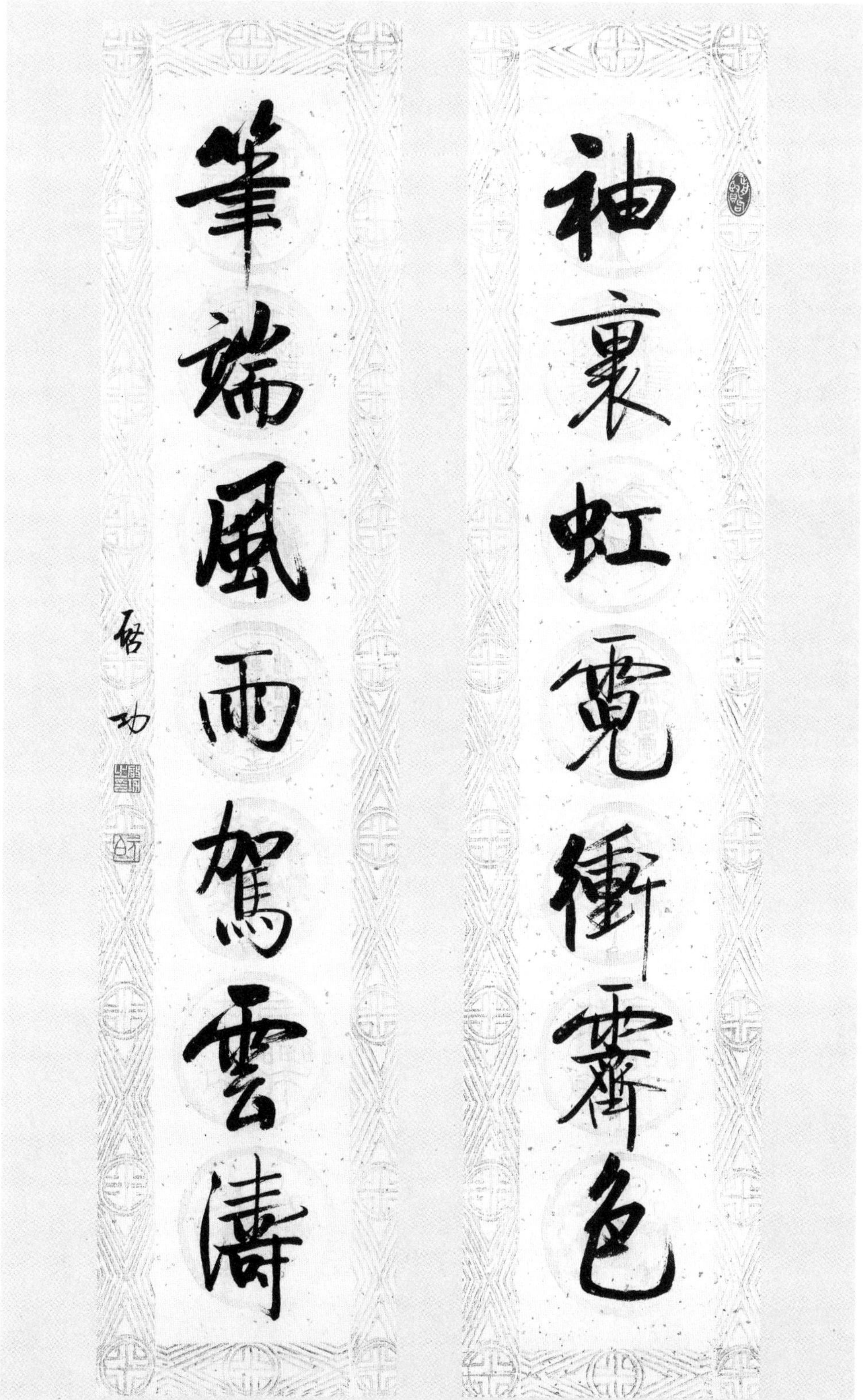
袖裏虹霓衝霽色
筆端風雨駕雲濤
啟功

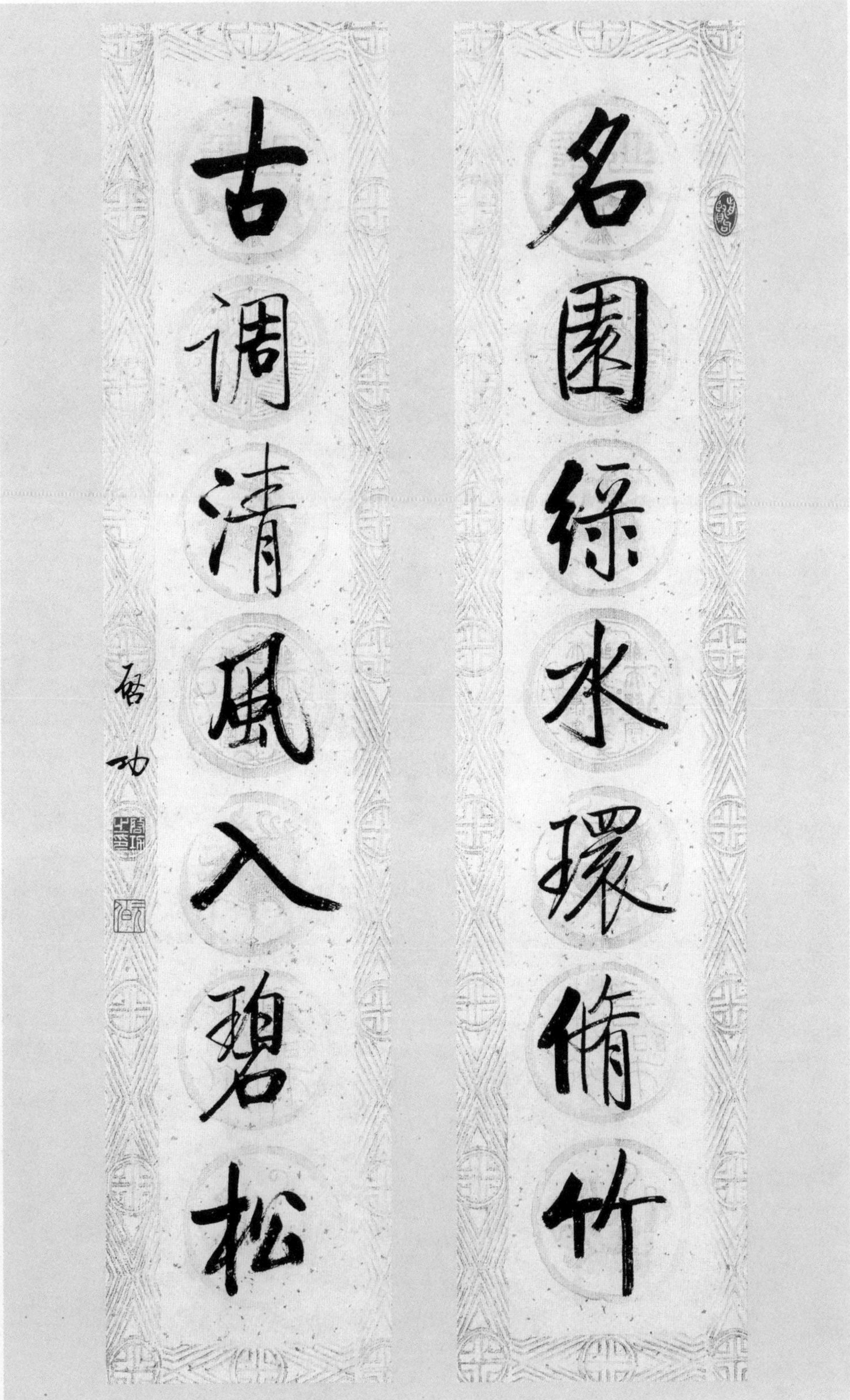
名園綠水環脩竹
古调清風入碧松
启功

能與诸賢齊品目
不将世故係情懷
启功

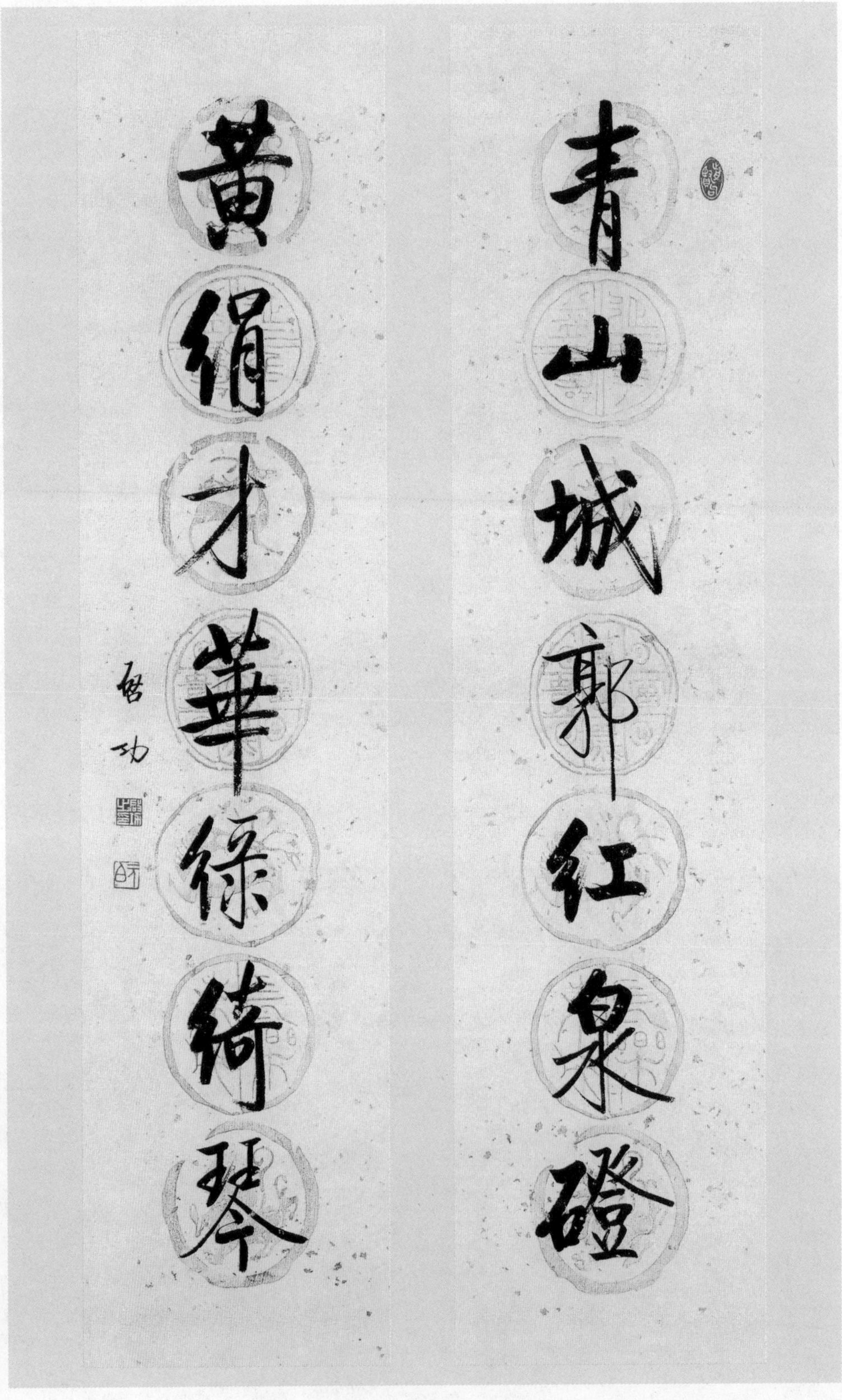
青山城郭紅泉磴
黃絹才華綠綺琴
啟功

滄海六鼇瞻氣象
青天一鶴見精神
啟功

画本纷披本那言

文章古怪见天真

启功

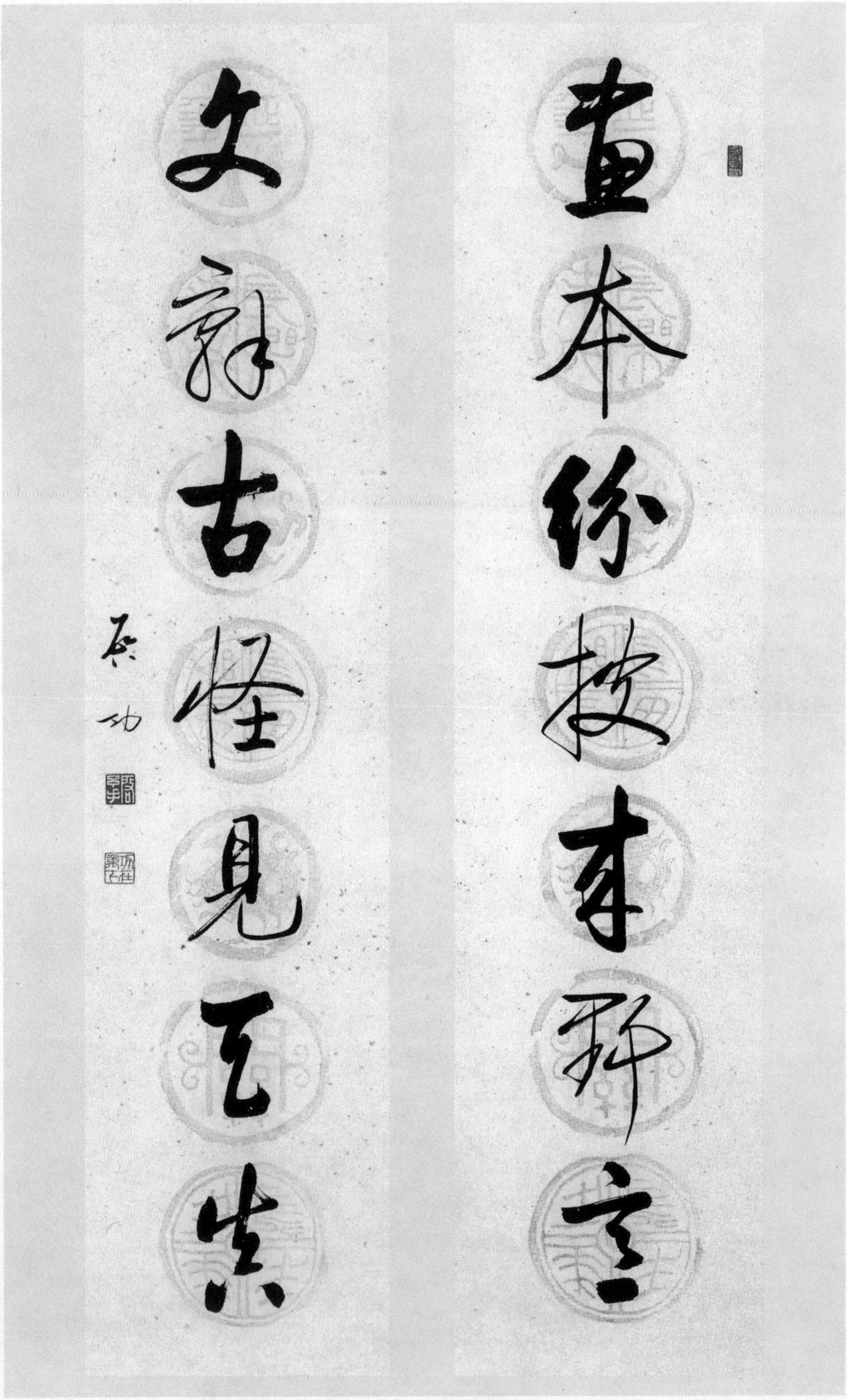

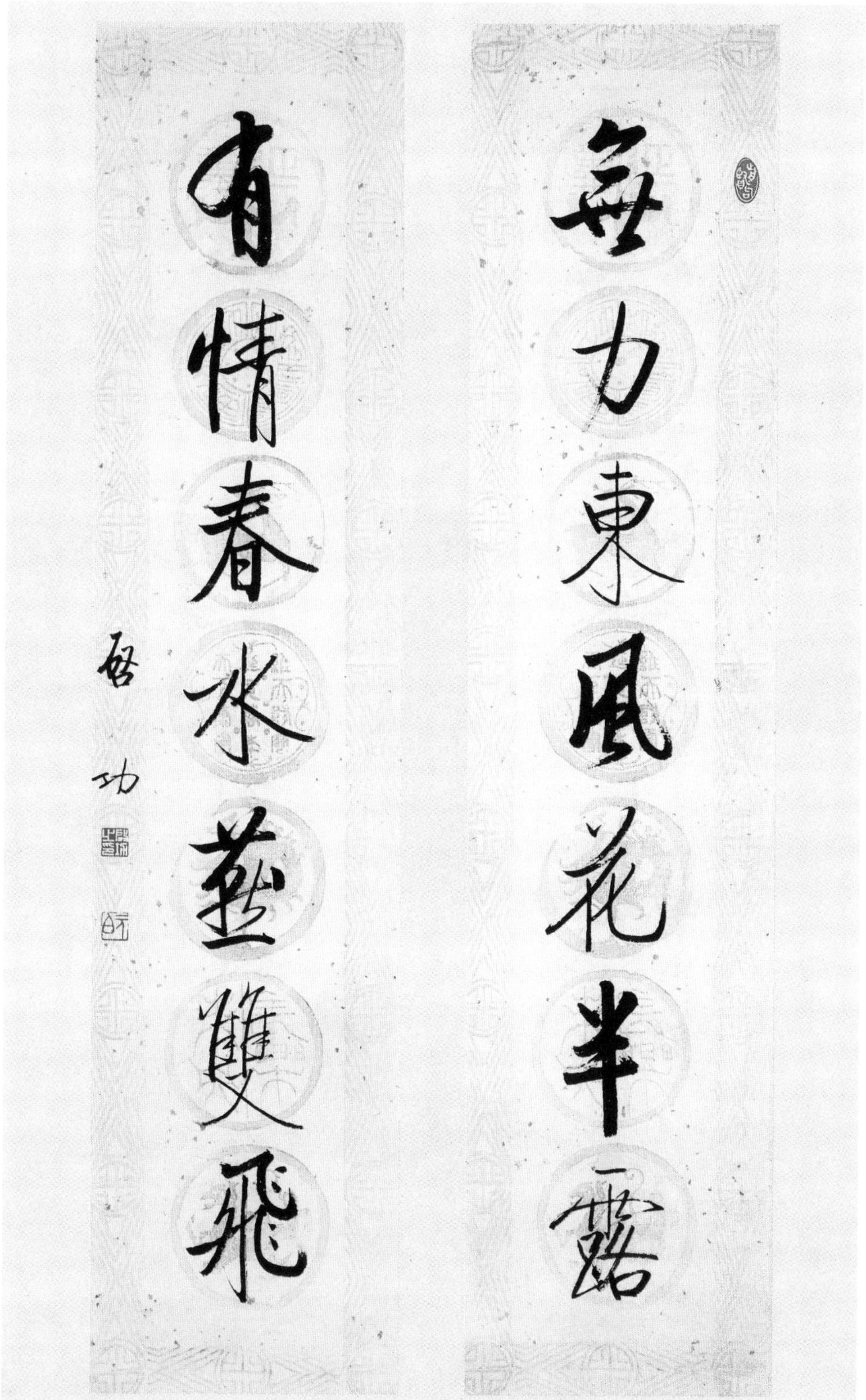
無力東風花半露
有情春水燕雙飛
啟功

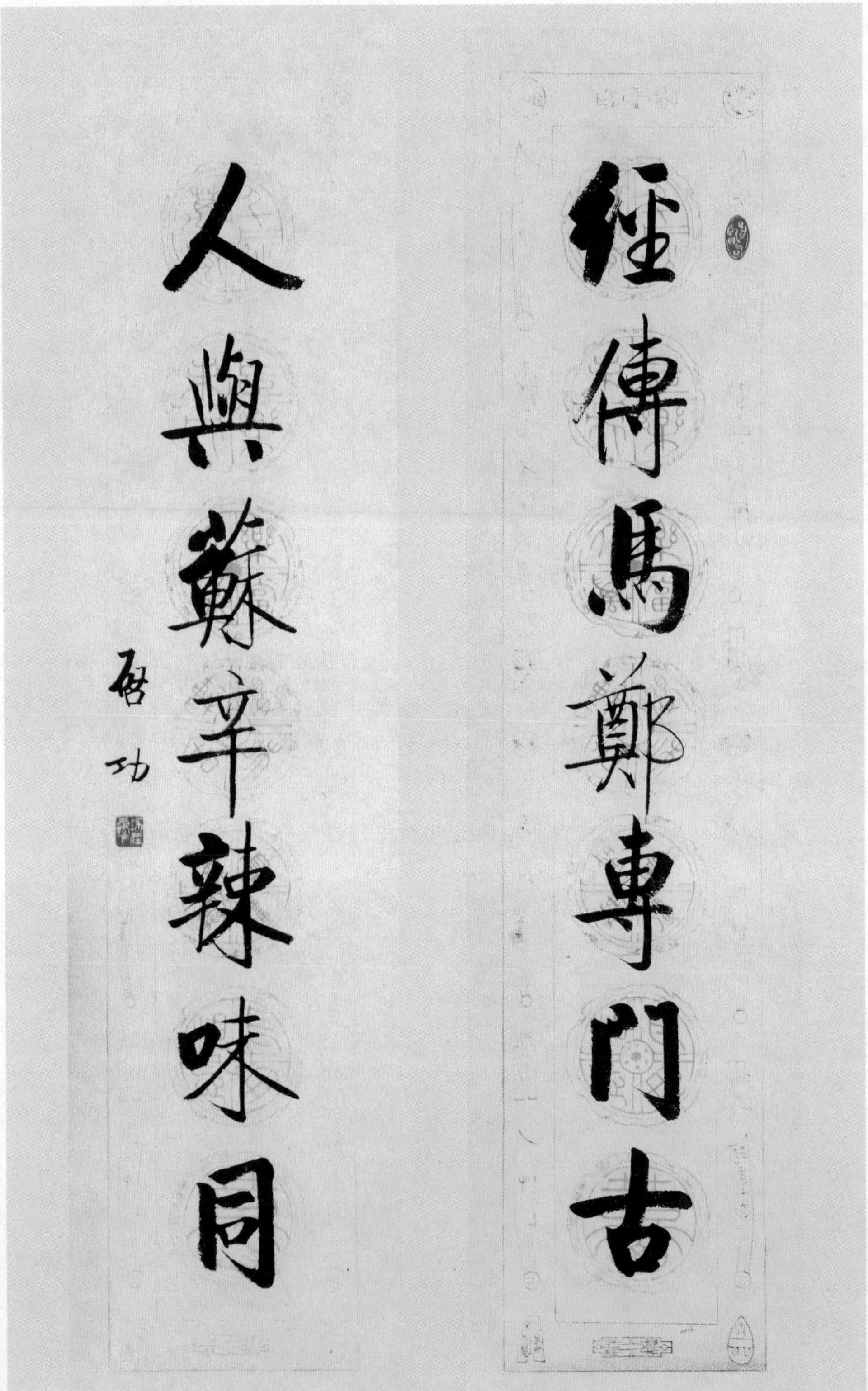
經傳馬鄭專門古
人與蘇辛辣味同
啓功

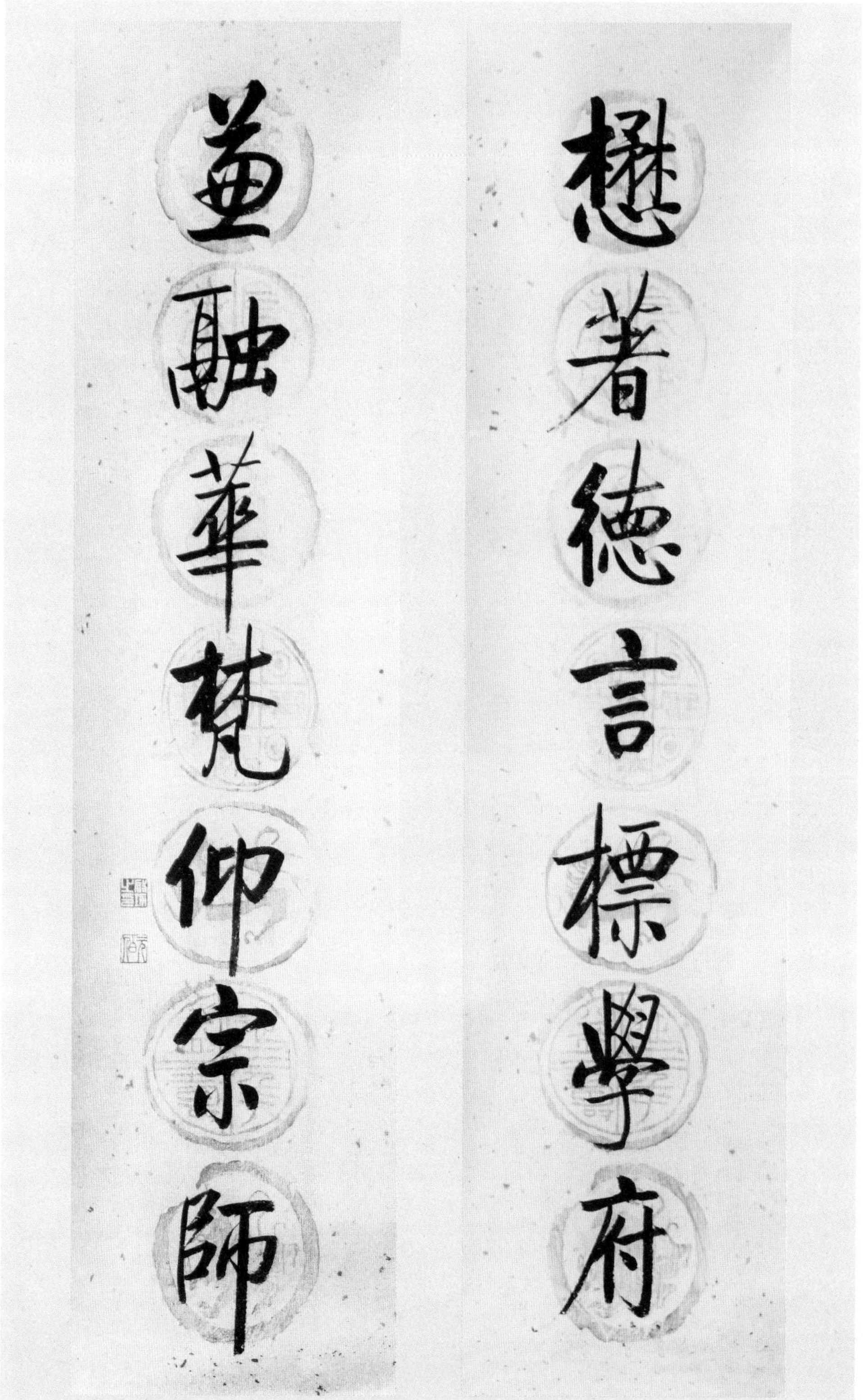
懋著德言標學府
蓋融華梵仰宗師

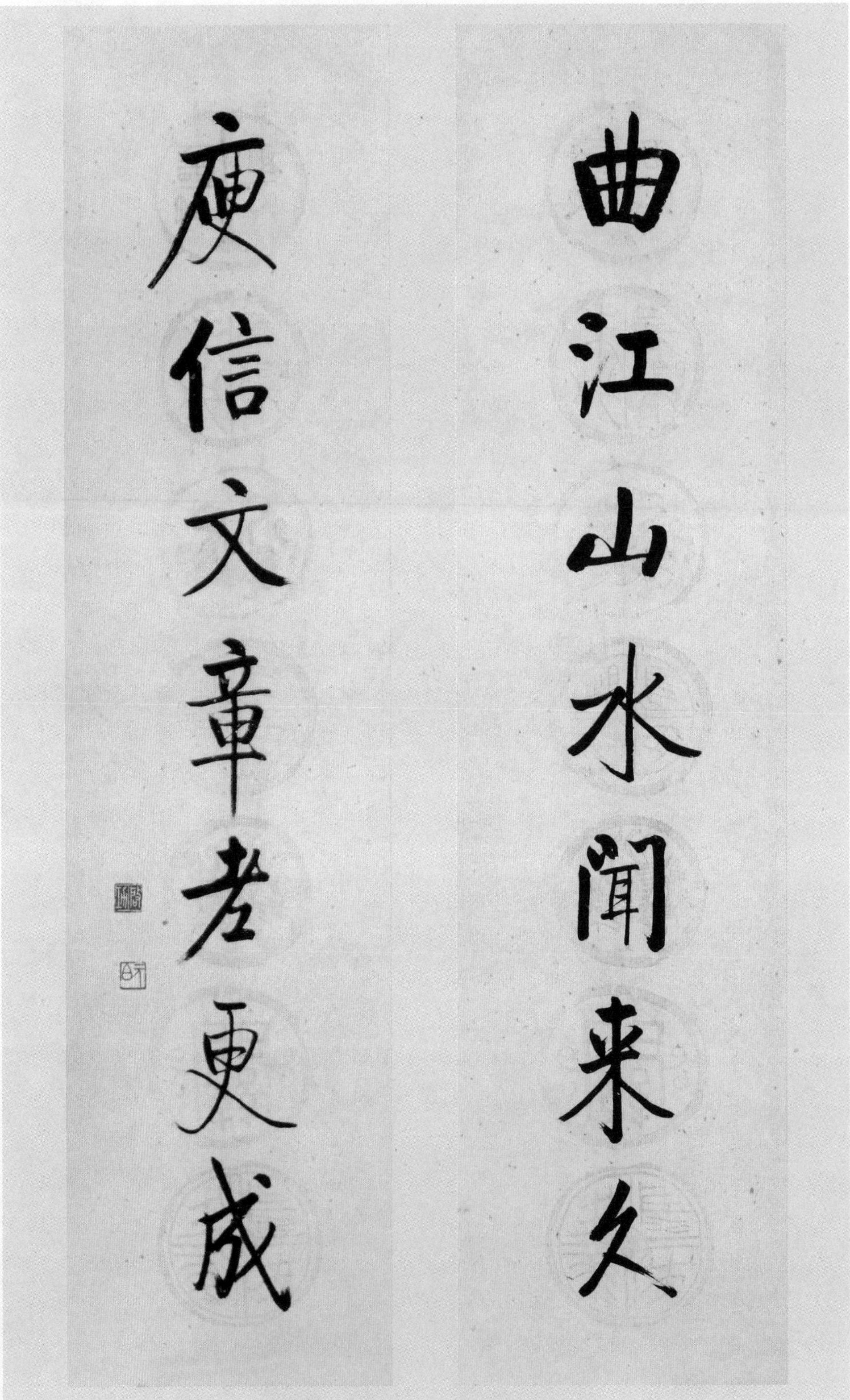
曲江山水闻来久
庾信文章老更成

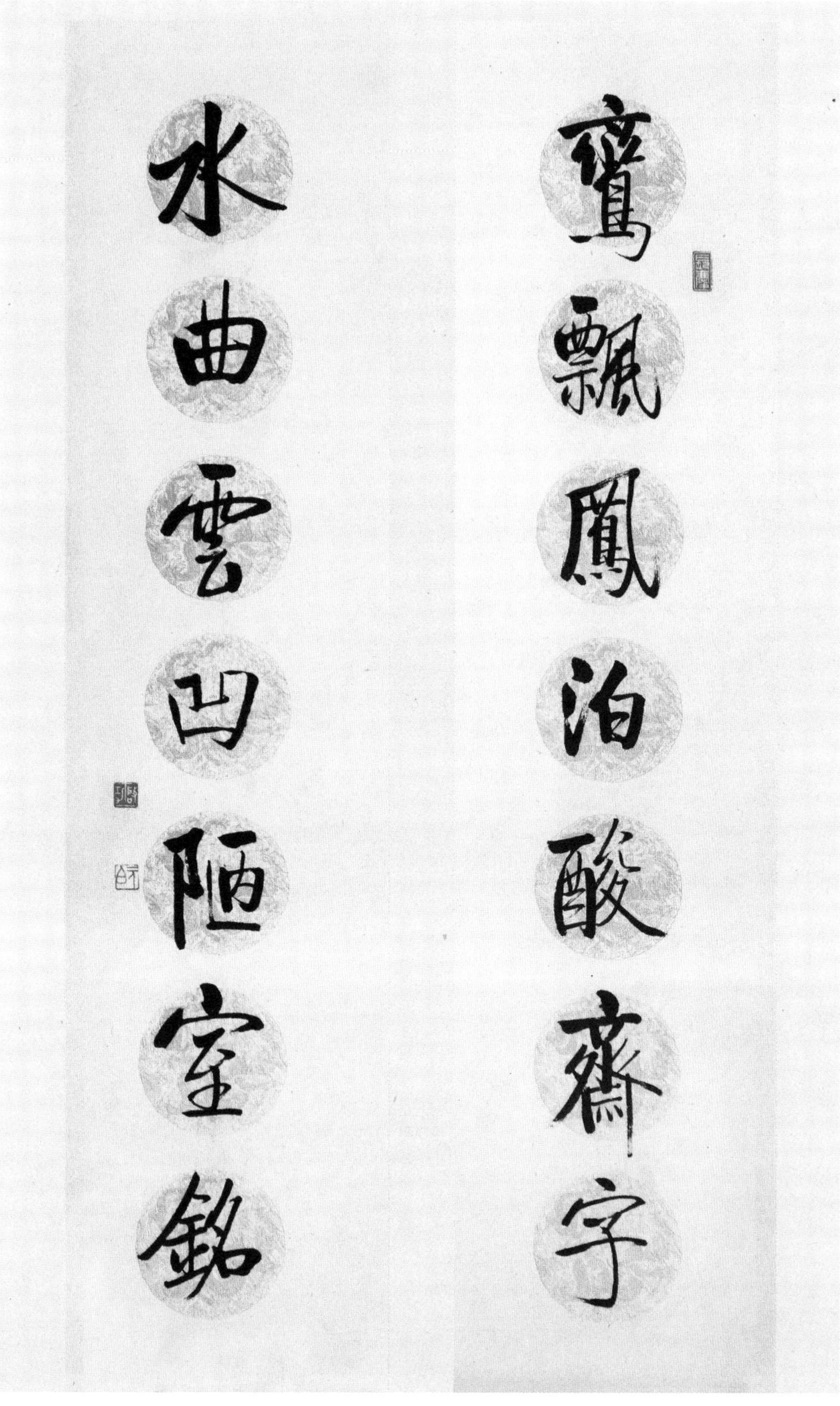
鸞飄鳳泊酸齋字
水曲雲凹陋室銘

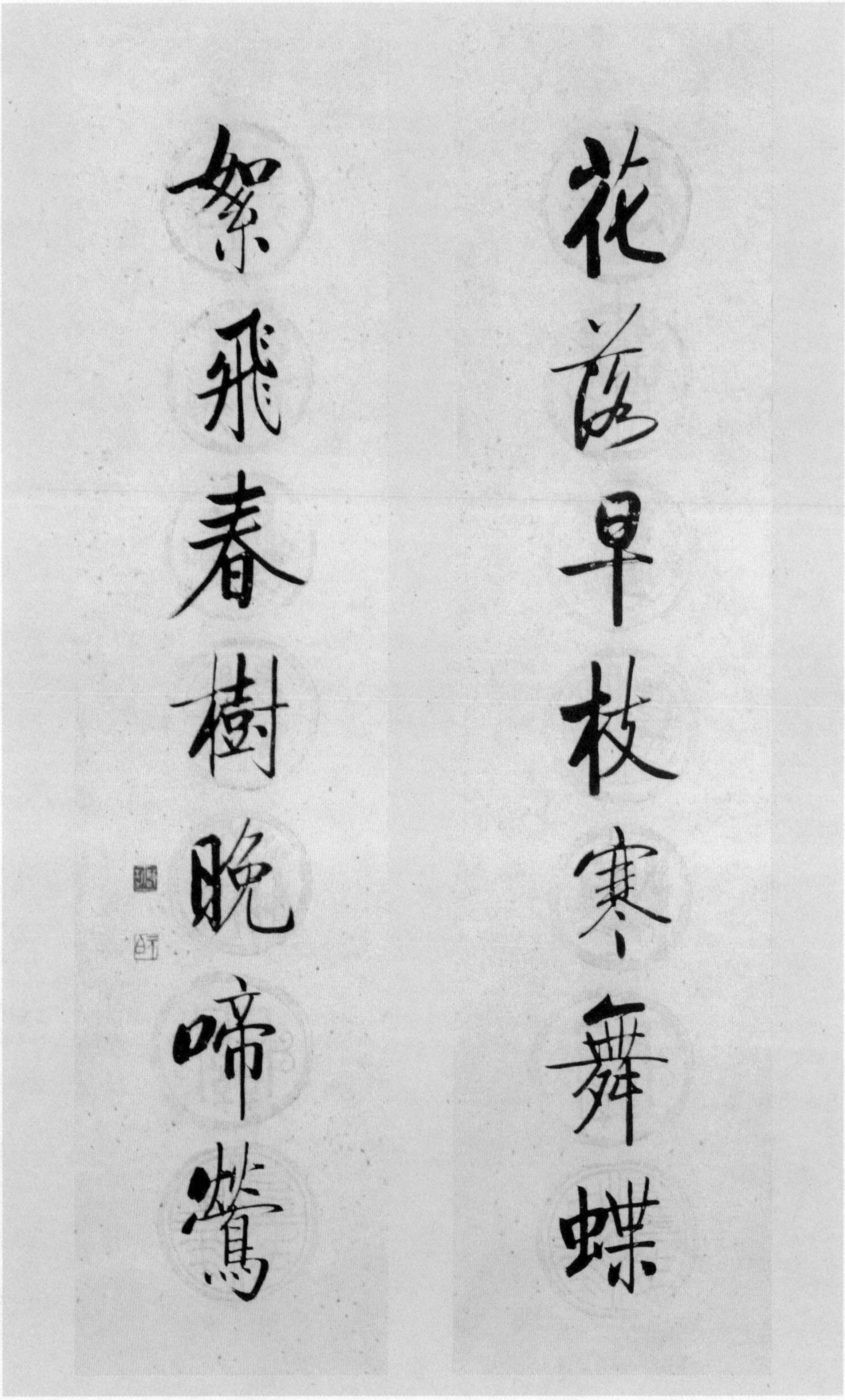
花落早枝寒舞蝶
絮飛春樹晚啼鶯

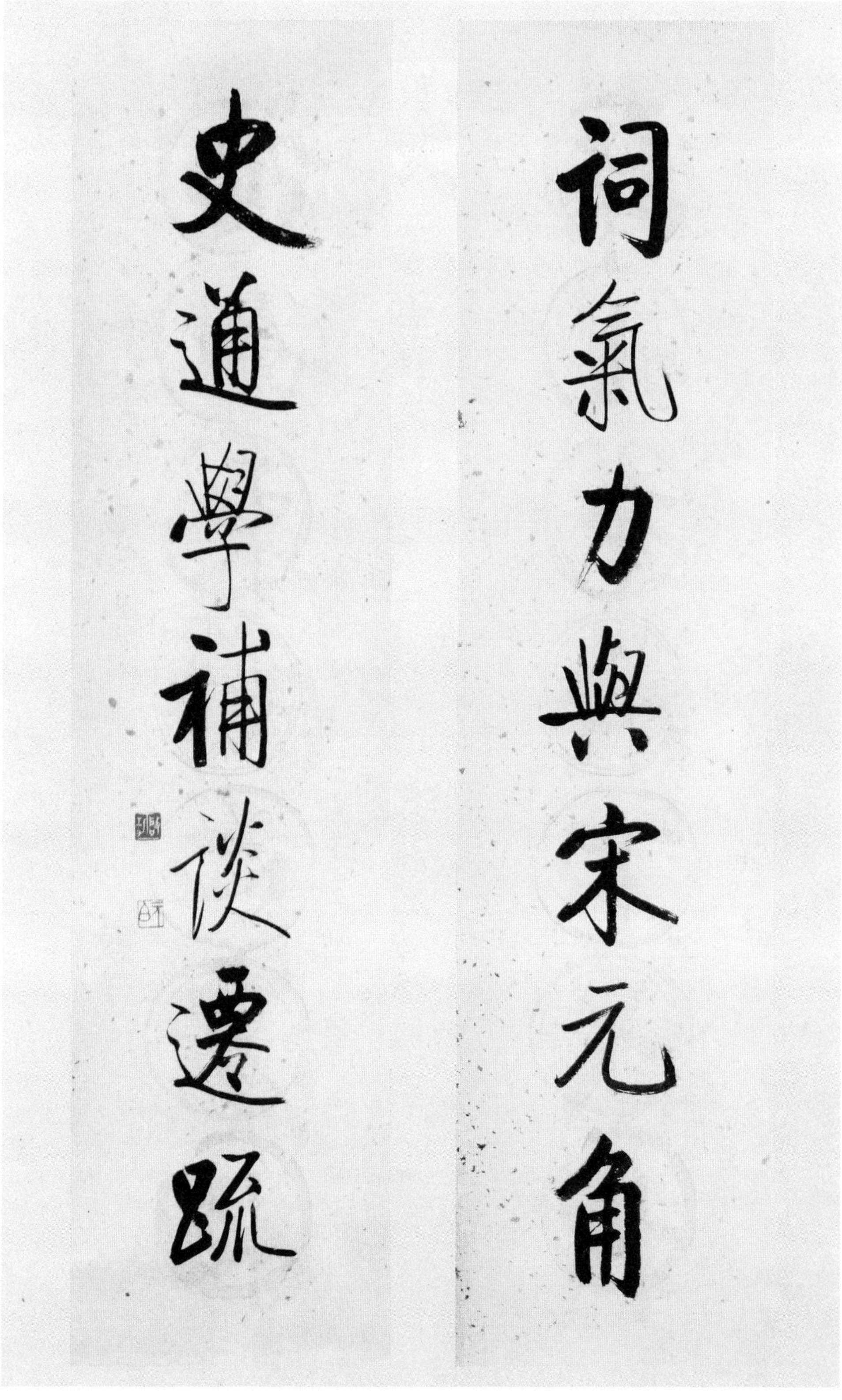
詞氣力與宋元角
史通學補談遷疏

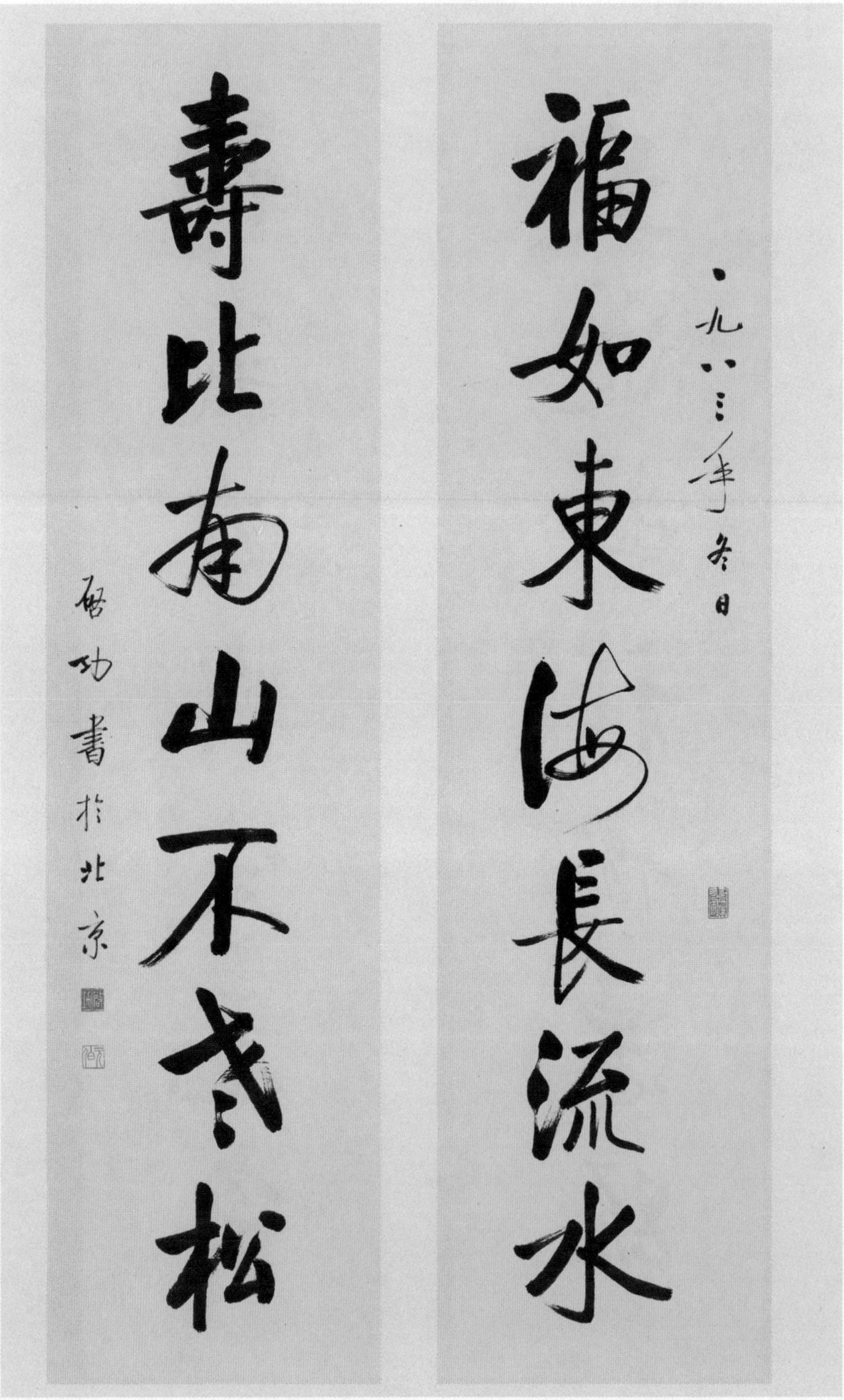
福如東海長流水
一九八三年冬日
壽比南山不老松
啓功書於北京

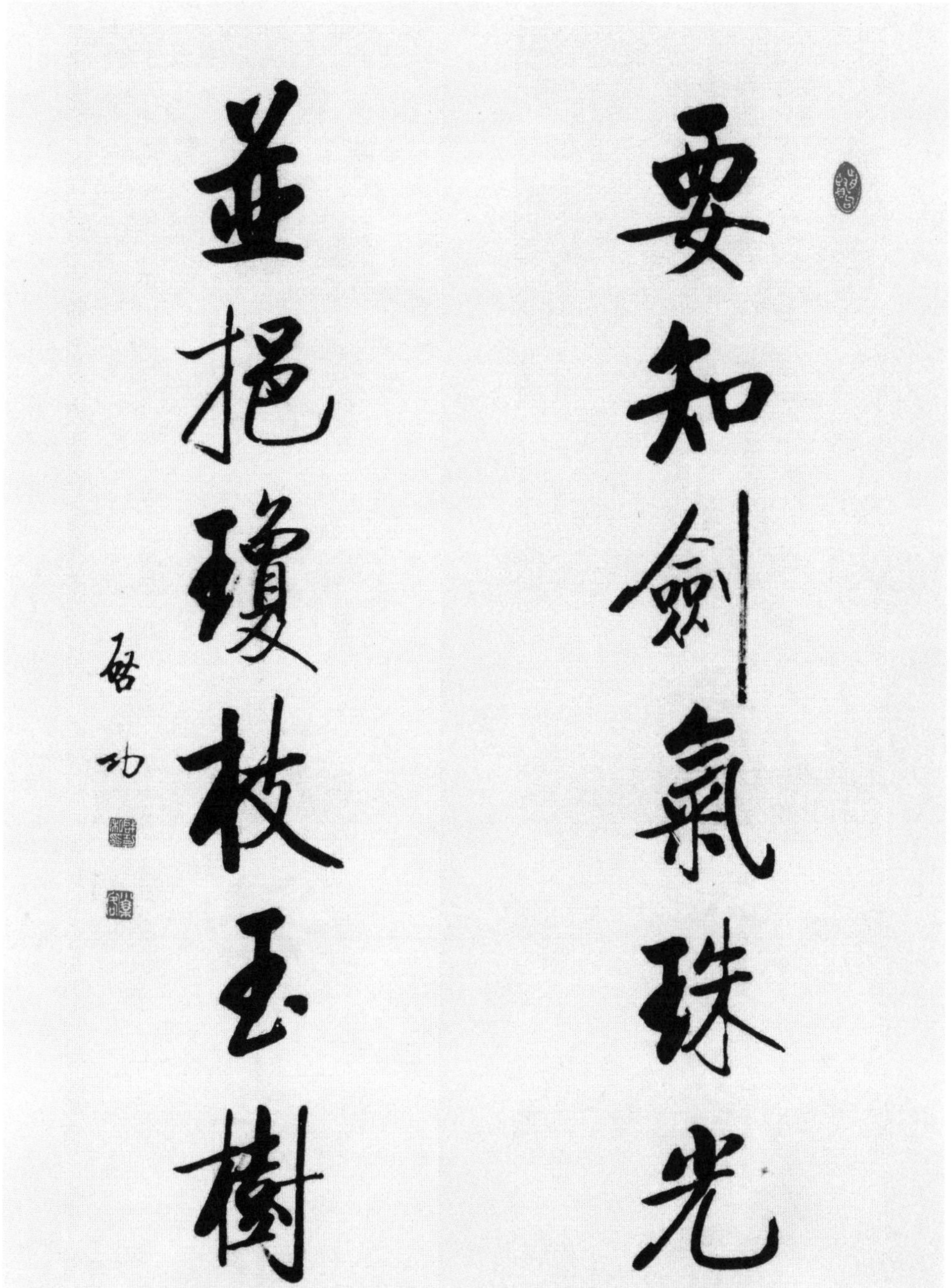
要知劍氣珠光在
並挹瓊枝玉樹新
啟功

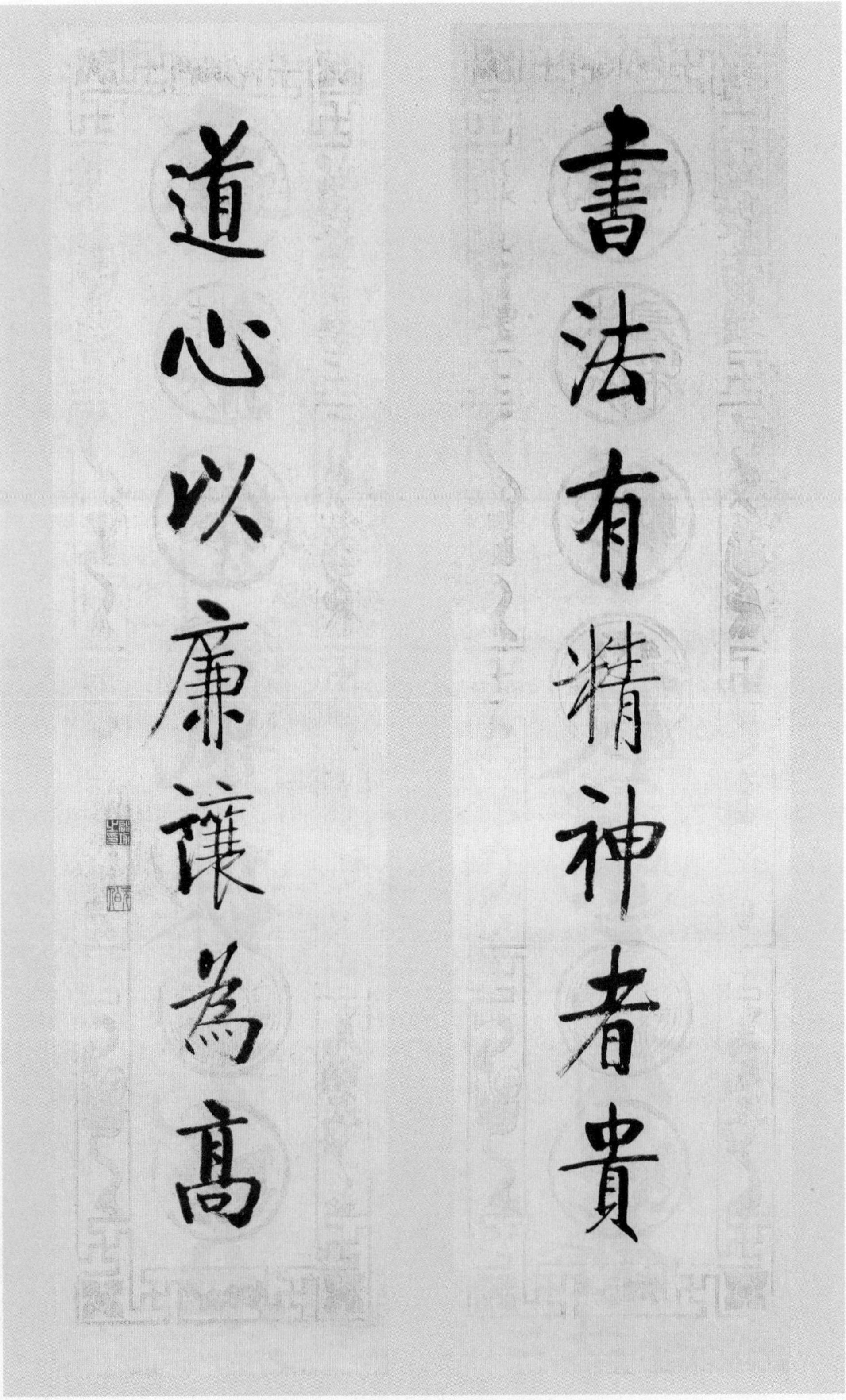
書法有精神者貴
道心以廉讓爲高

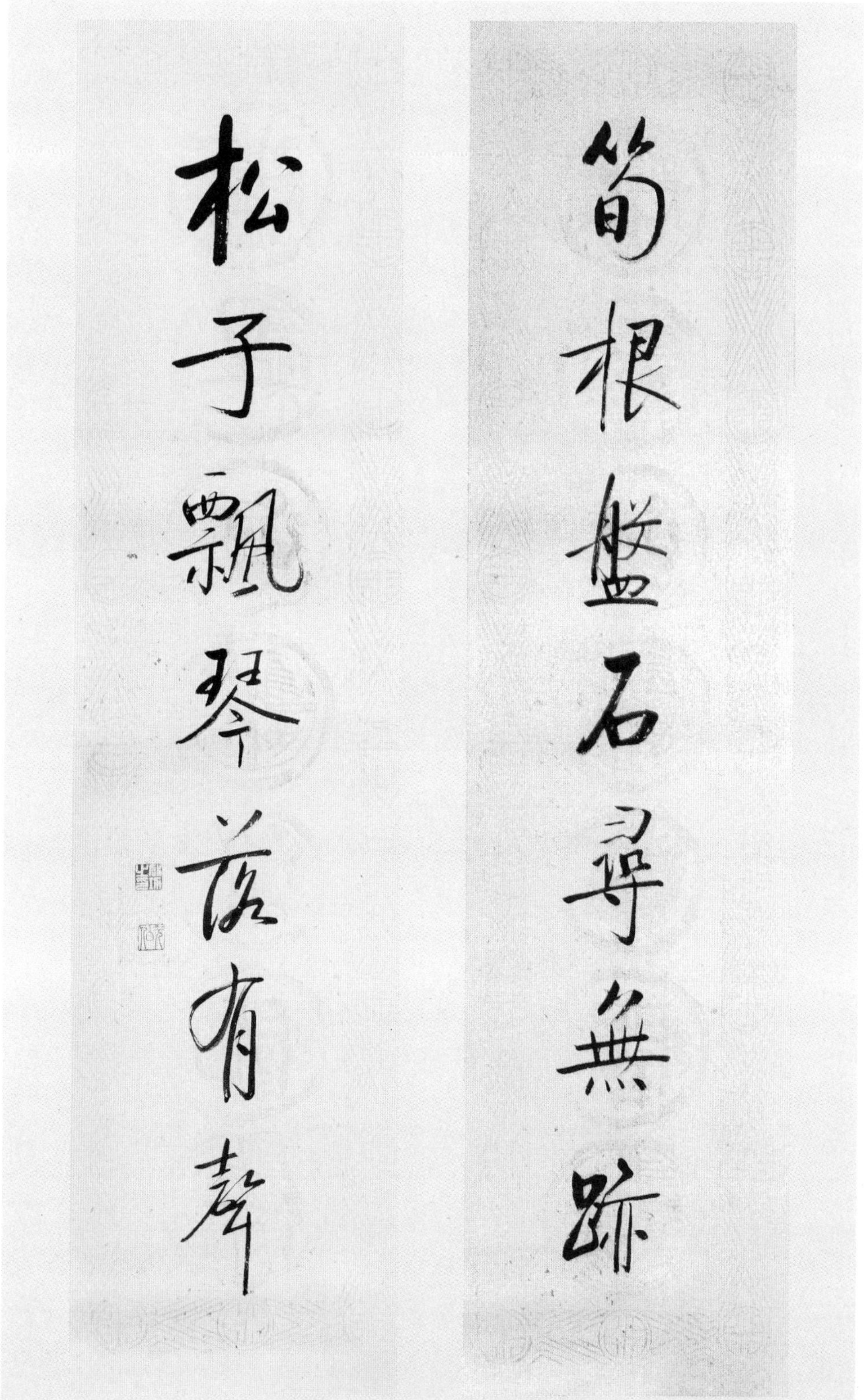
筍根盤石尋無跡
松子飄琴落有聲

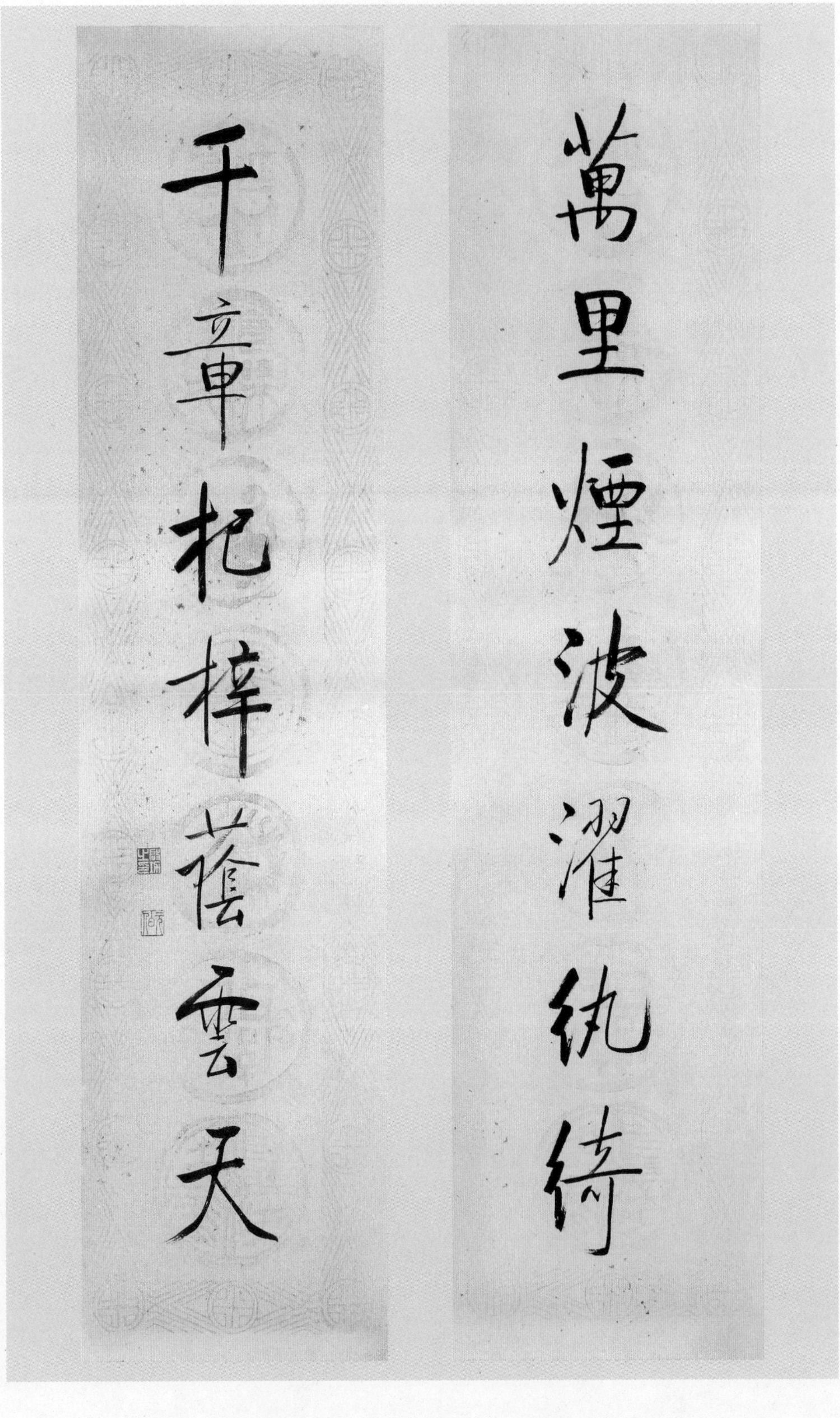
萬里煙波濯紈綺
千章杞梓蔭雲天

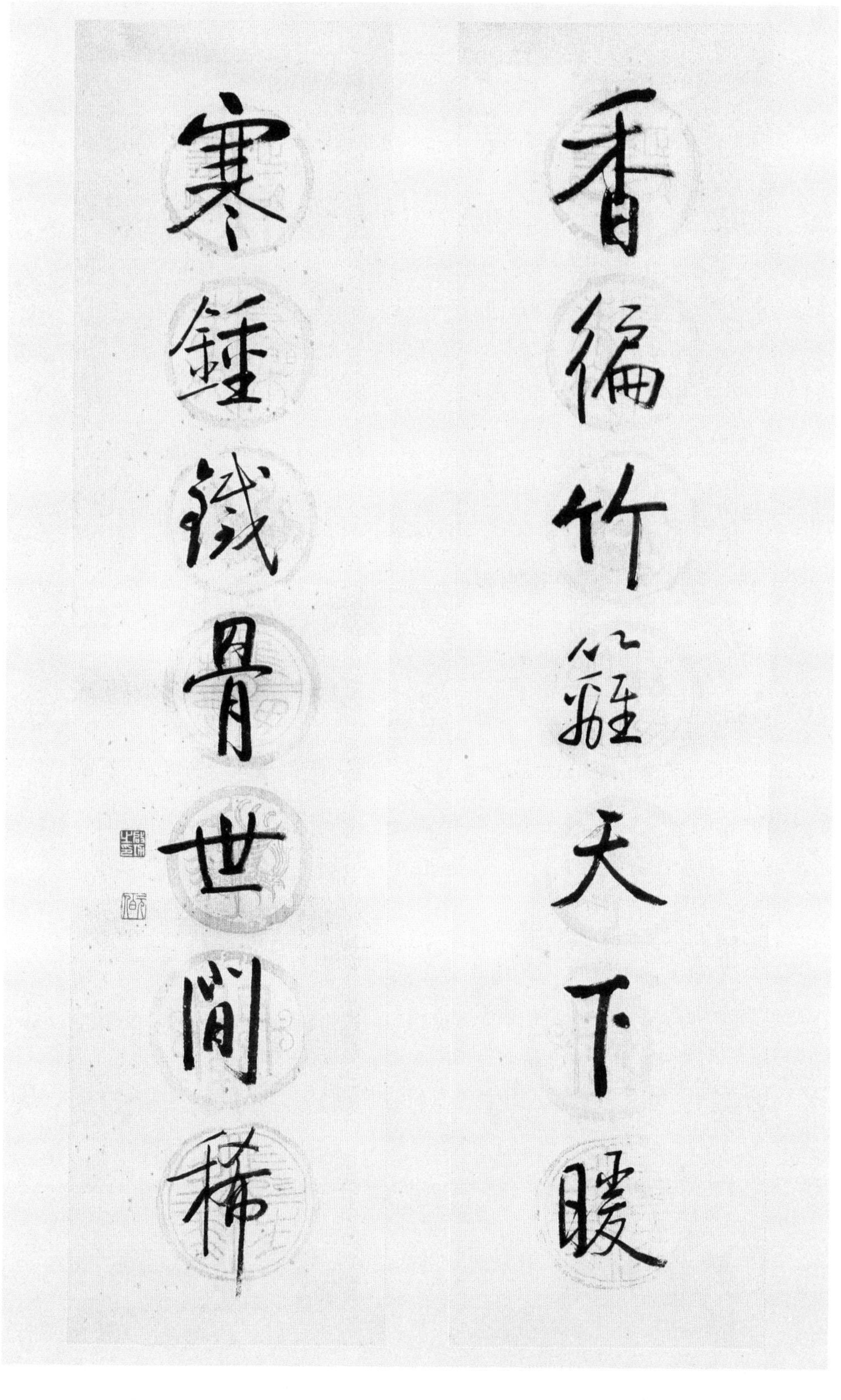
香徧竹籬天下暖
寒鐘鐵骨世間稀

楼中飲興因明月
江上诗情為晚霞
启功

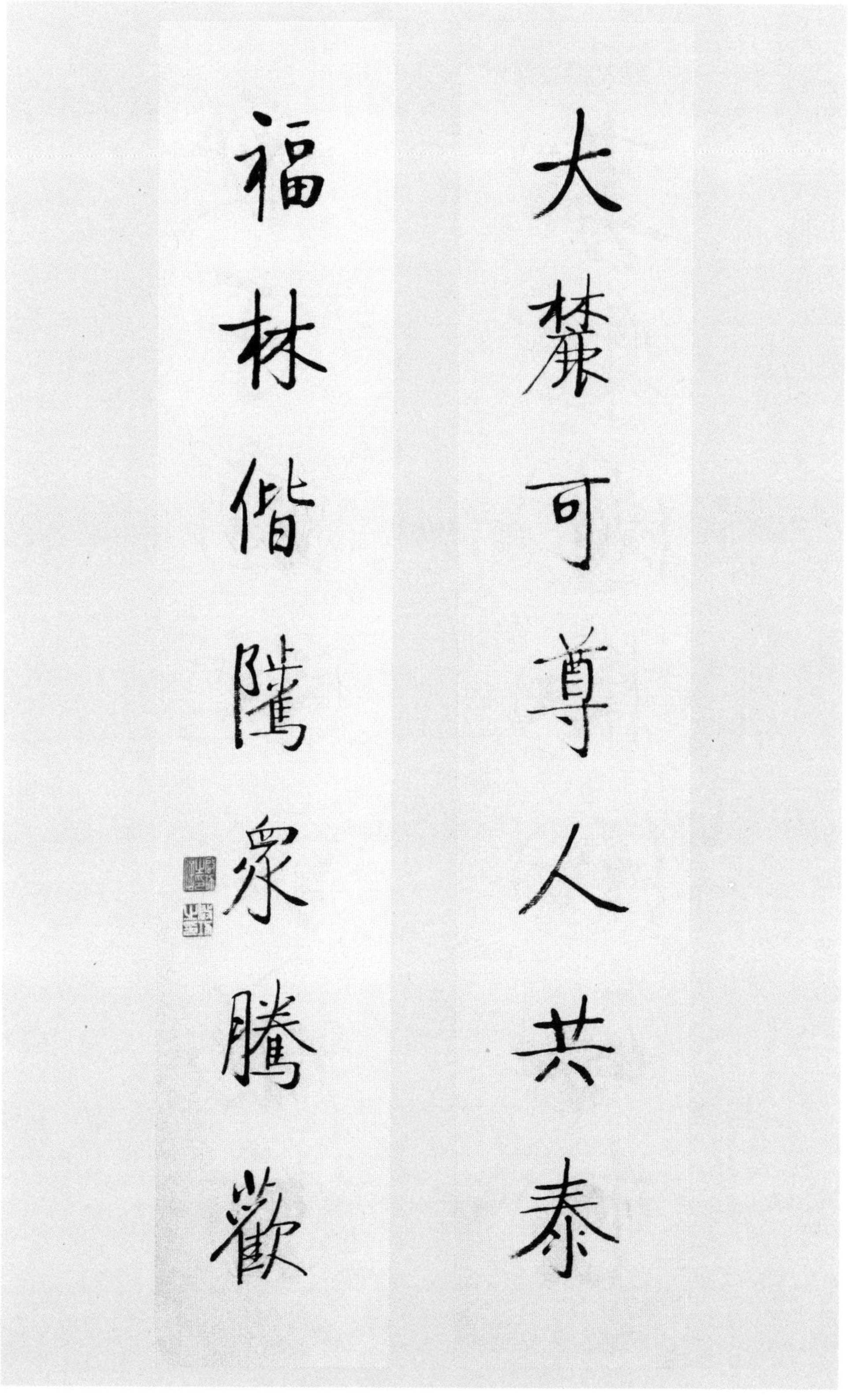
大業可尊人共泰
福林偕隲衆騰歡

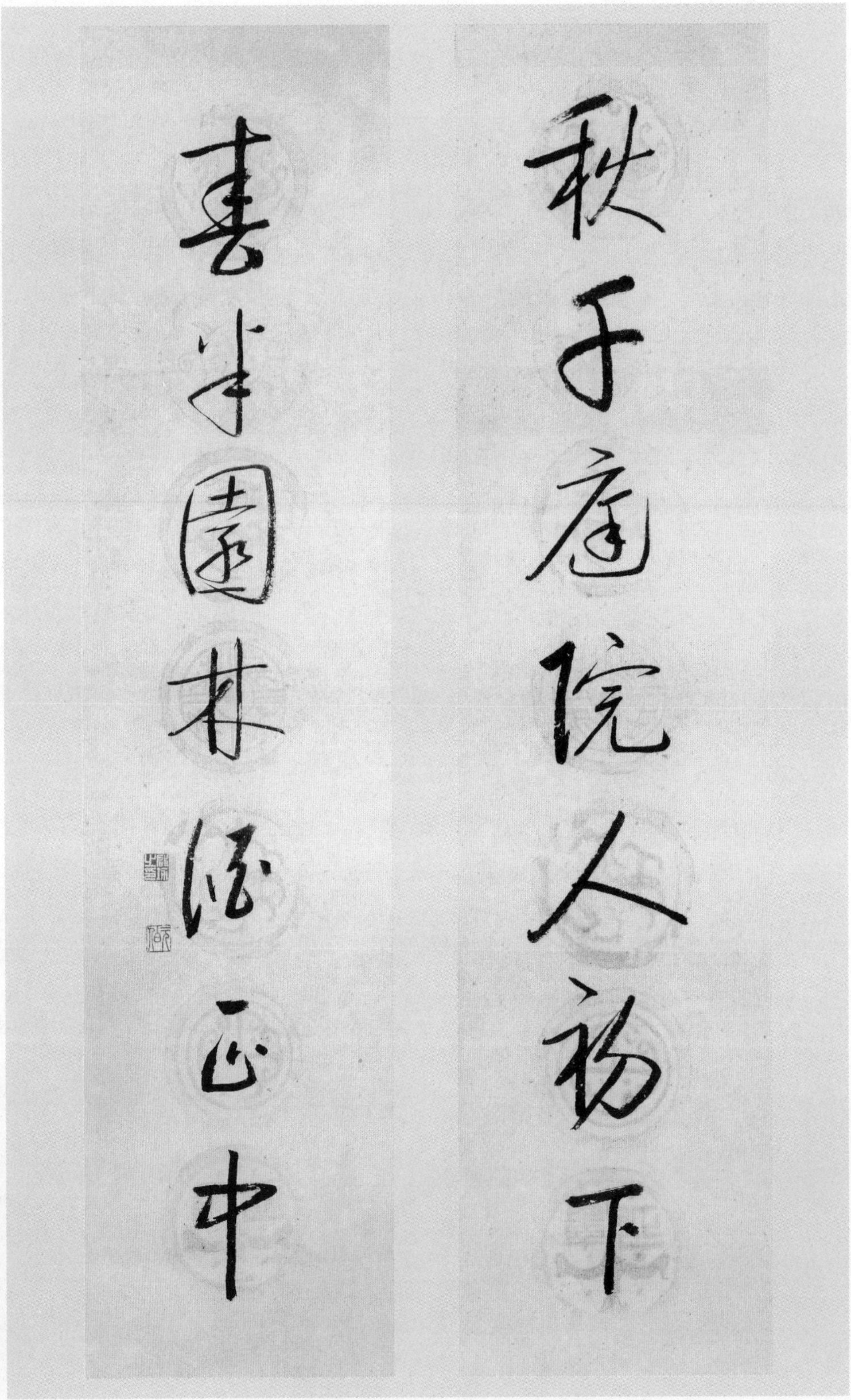
秋千庭院人初下
春半園林酒正中

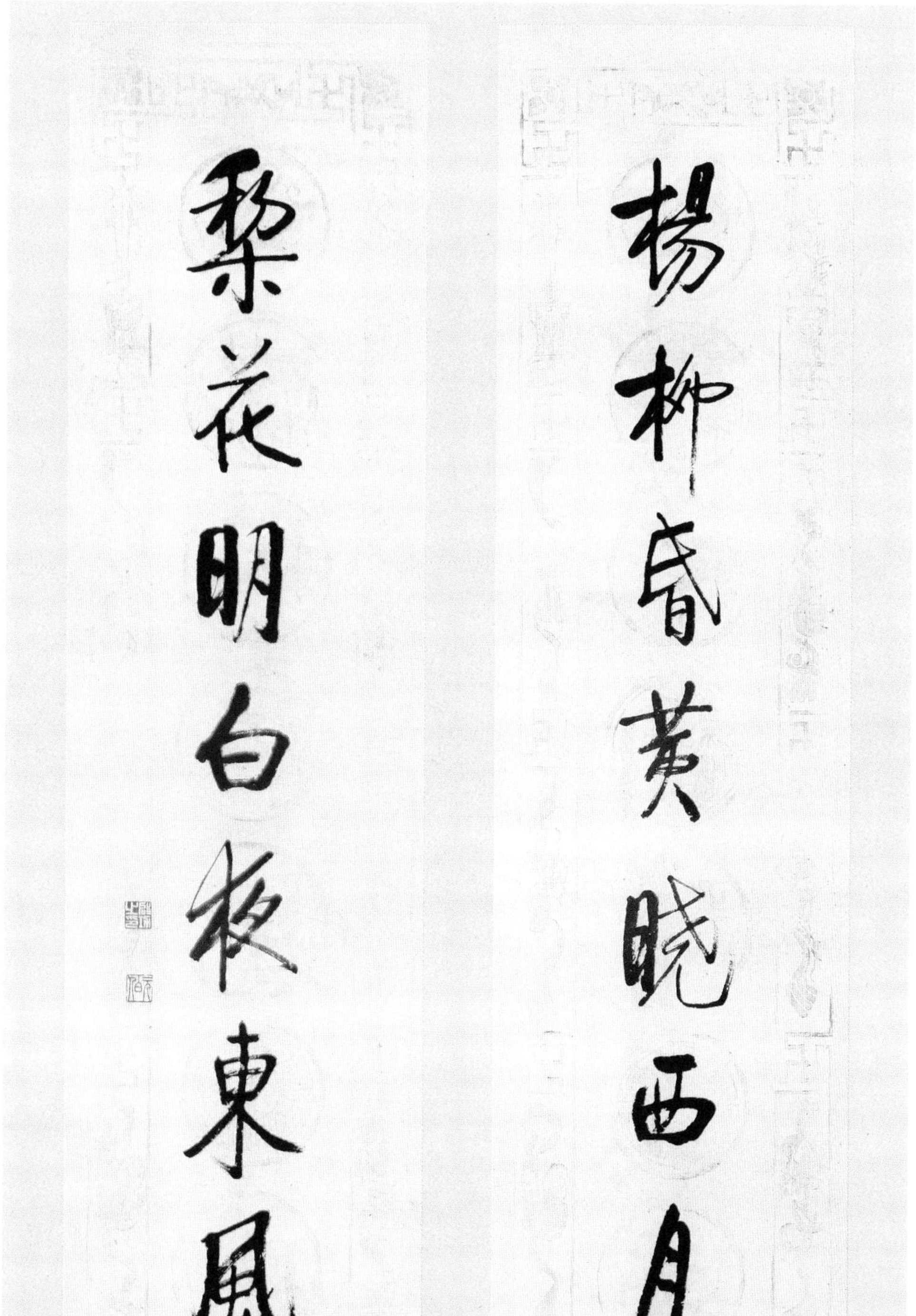
楊柳昏黃曉西月
梨花明白夜東風

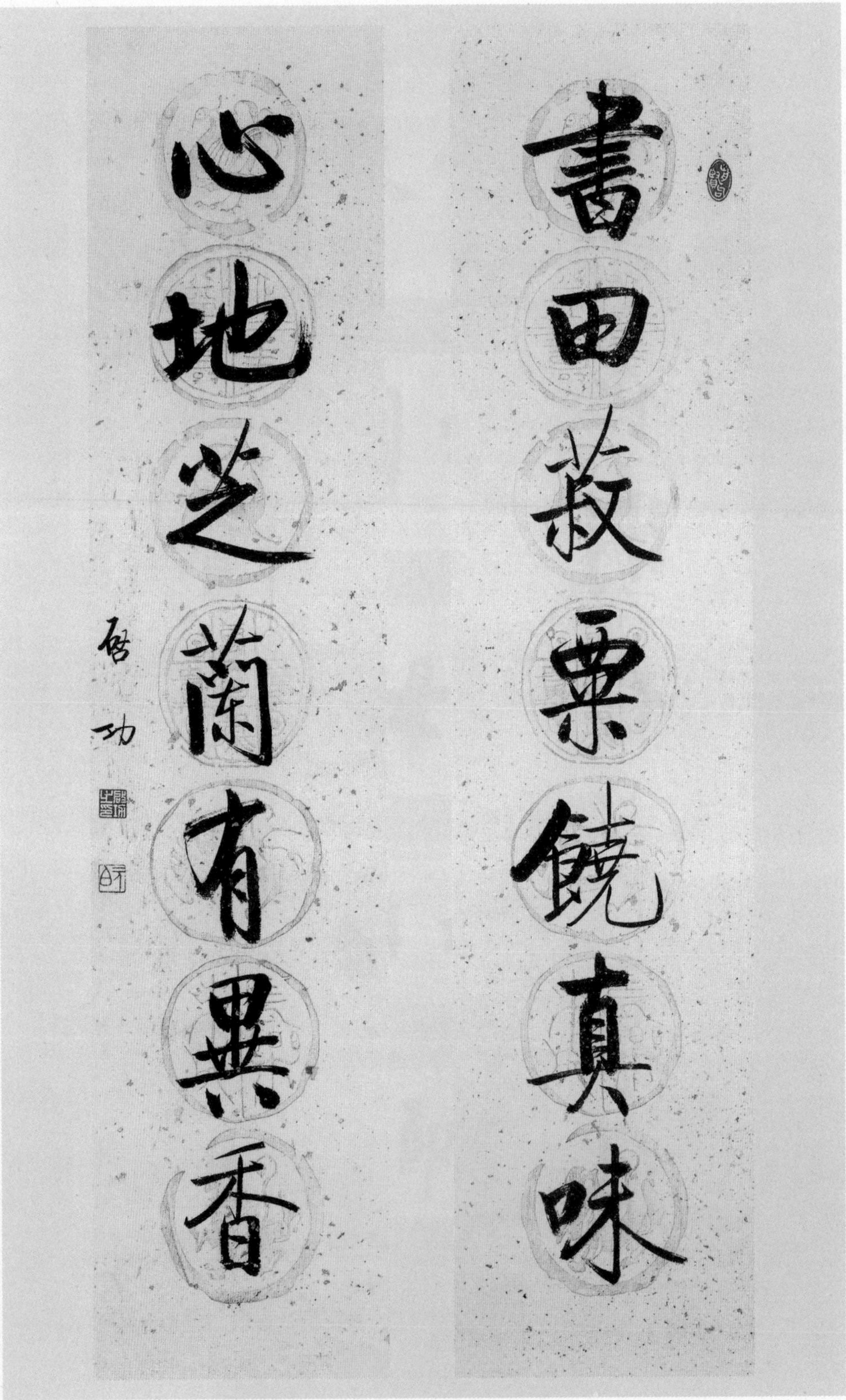
書田菽粟饒真味
心地芝蘭有異香
啓功

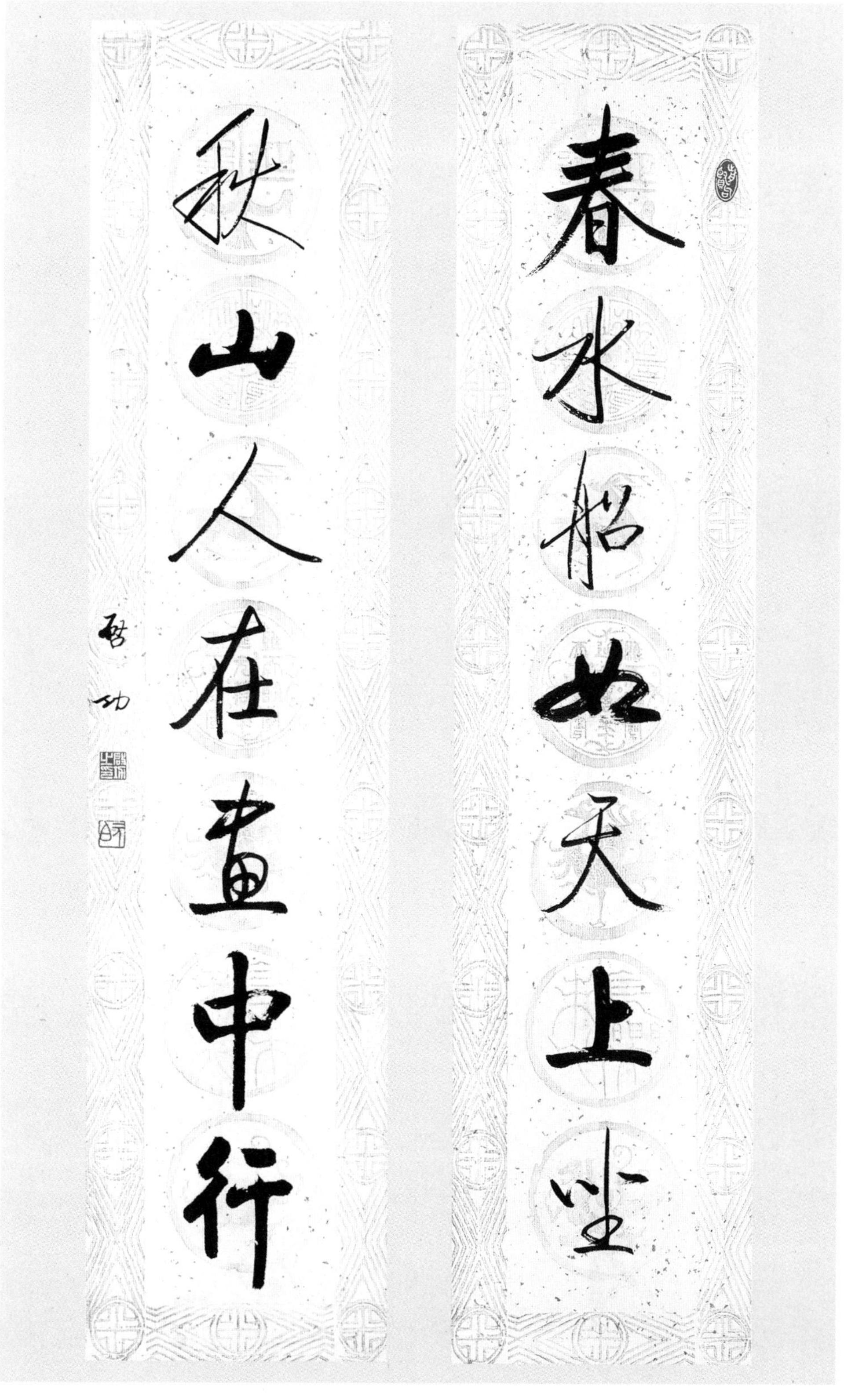
春水船如天上坐
秋山人在画中行
启功

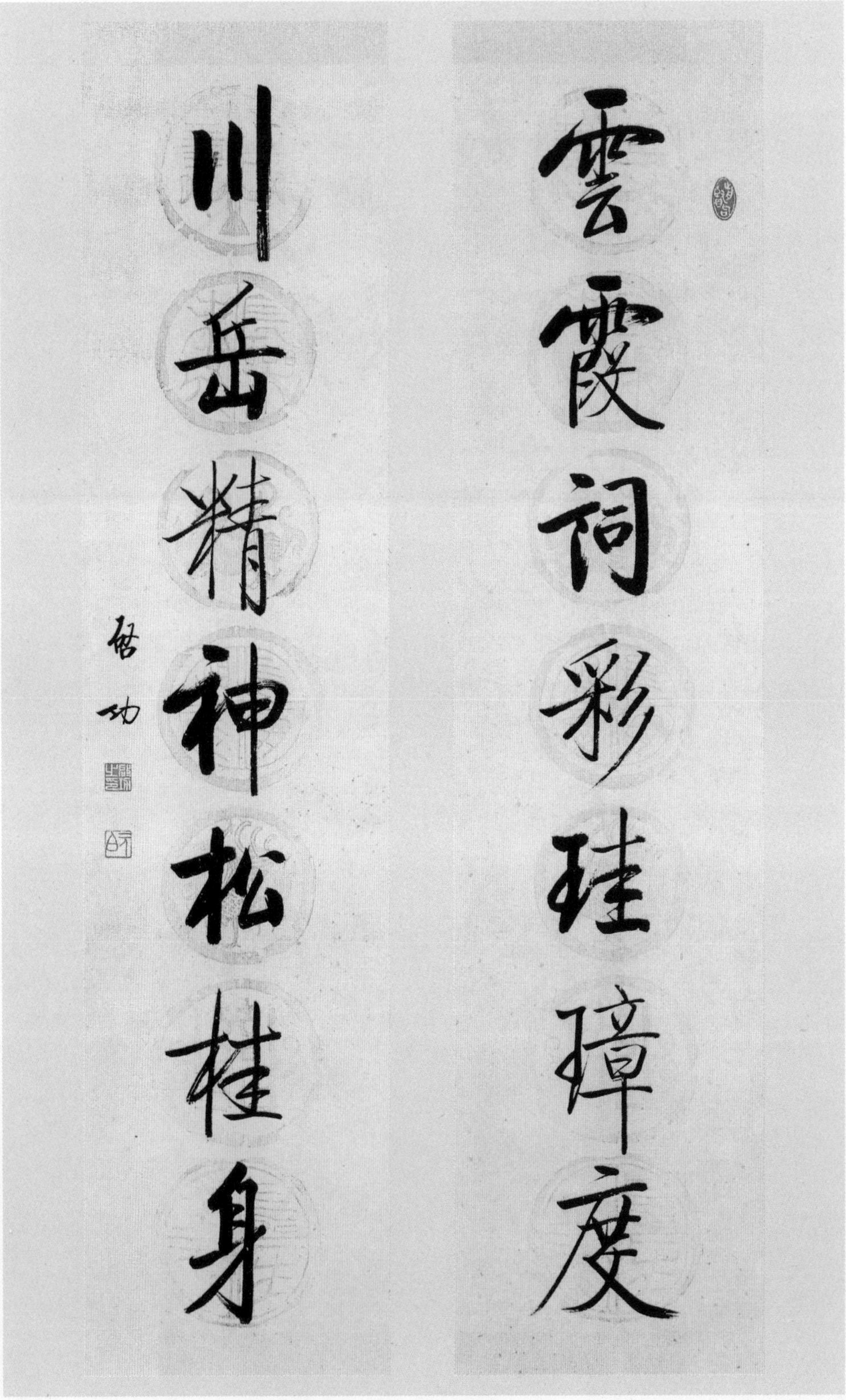
雲霞詞彩珪璋度
川岳精神松桂身
啓功

海中大佛八寶蓋
雲端仙人雙翠翹
啓功

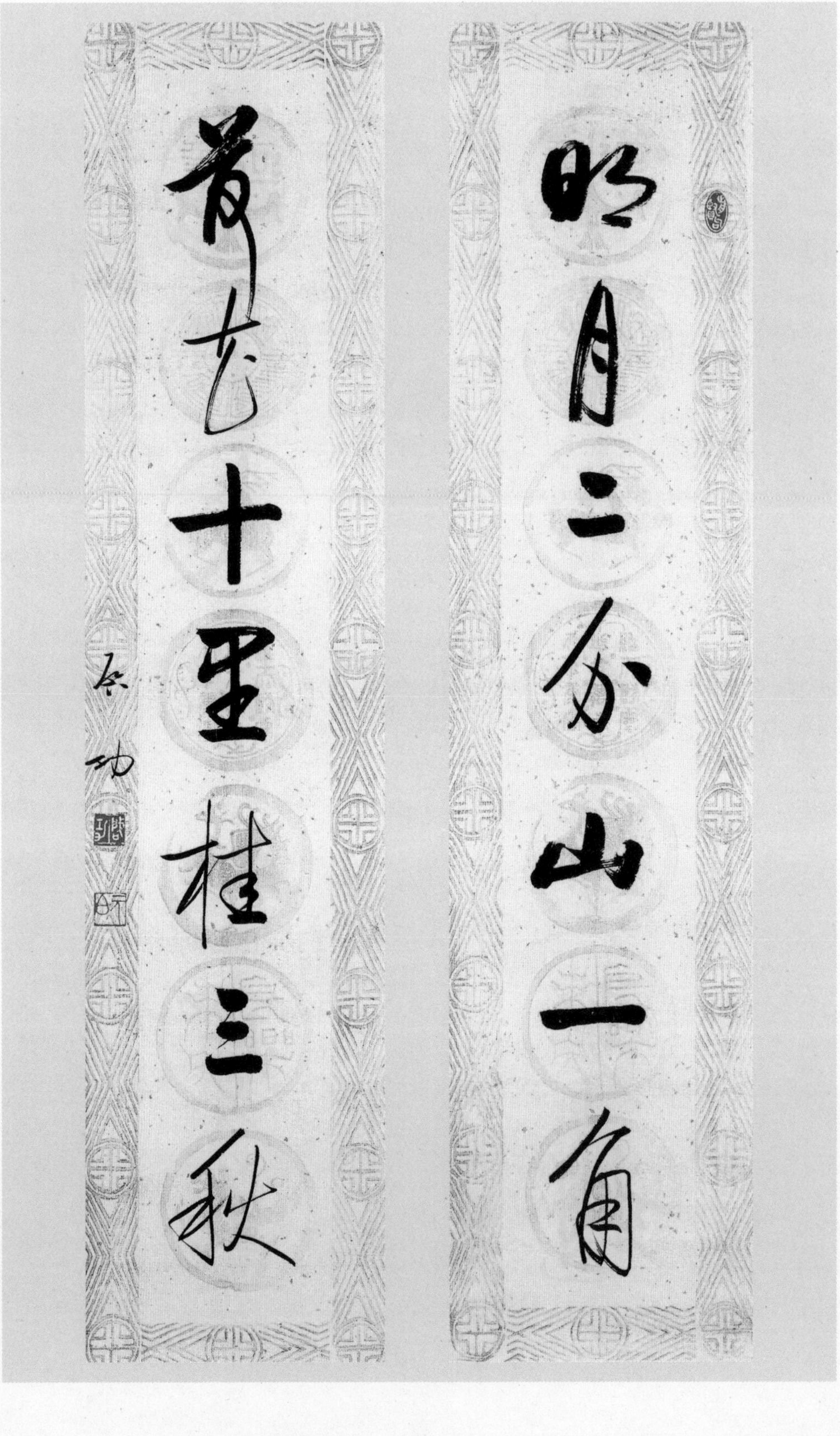
明月三分山一角
启功

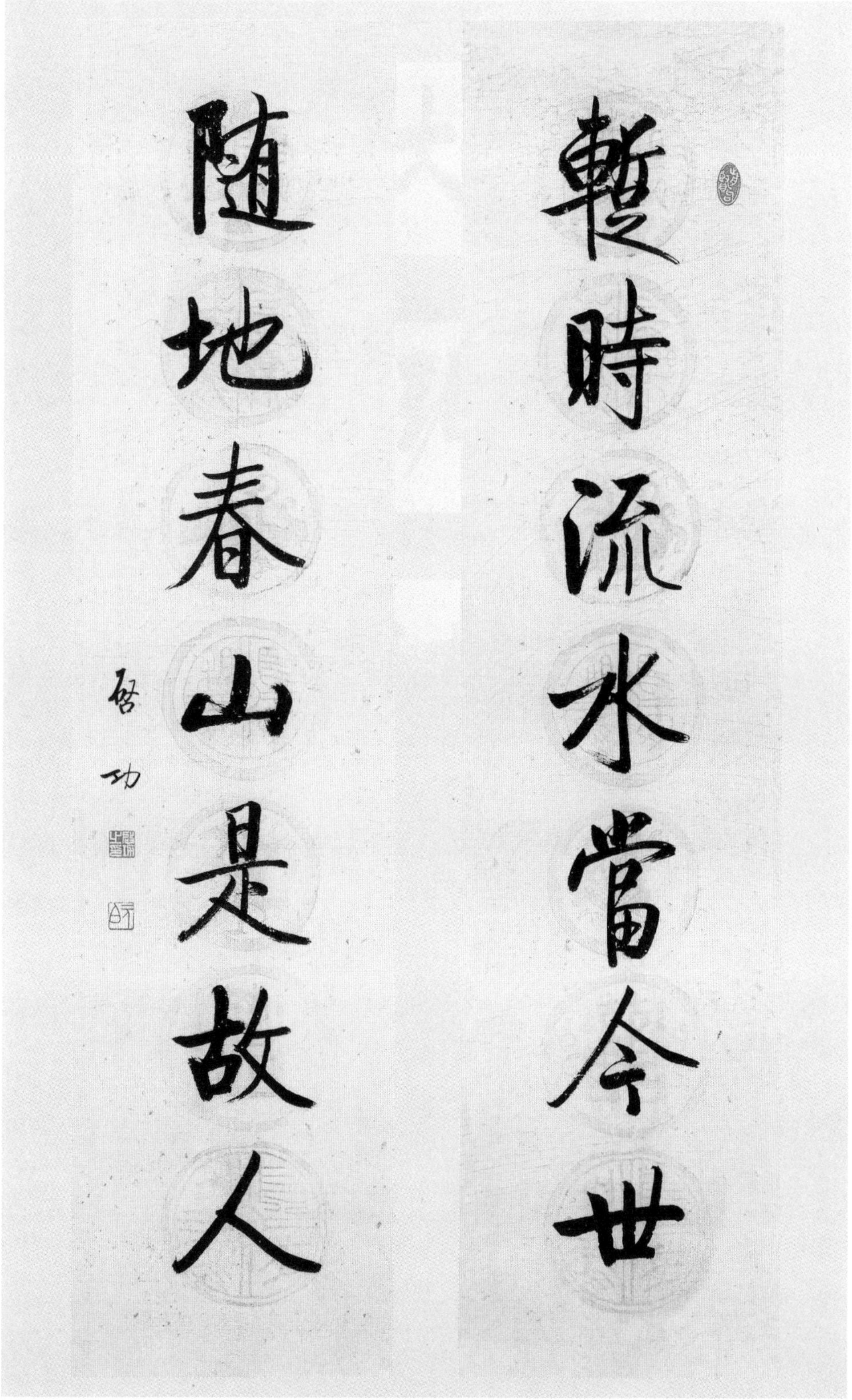
轉時流水當今世
隨地春山是故人
啓功

寶露春涵芝圃秀
蕃雲晴護玉階明
啟功

學於古训乃有獲
樂夫天命復奚疑
启功

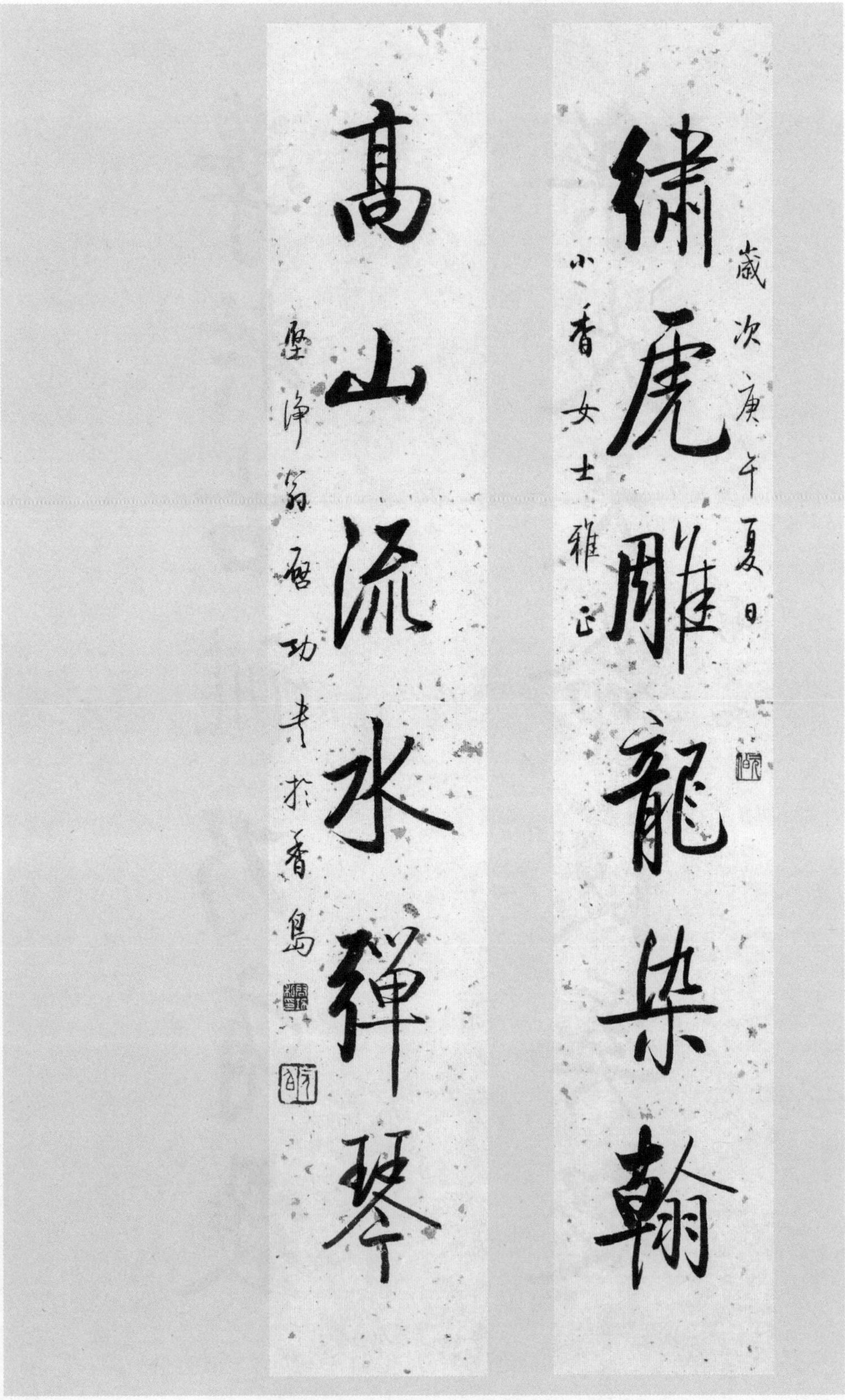
繡虎雕龍染翰
歲次庚午夏日
小香女士雅正
高山流水彈琴
堅淨翁啓功書於香島

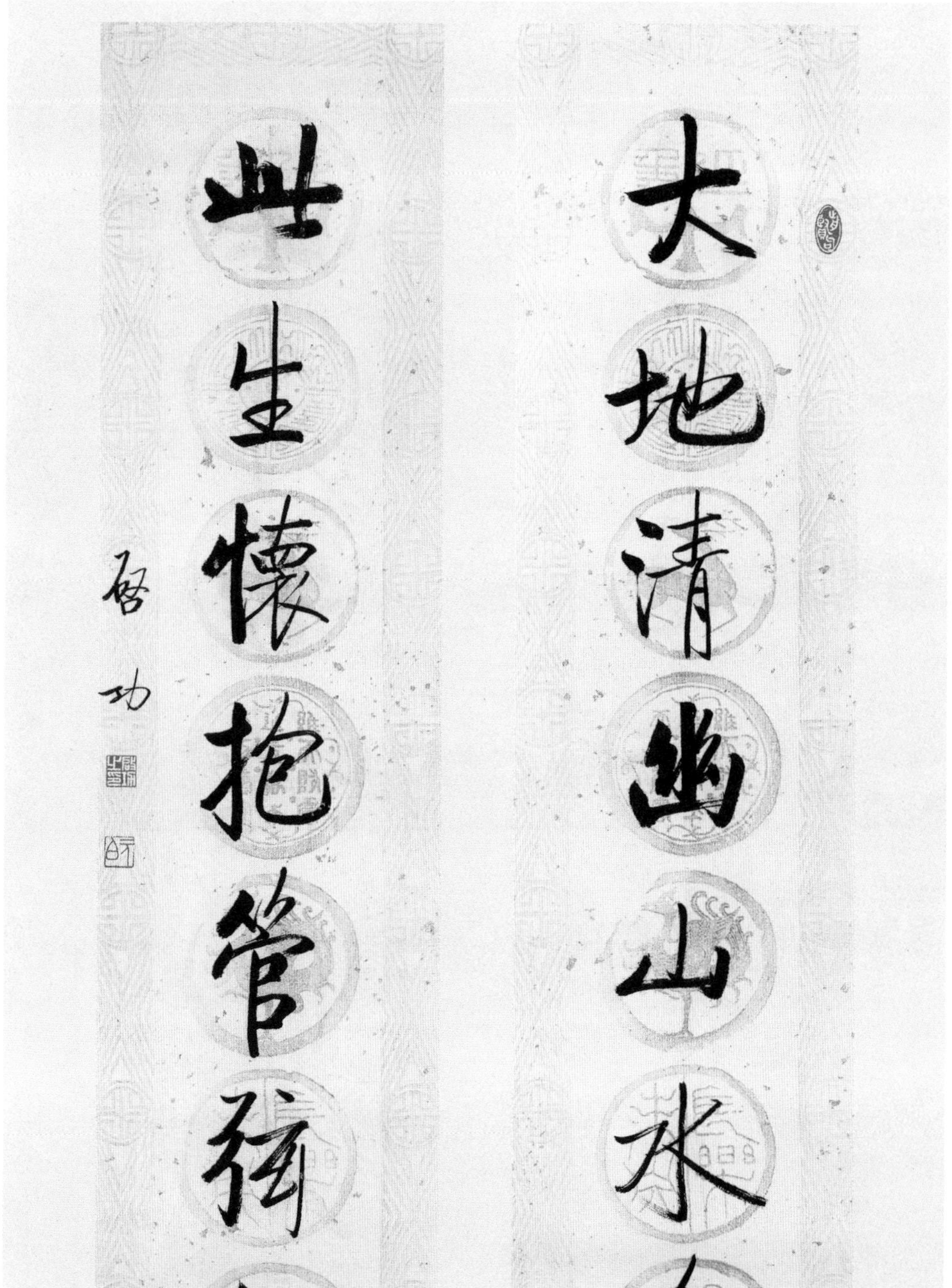

大地清幽山水會
此生懷抱管絃知
啓功

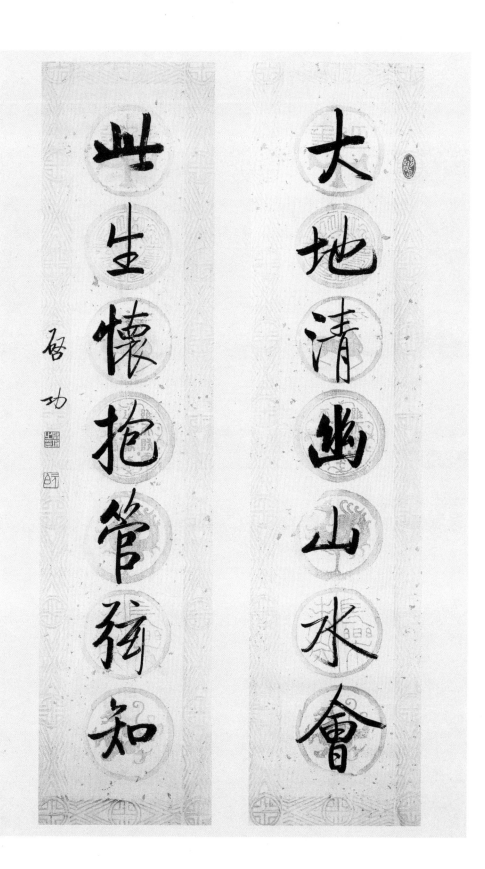

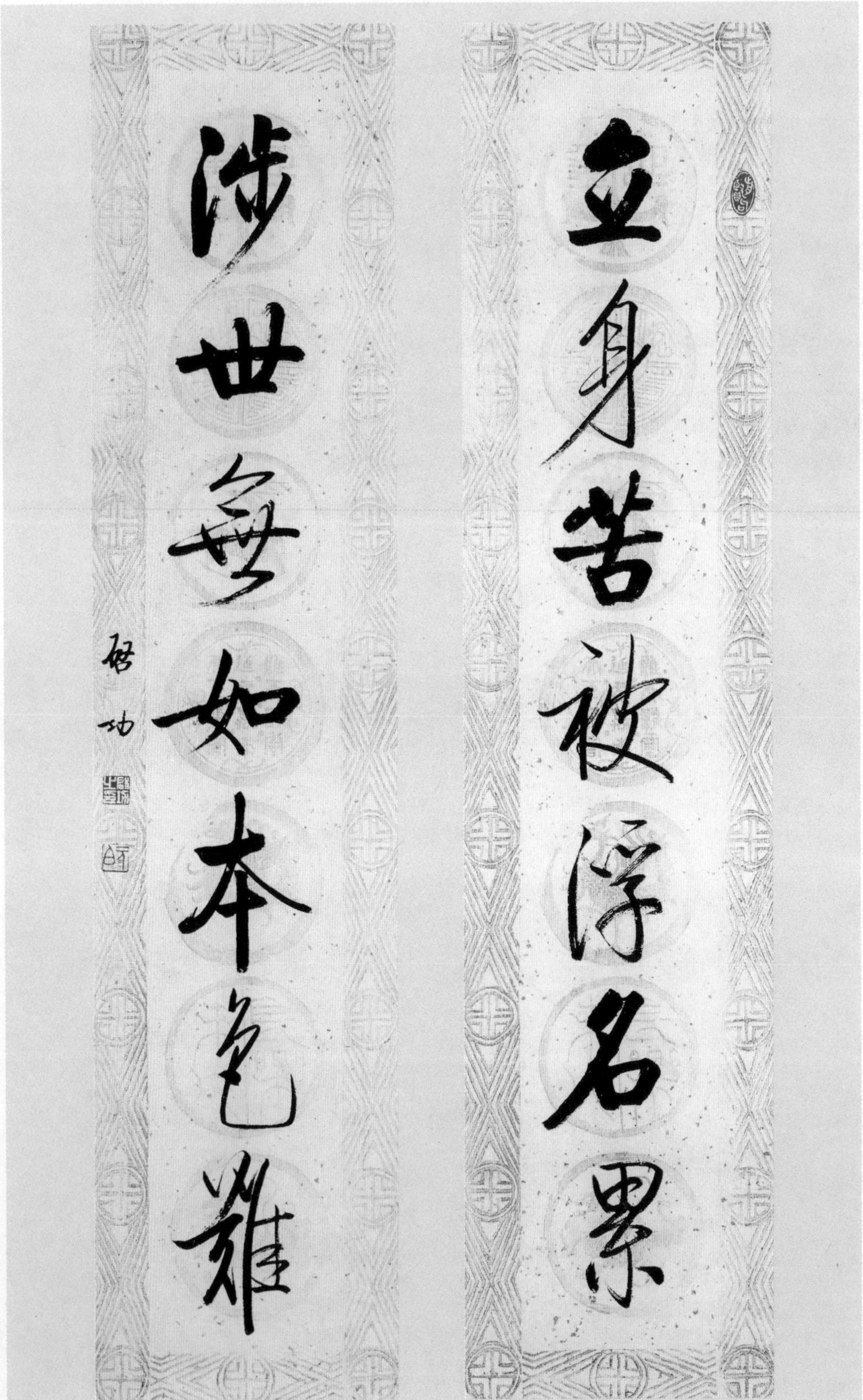
立身苦被浮名累
涉世無如本色難
啓功

天地大觀盡遊攬
今古無多獨行人
啟功

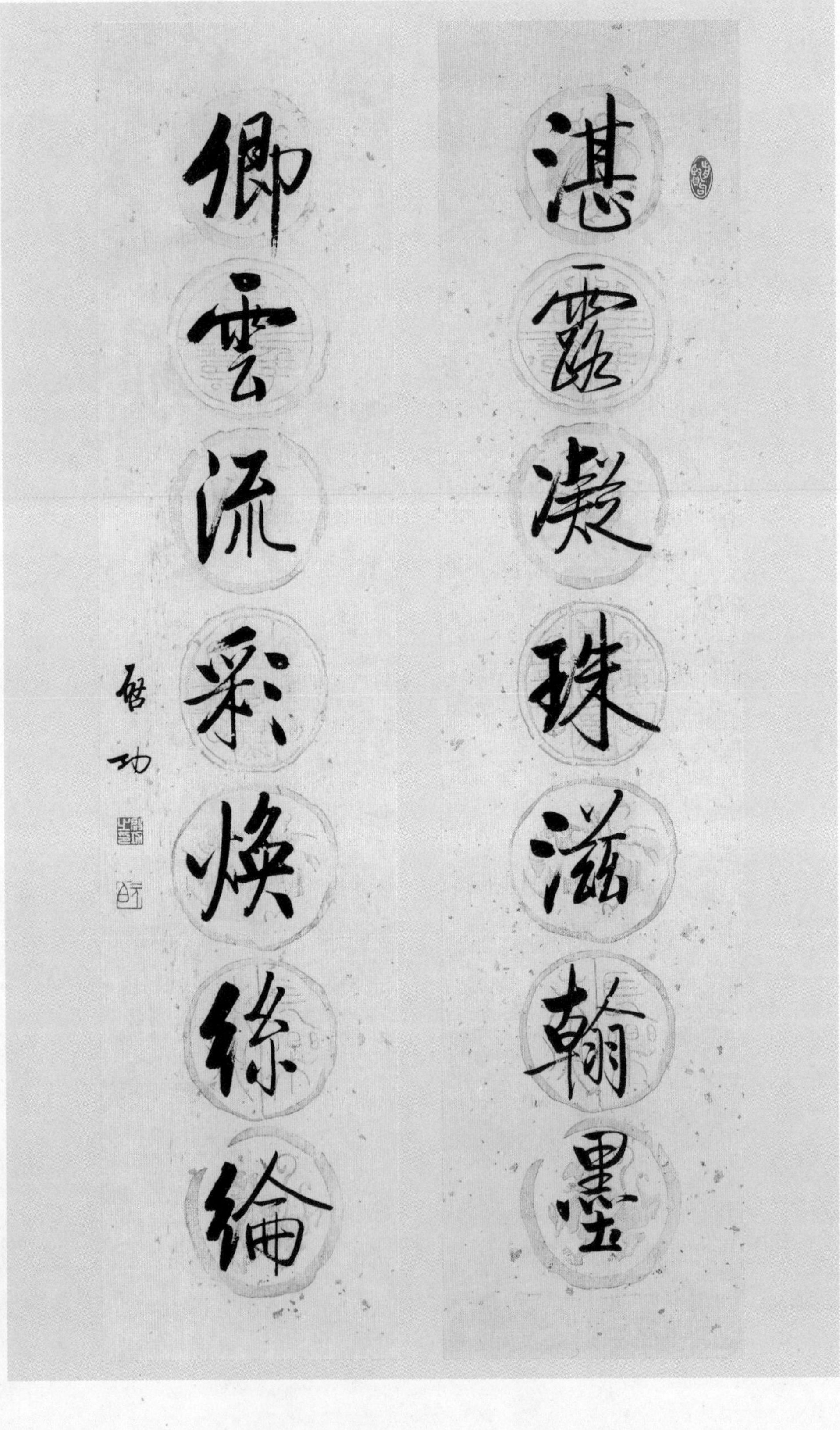
湛露凝珠滋翰墨
卿雲流彩煥絲綸
啓功

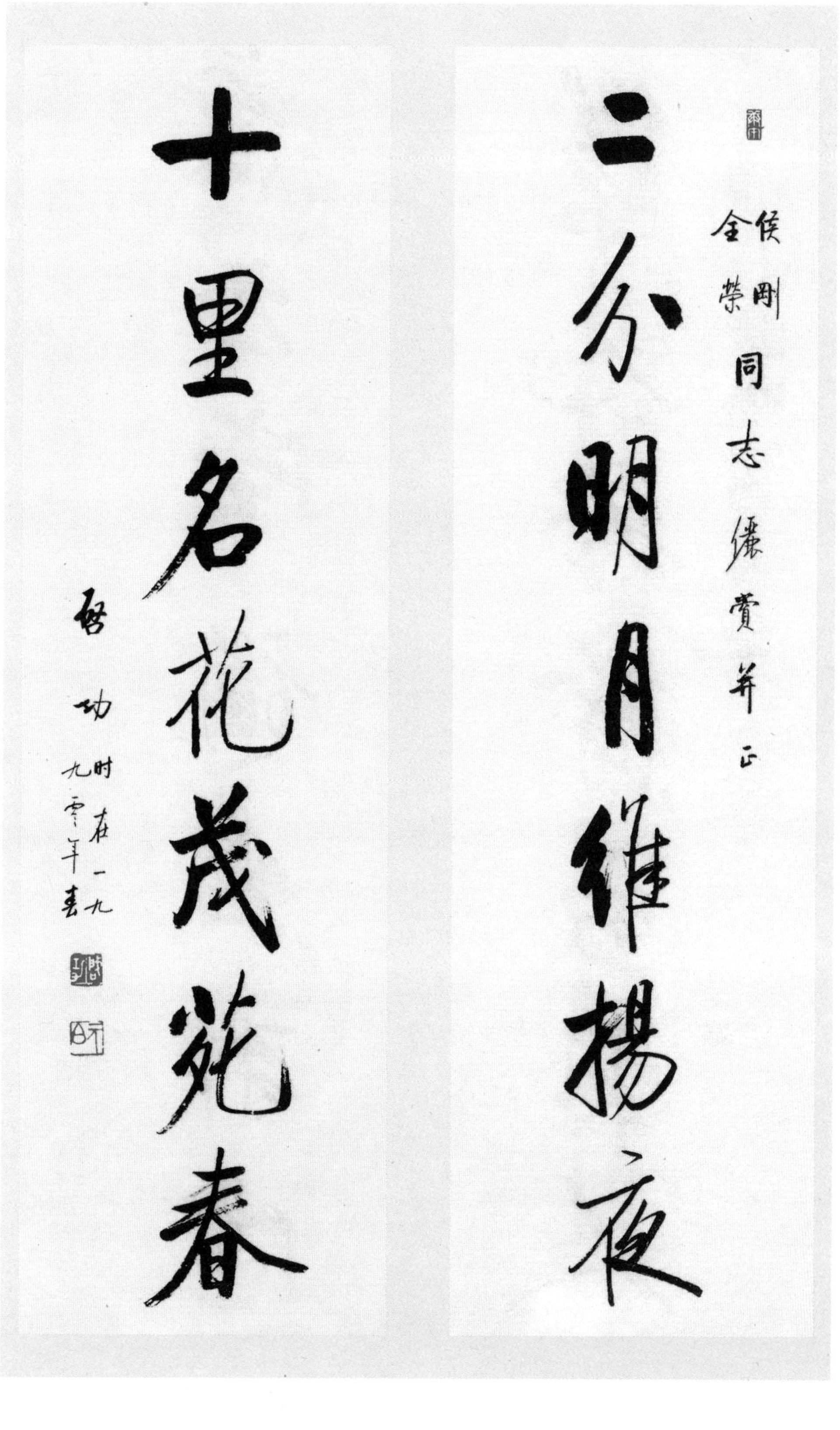
二分明月维扬夜
侯刚
全荣同志俪赏并正
十里名花茂苑春
启功
时在一九九零年春

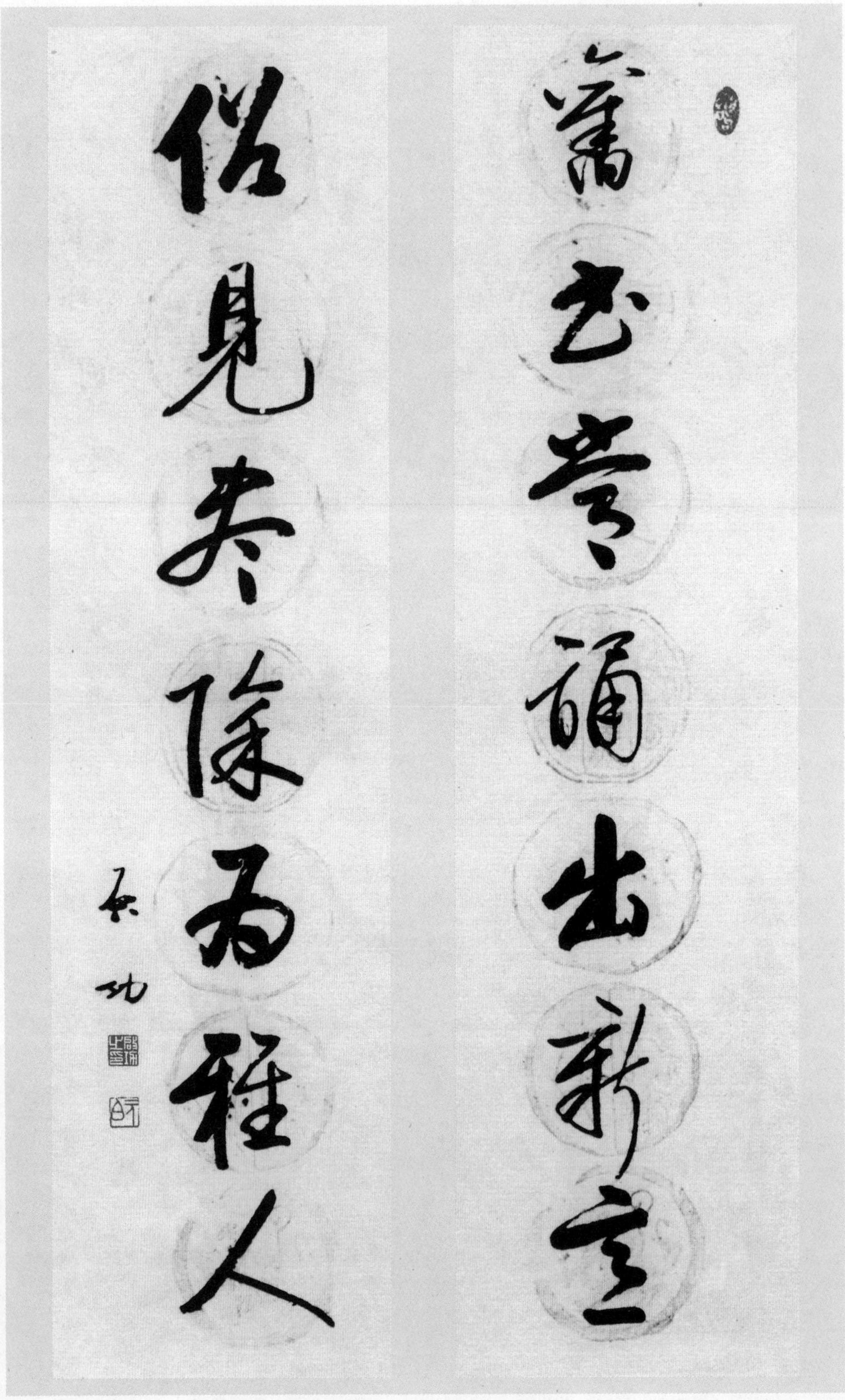

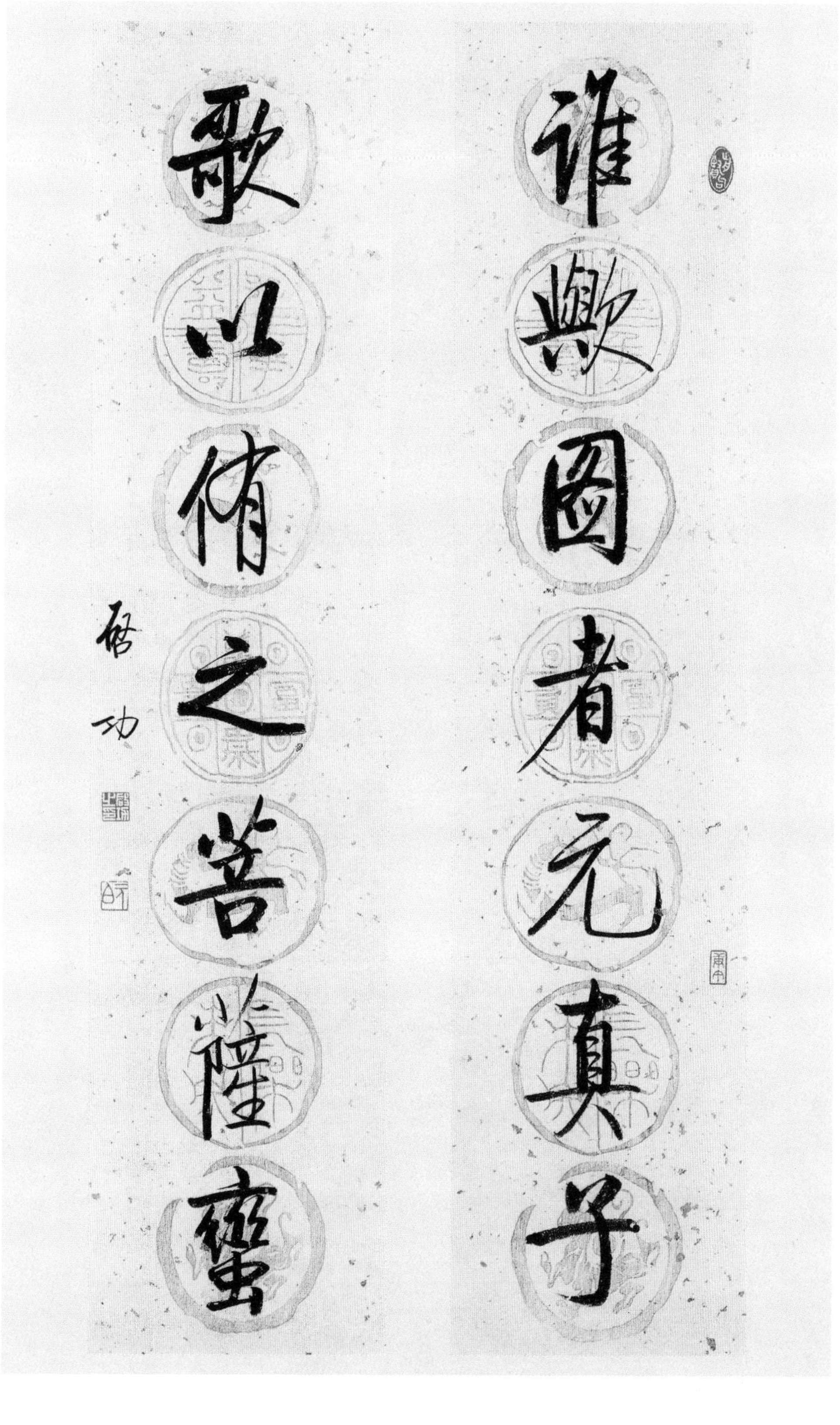
誰歟圖者元真子
歌以倚之菩薩蠻
啓功

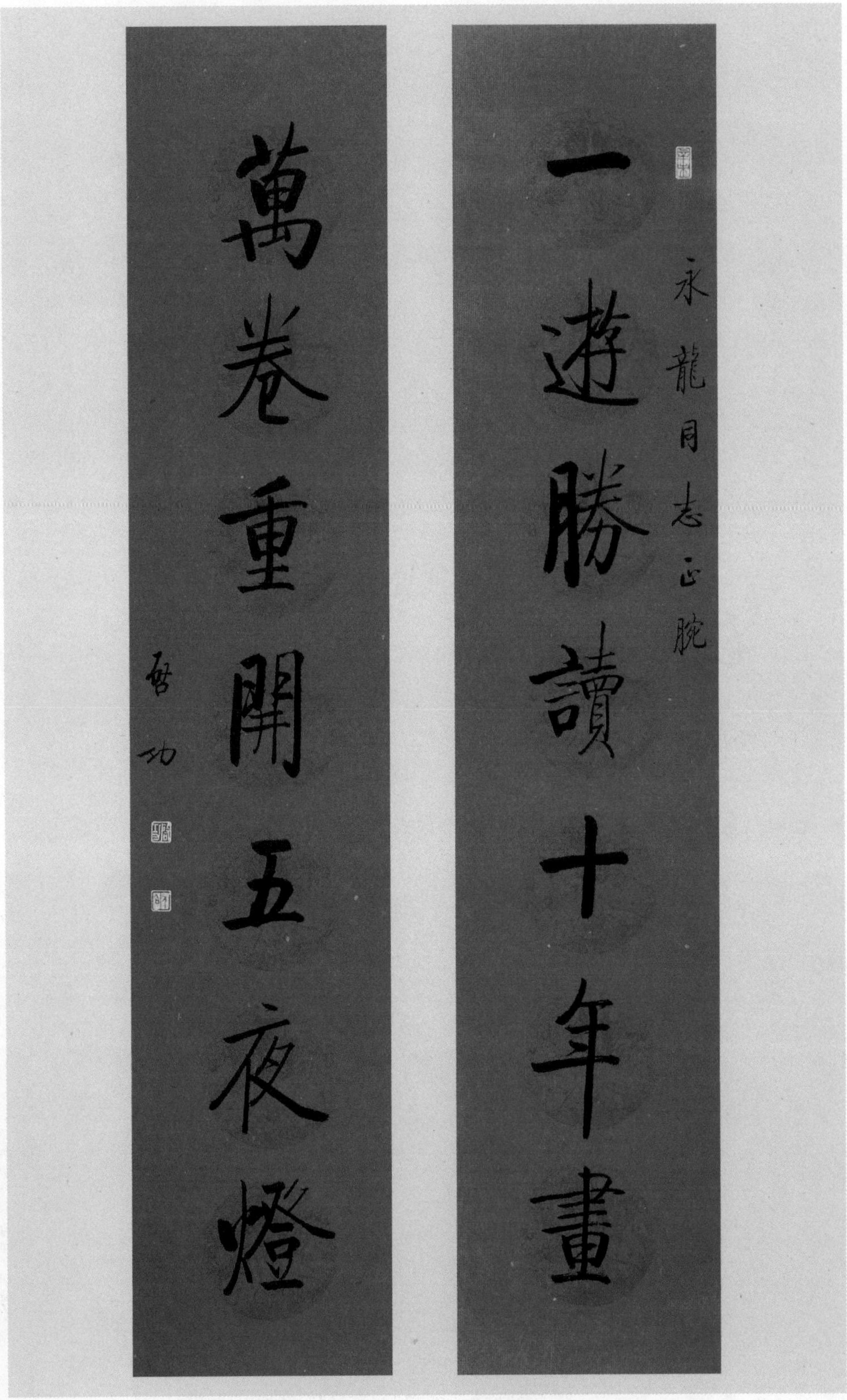
永龍同志正腕
一遊勝讀十年書
萬卷重開五夜燈
啓功

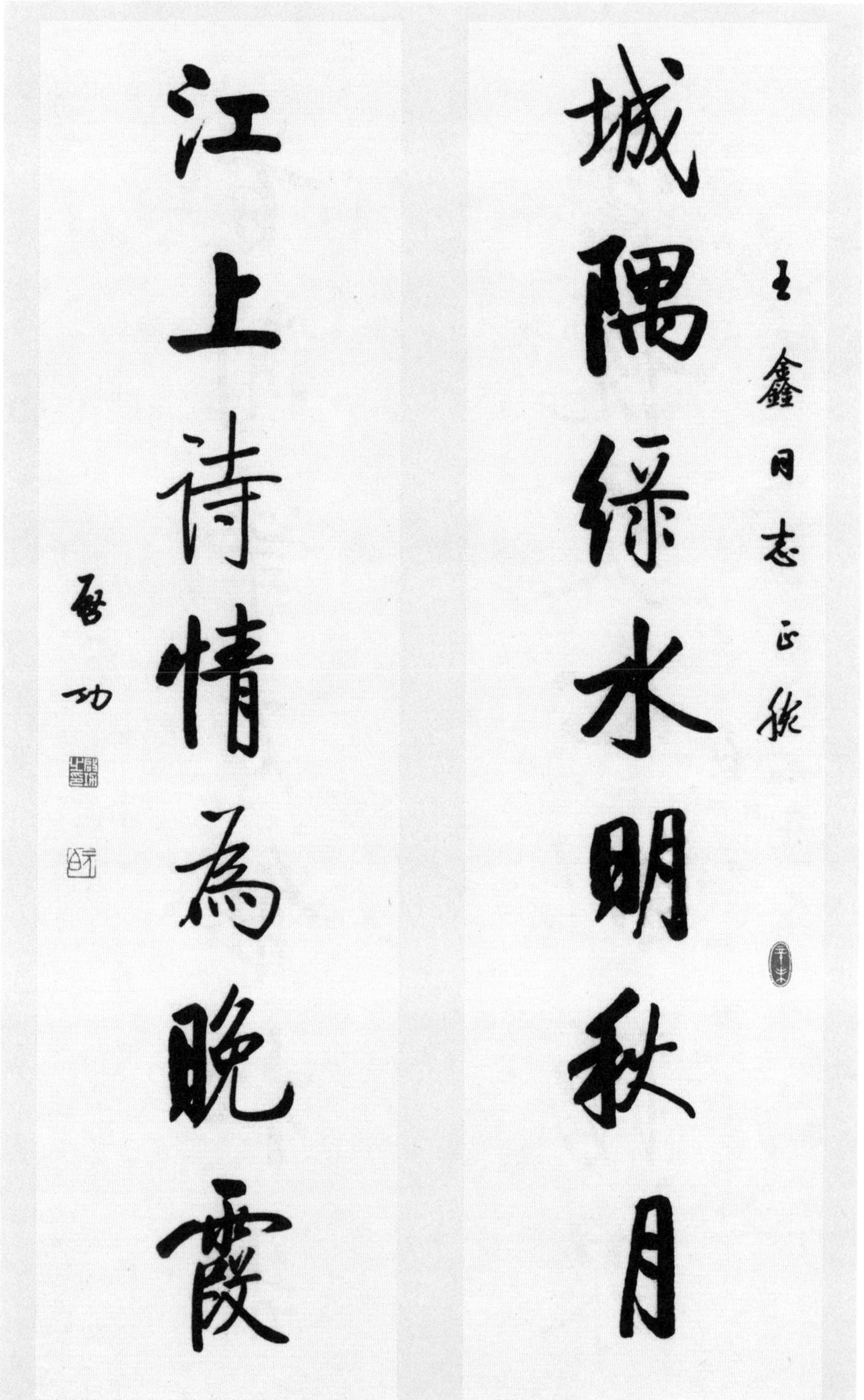
城隅綠水明秋月
王鑫同志正腕
江上詩情為晚霞
啓功

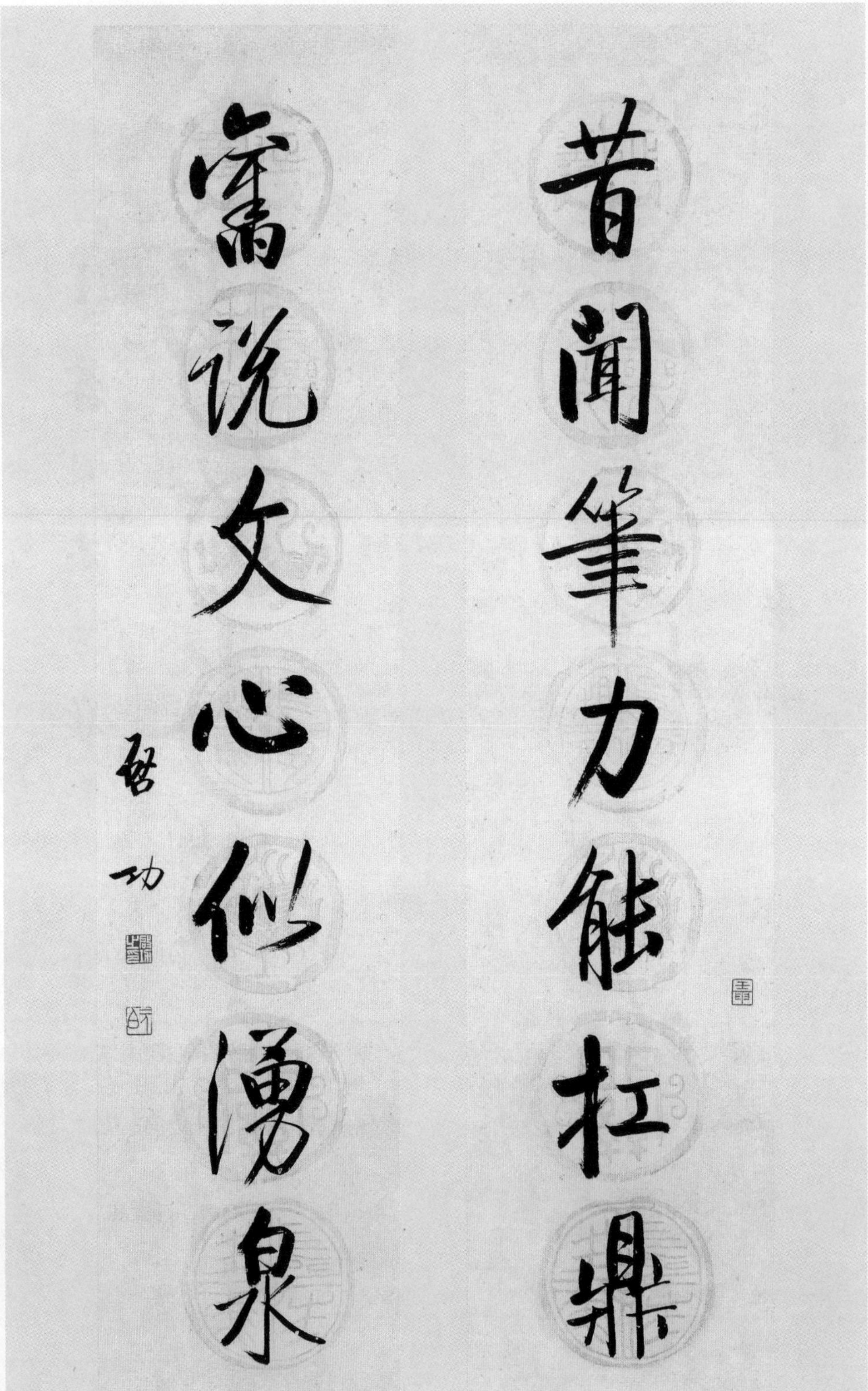
昔闻笔力能扛鼎
尝说文心似涌泉
启功

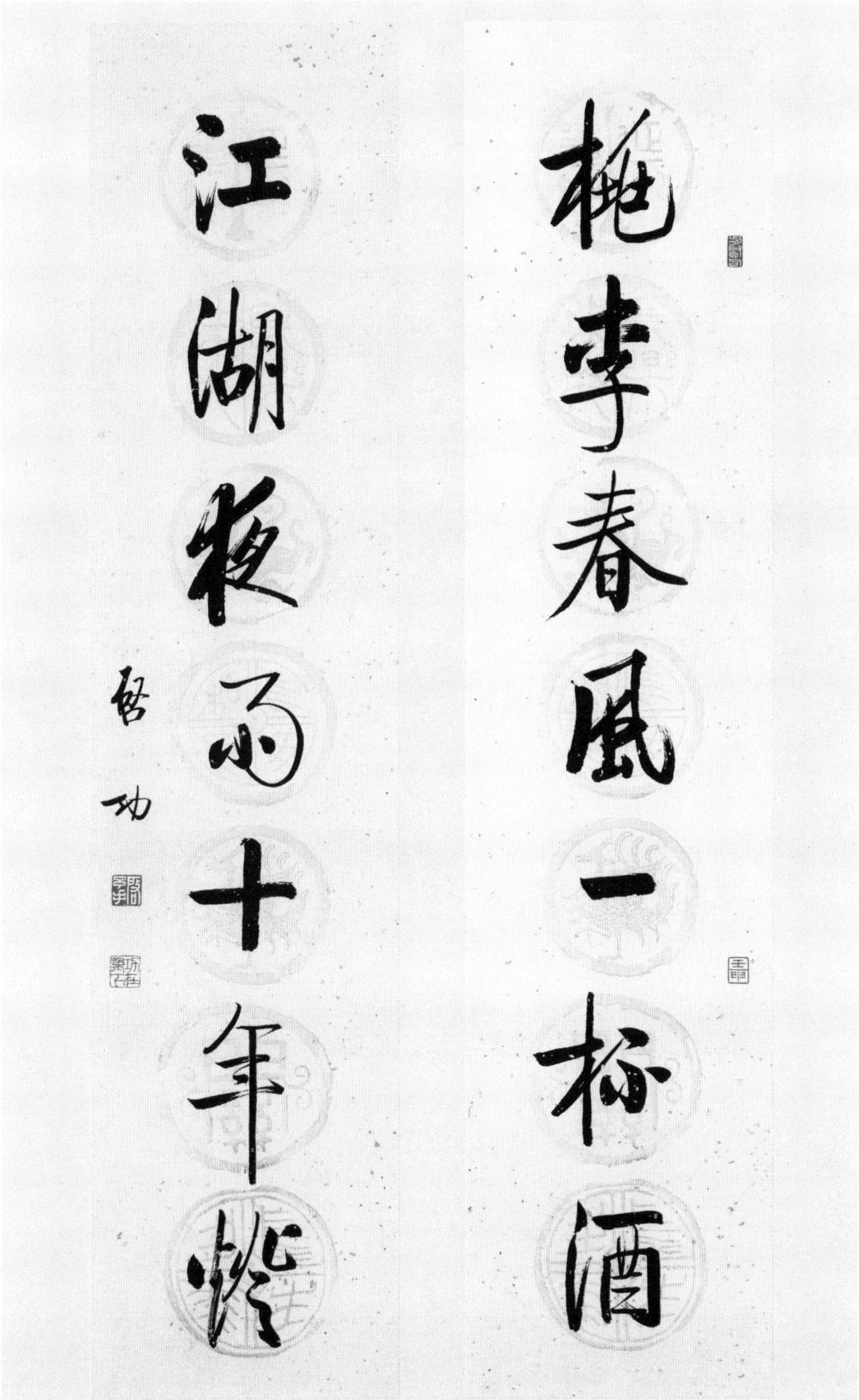
桃李春風一杯酒
江湖夜雨十年燈
啓功

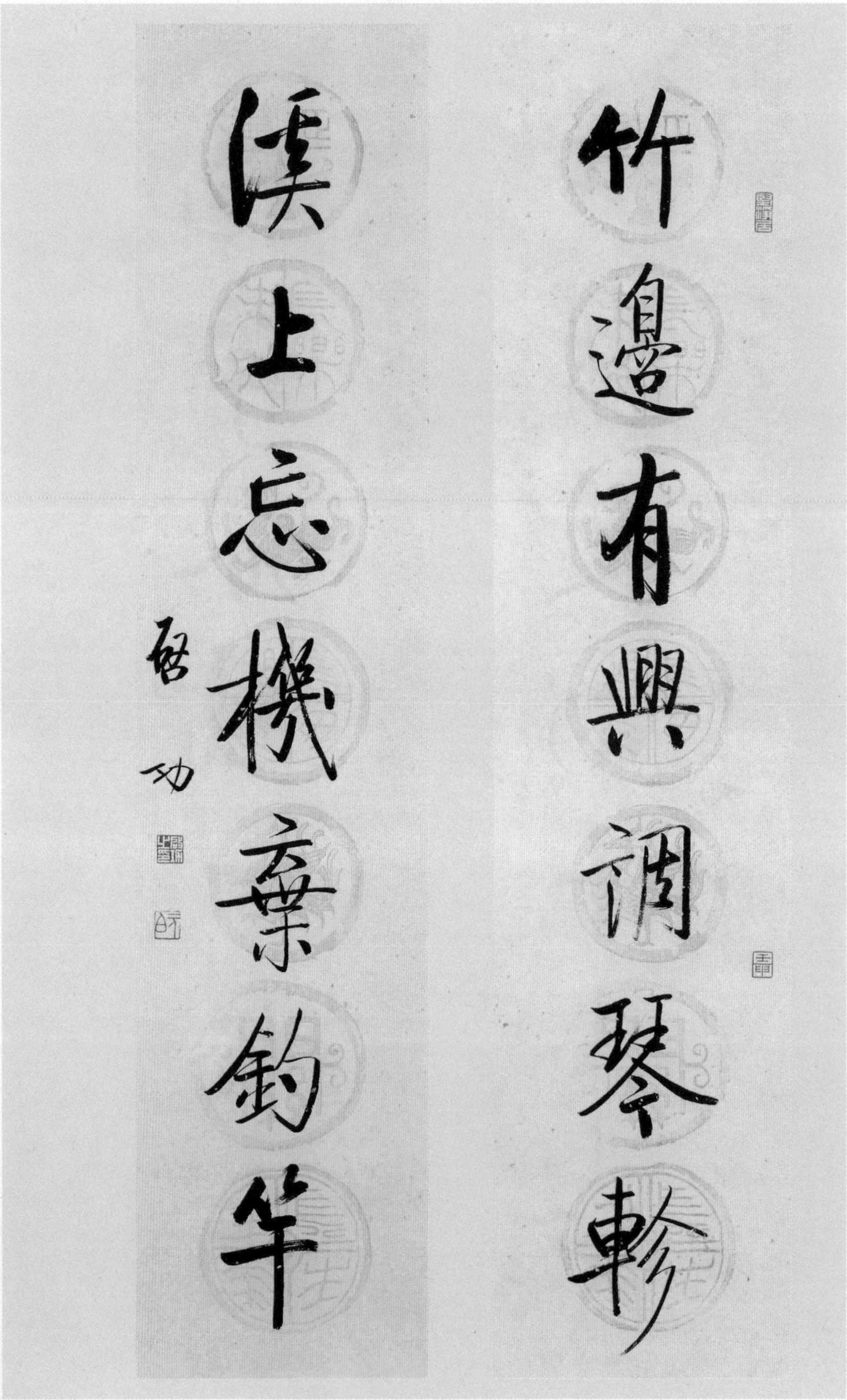
竹邊有興調琴軫
溪上忘機棄釣竿
啟功

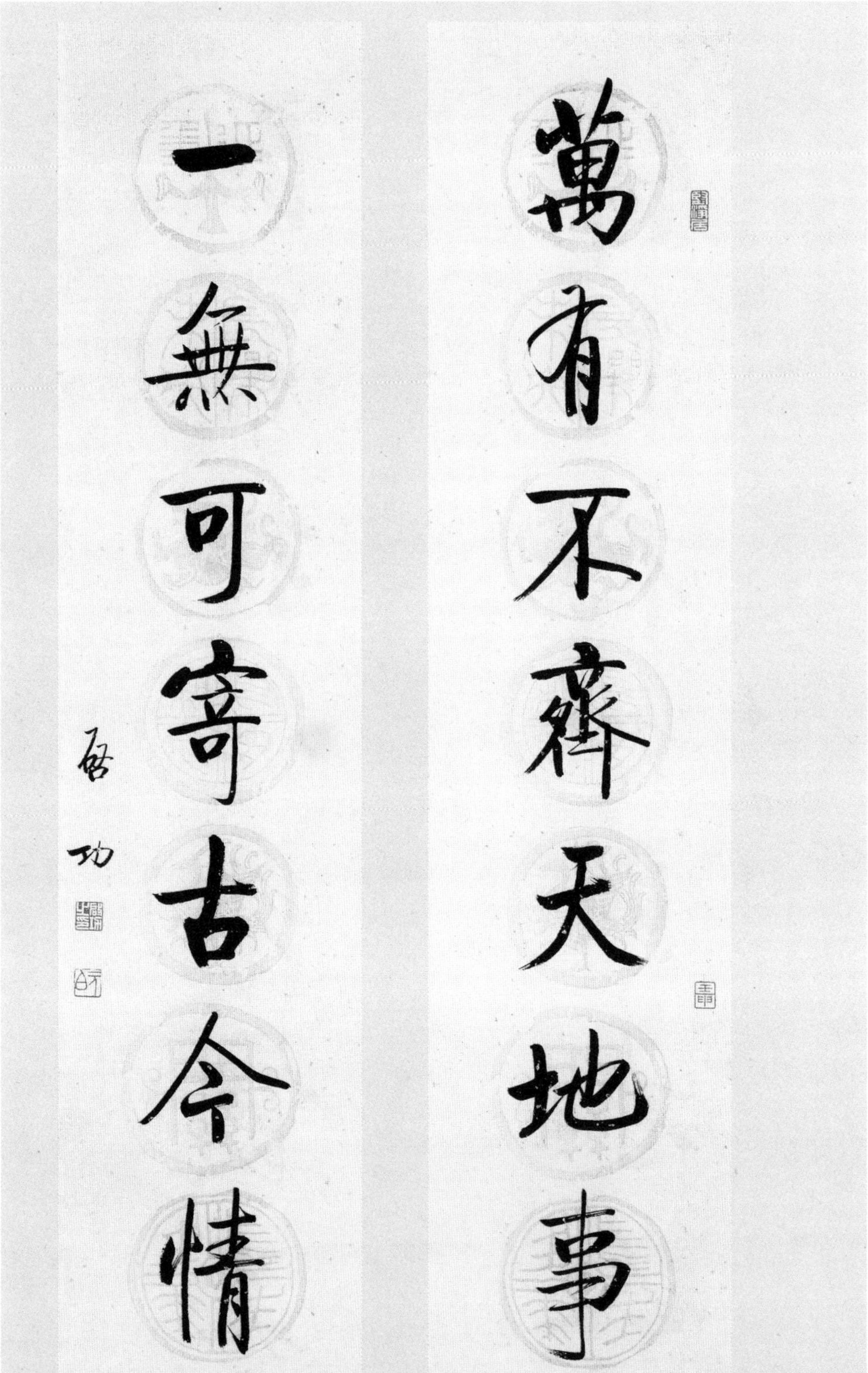
萬有不齊天地事
一無可寄古今情
啓功

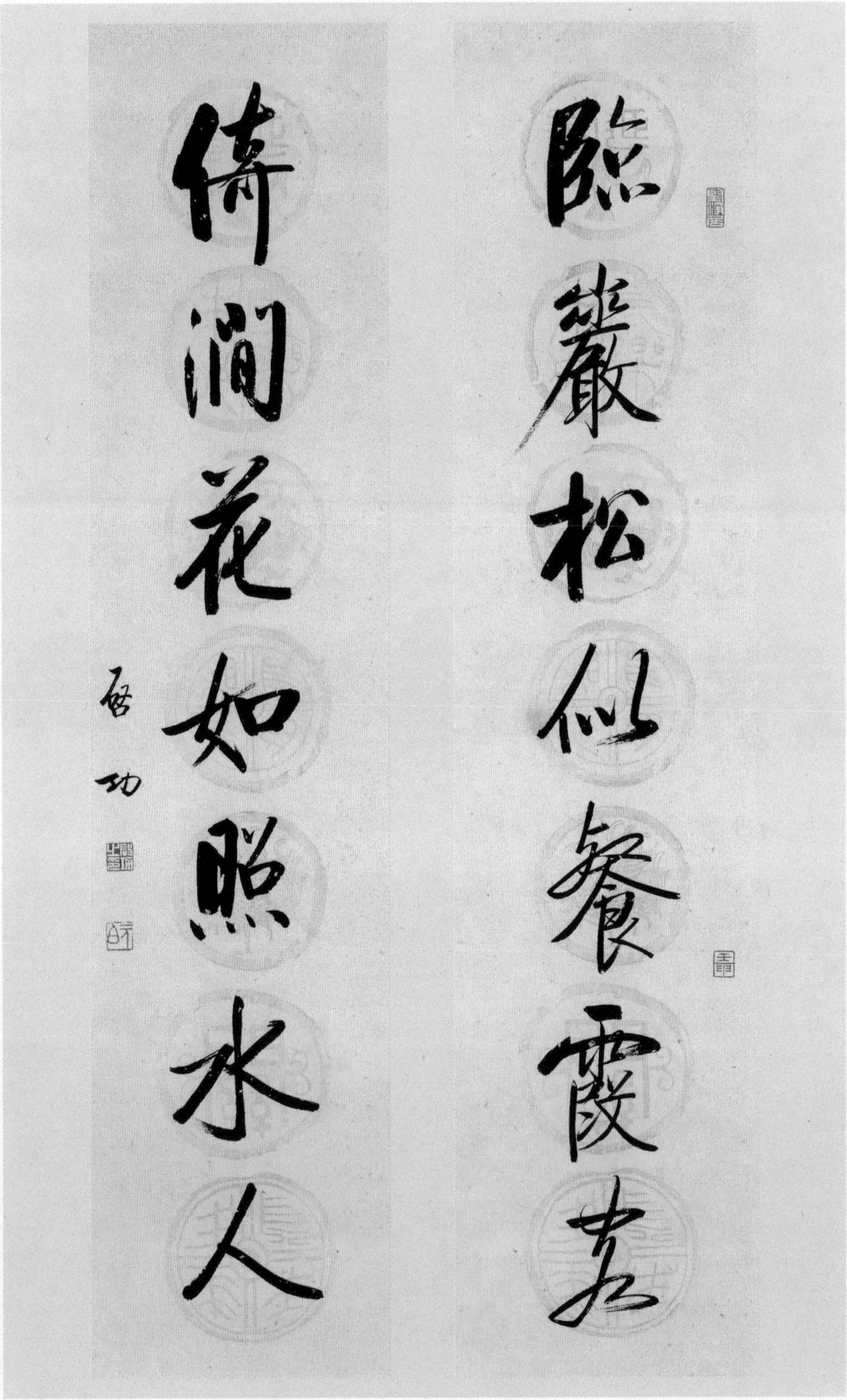
臨巖松似餐霞客
倚澗花如照水人
啟功

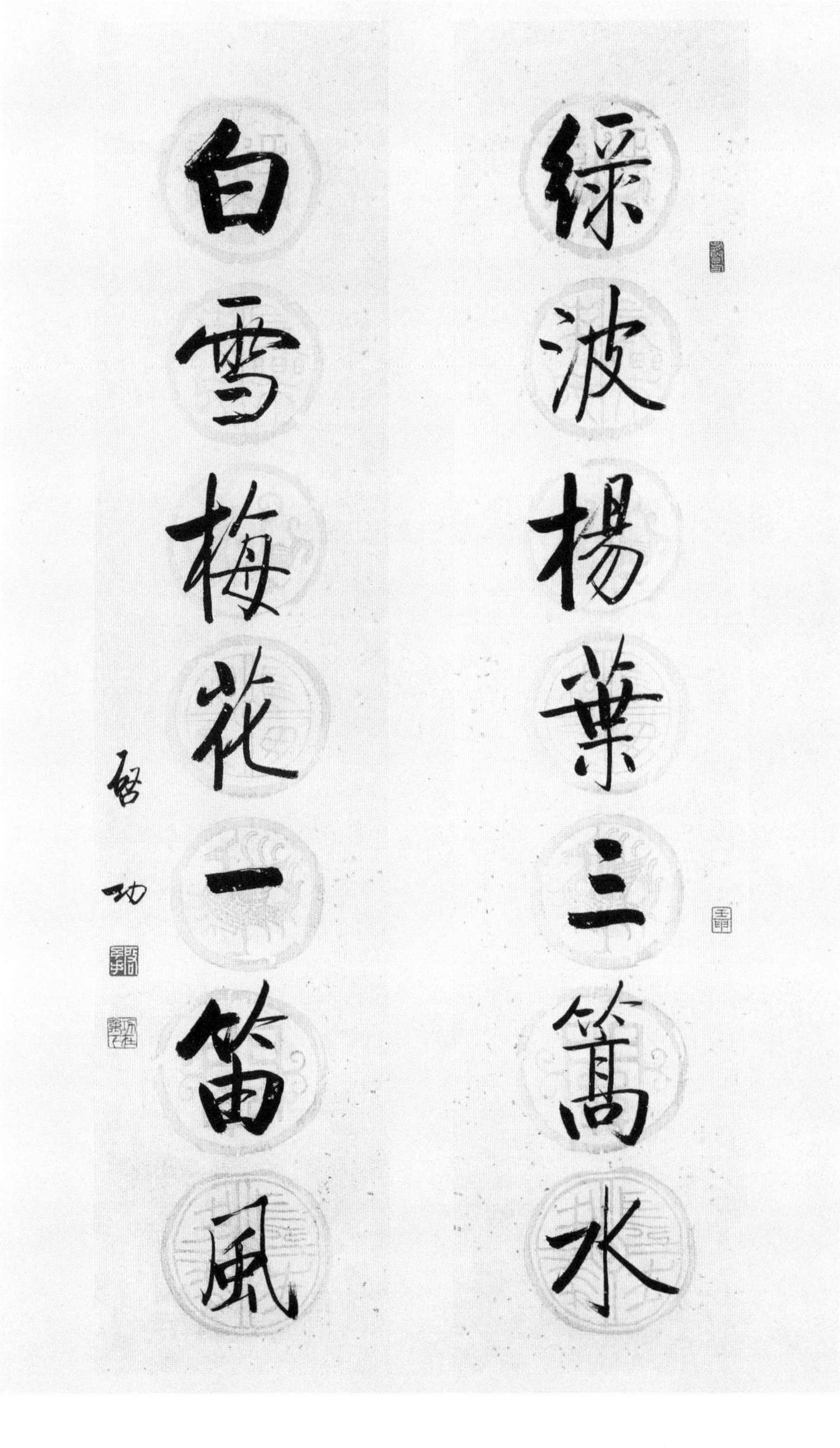
綠波楊葉三篙水
白雪梅花一笛風
啓功

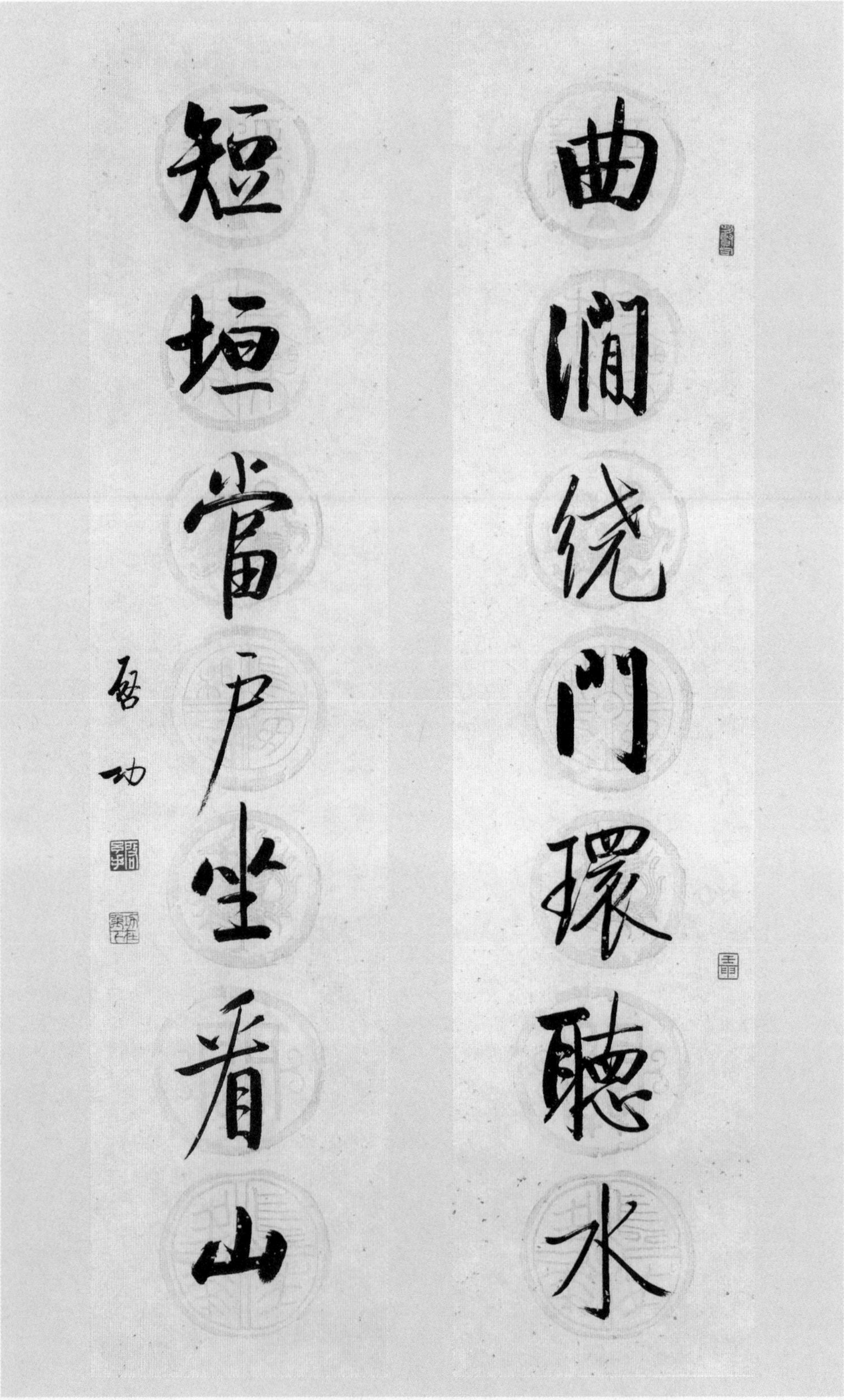
曲澗繞門環聽水
短垣當戶坐看山
啓功

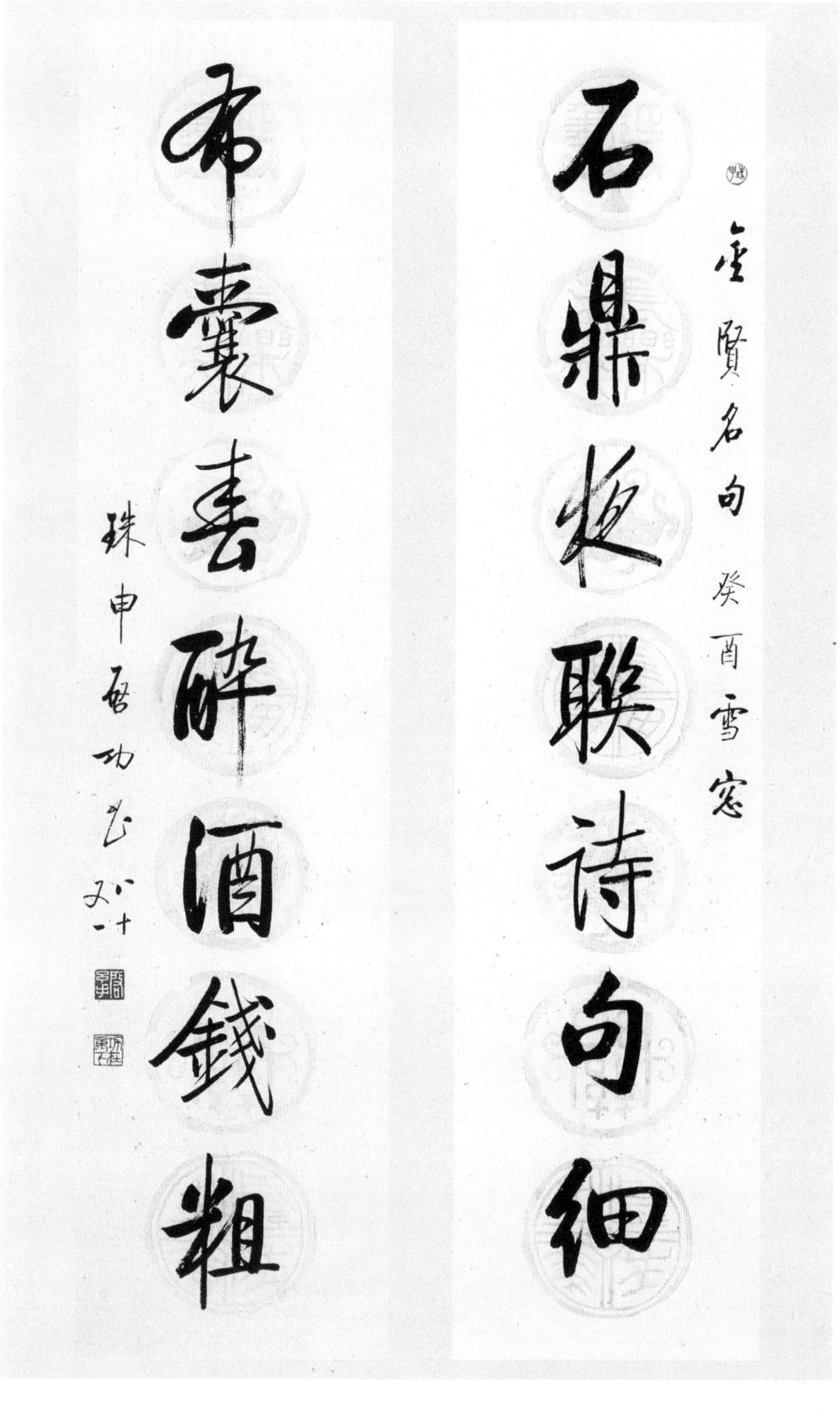
石鼎夜联诗句细
布囊春醉酒钱粗

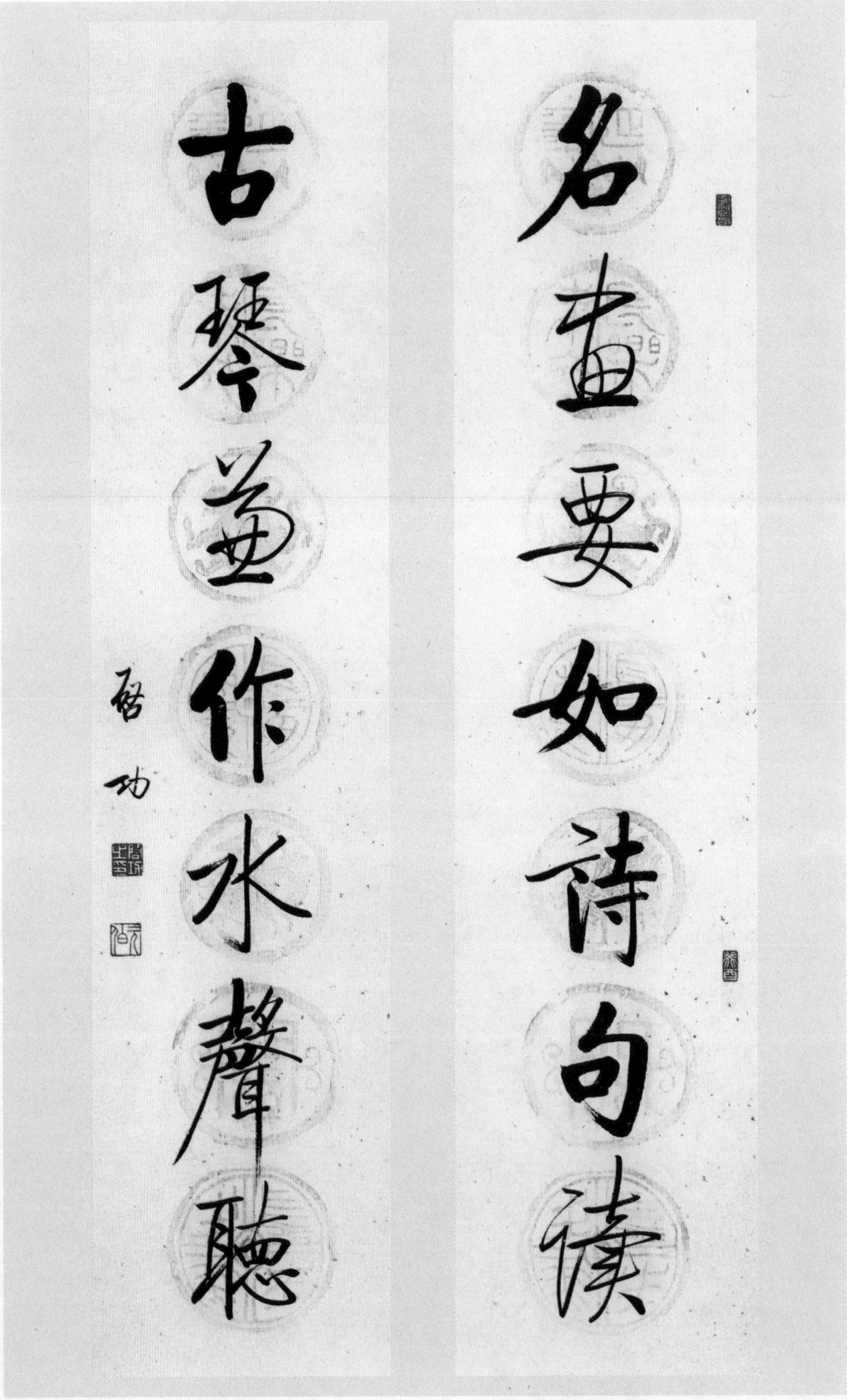
名畫要如詩句讀
古琴兼作水聲聽
啓功

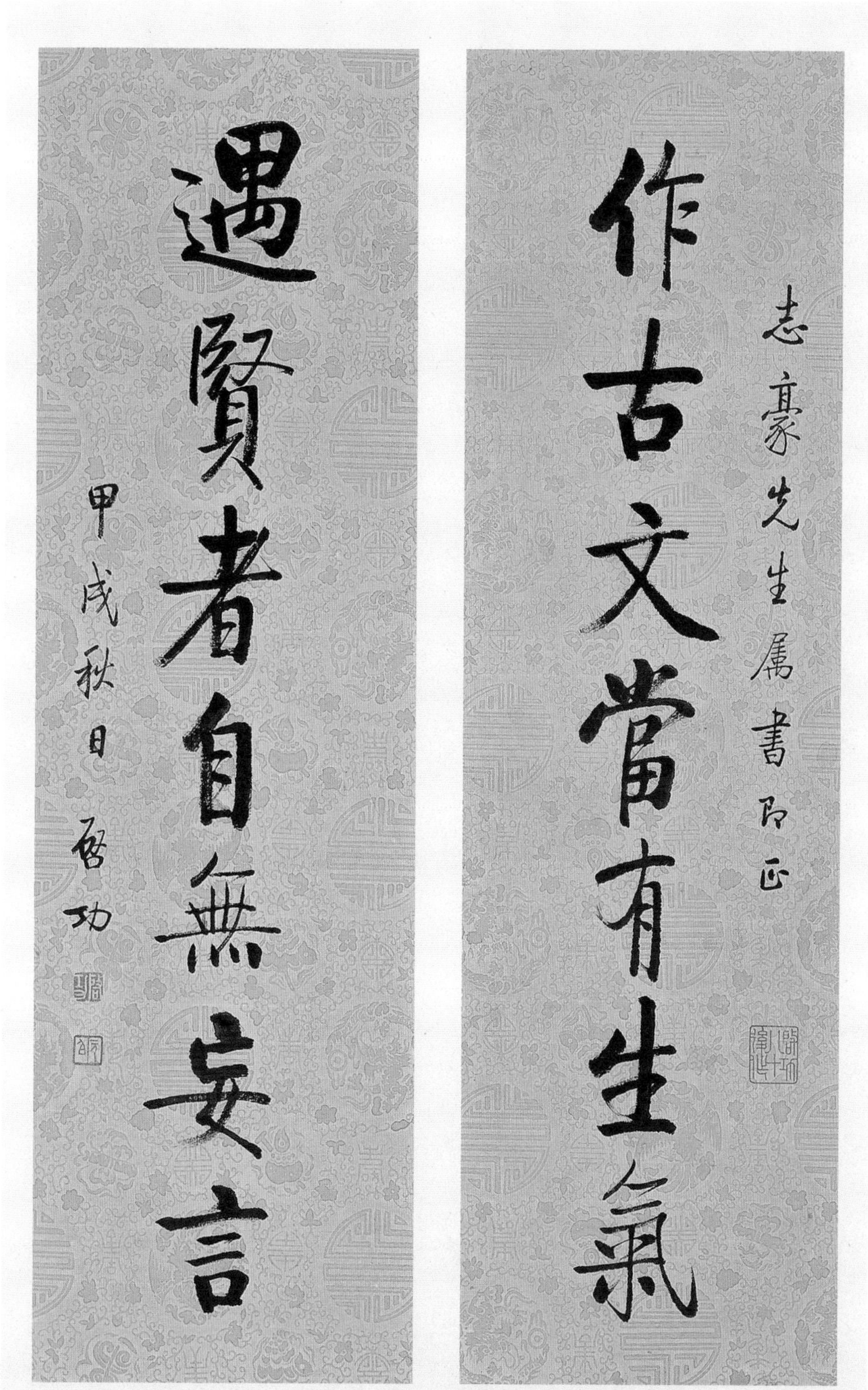
志豪先生屬書㕥正
作古文當有生氣
遇賢者自無妄言
甲戌秋日 啓功

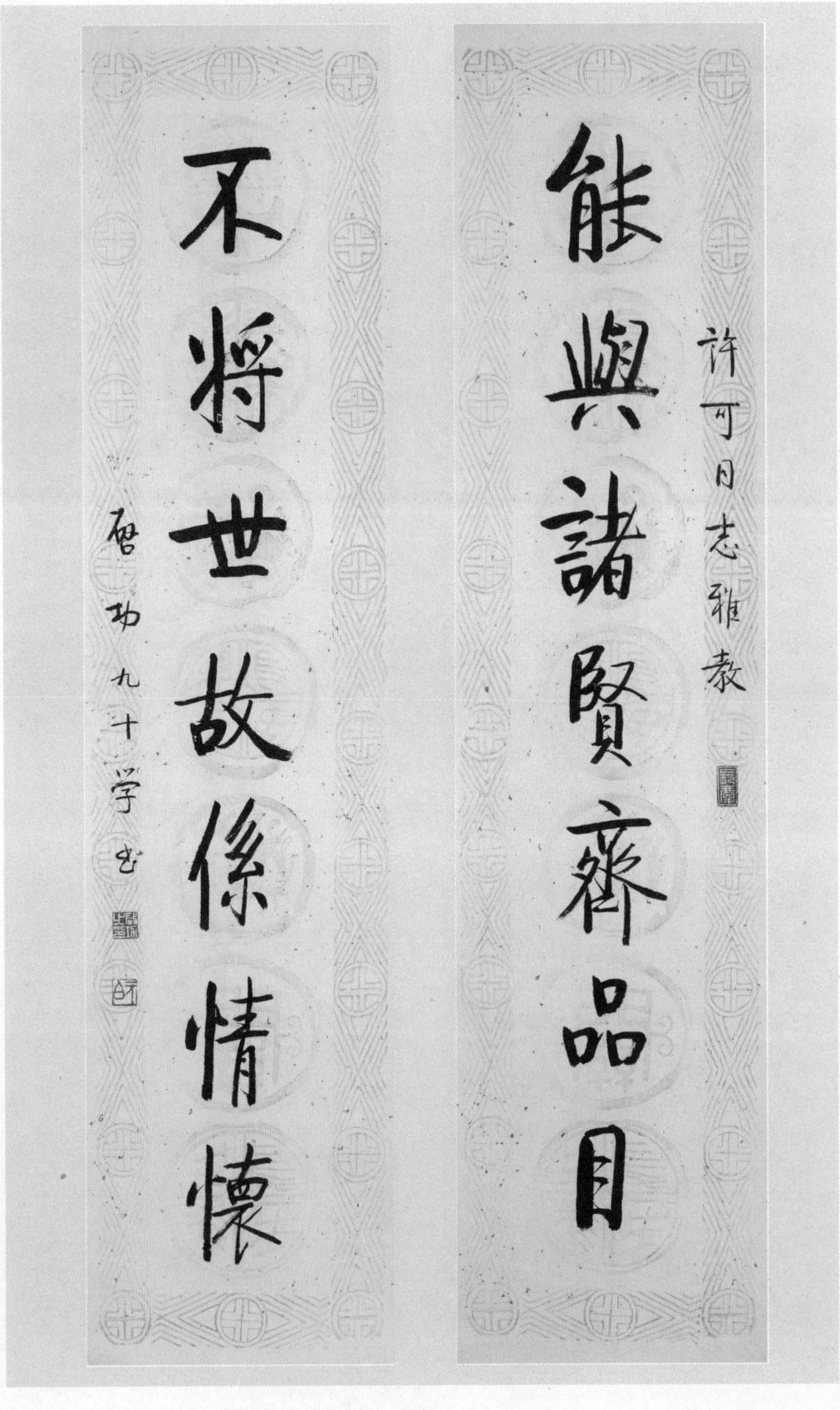
許可日志雅教
能與諸賢齋品目
不將世故係情懷
啓功九十学书

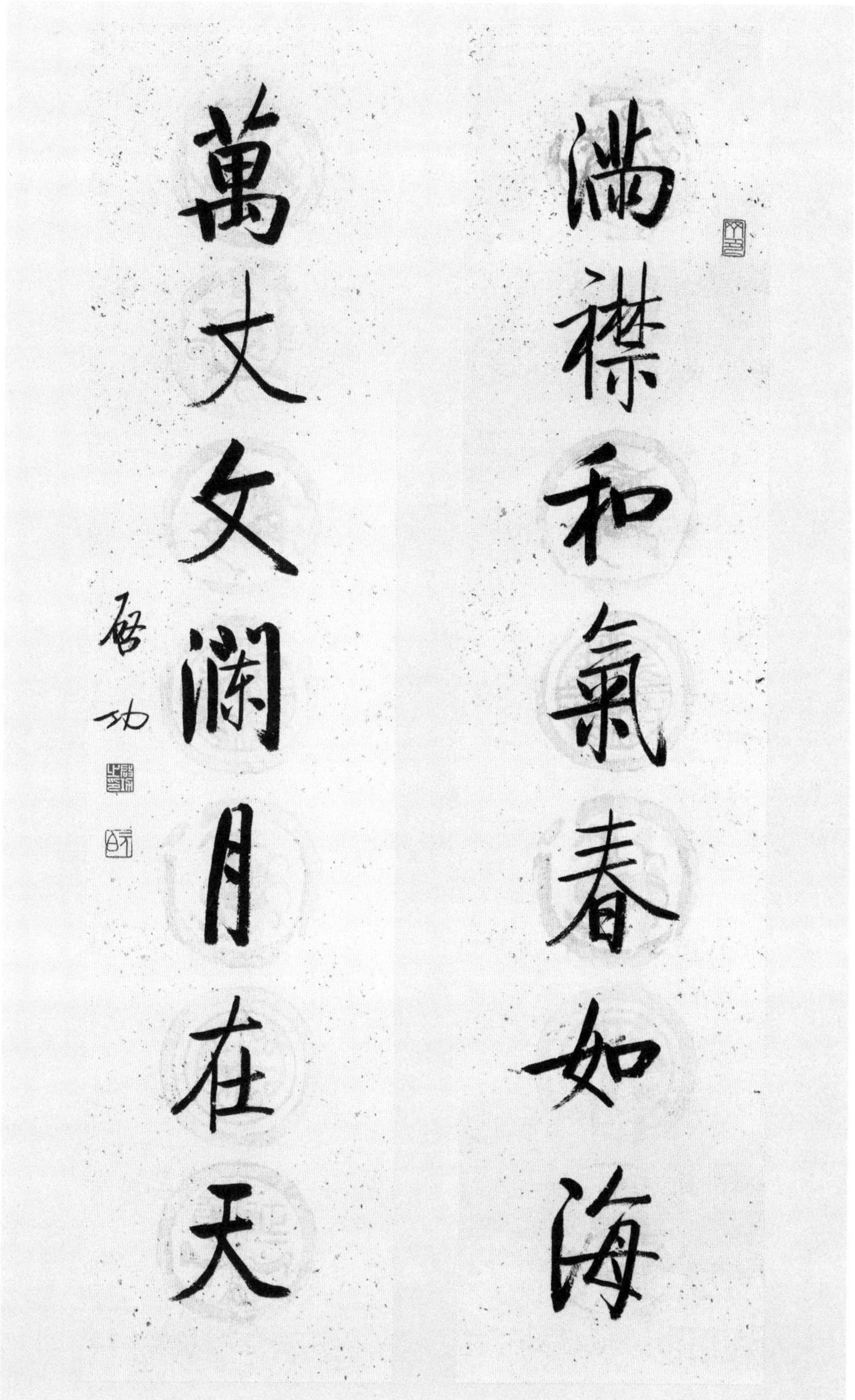
滿襟和氣春如海
萬丈文瀾月在天
啓功

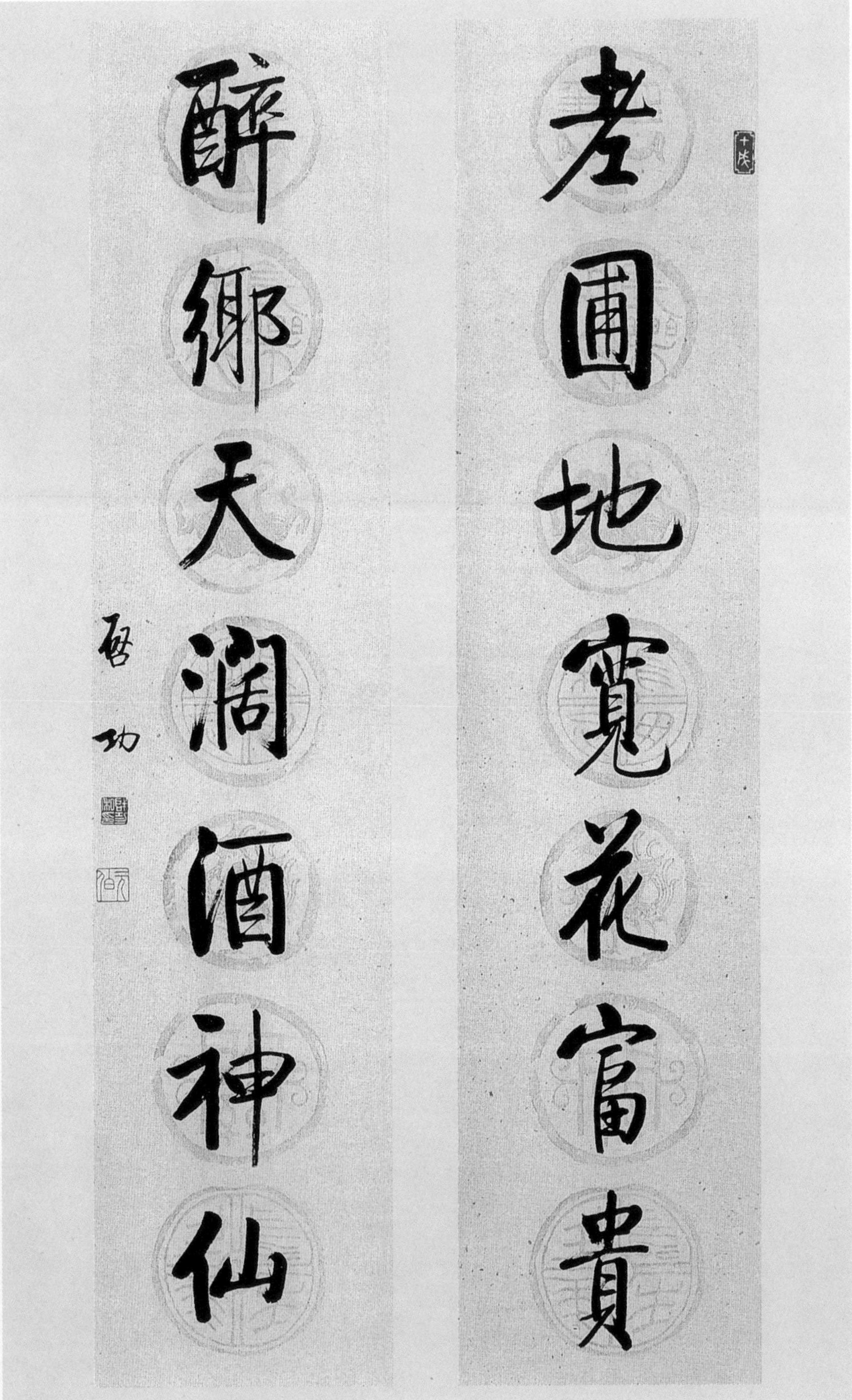
老圃地寬花富貴
醉鄉天闊酒神仙
啓功

飲餘有興徐添酒
讀日無多慎買書

書藝大宗歸北海
文章無價聚東方

事冗書將零碎讀
時来花自整齊開
啓功

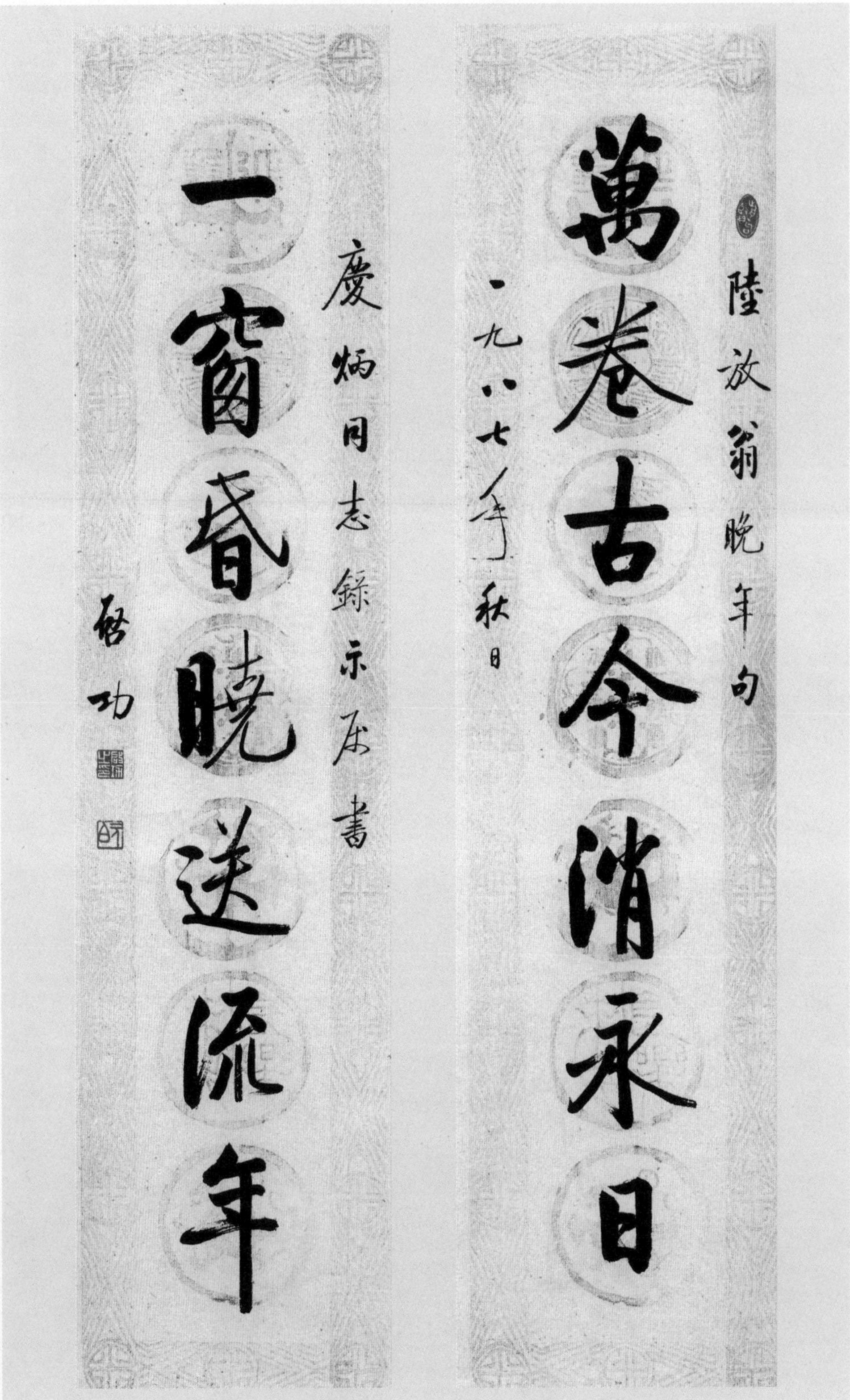
萬卷古今消永日
陸放翁晚年句
一九八七年秋日
一窗昏曉送流年
慶炳同志錄示屬書
啟功

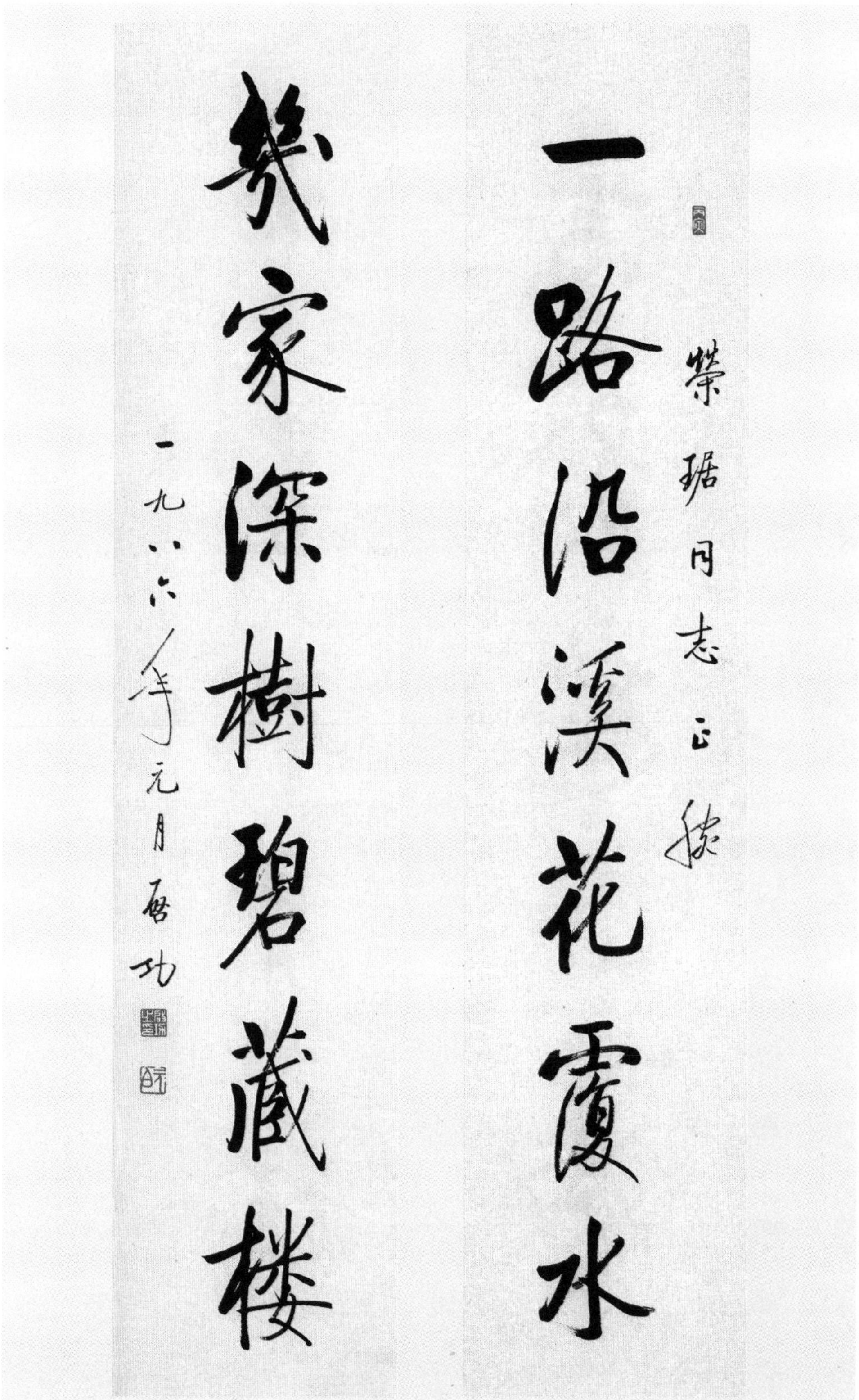
一路沿溪花覆水
幾家深樹碧藏樓
一九八六年元月 启功

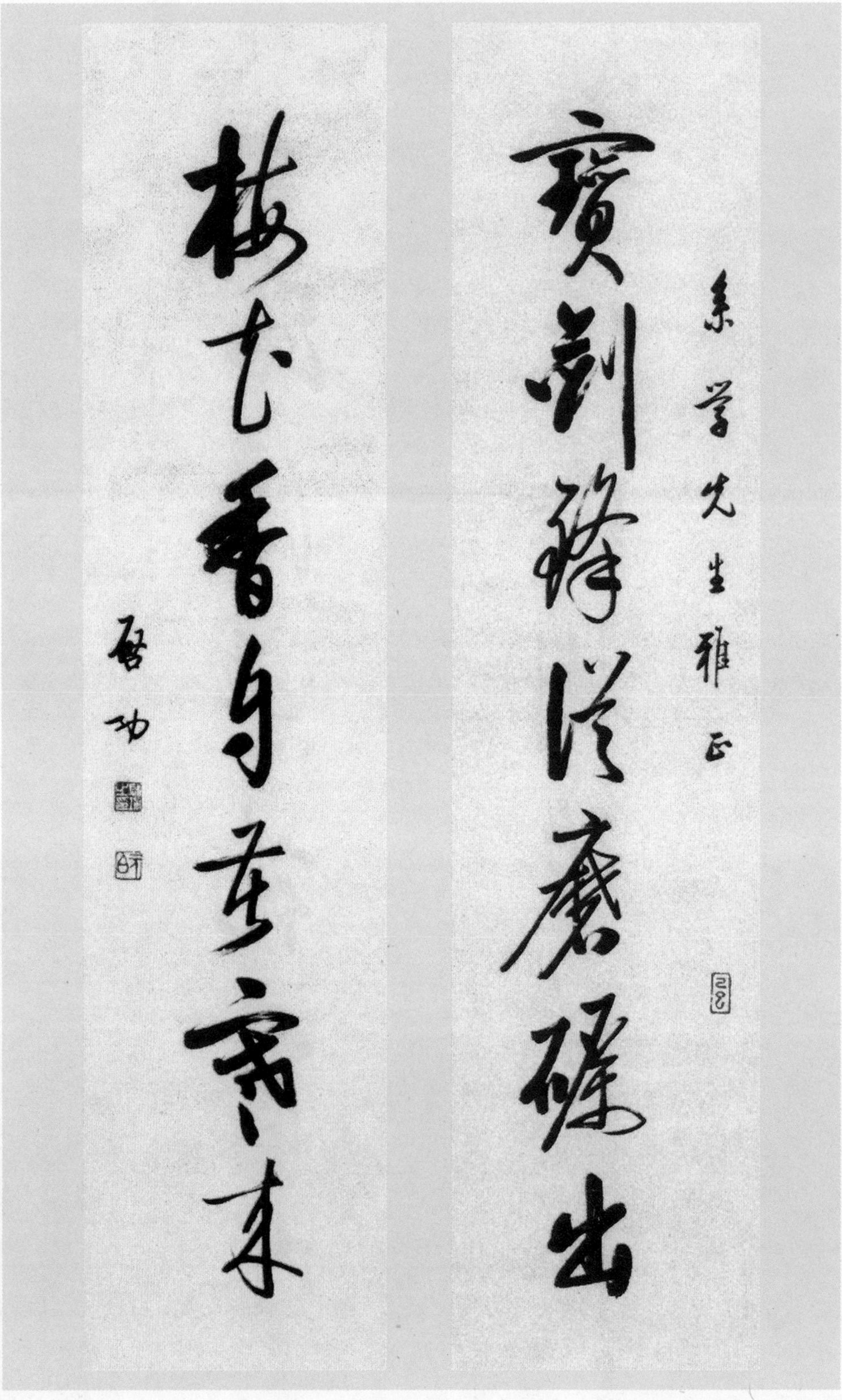
寶劍鋒從磨礪出
梅花香自苦寒來
啟功

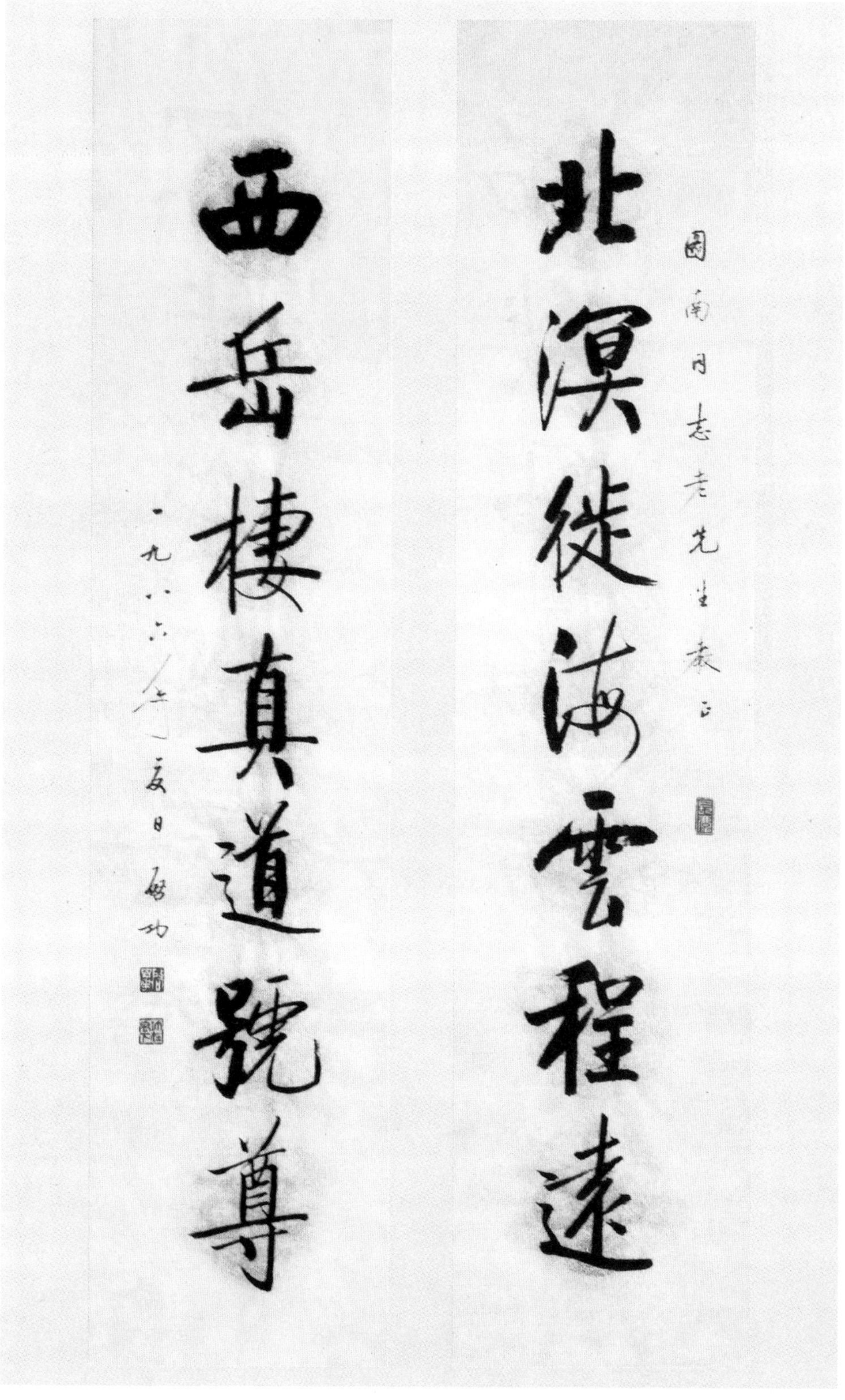
北溟徙海雲程遠
圖南同志老先生教正
西岳棲真道貌尊
一九八六年夏日 啓功

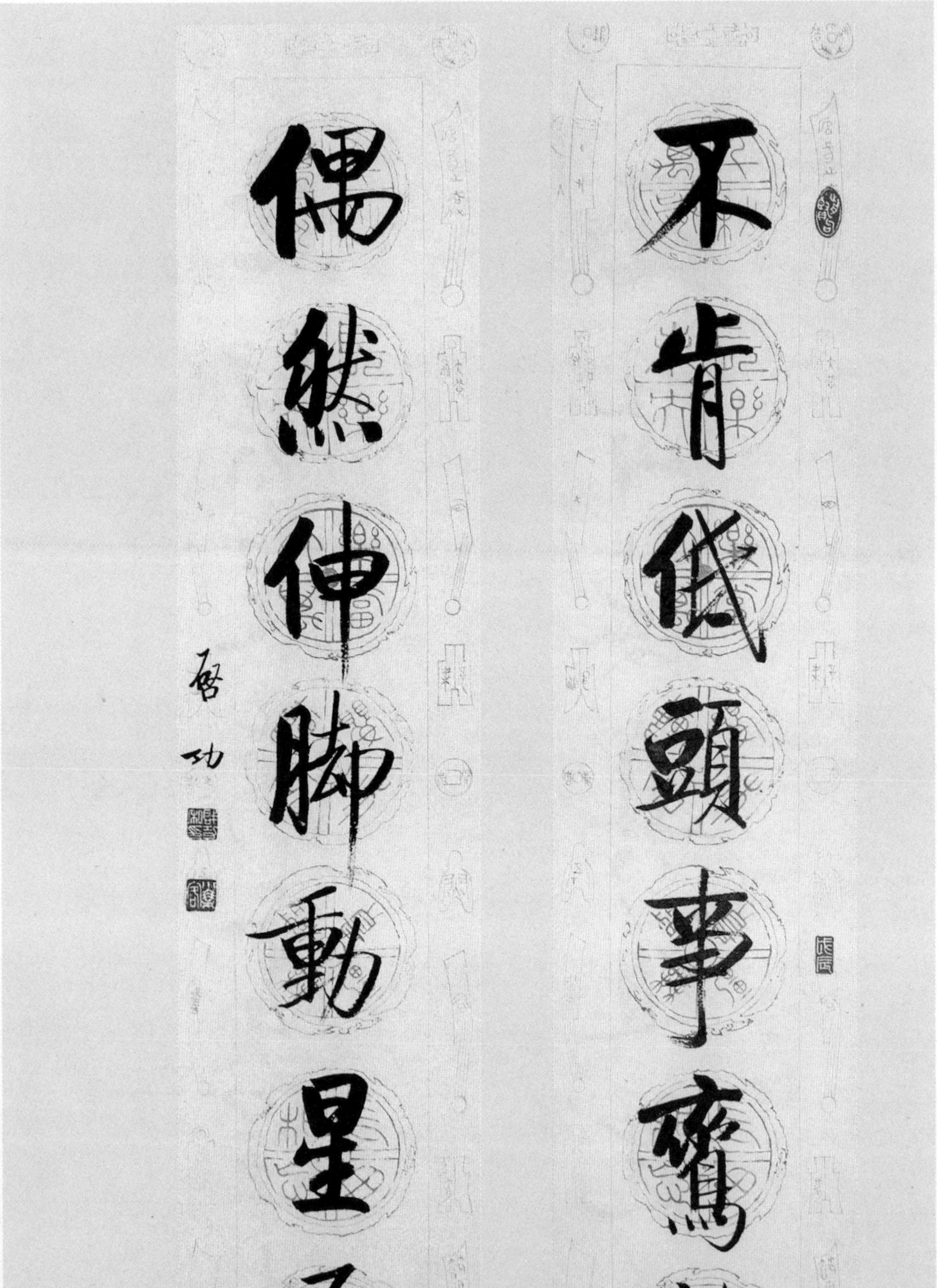
不肯低頭事鷹鶴
偶然伸腳動星辰
啓功

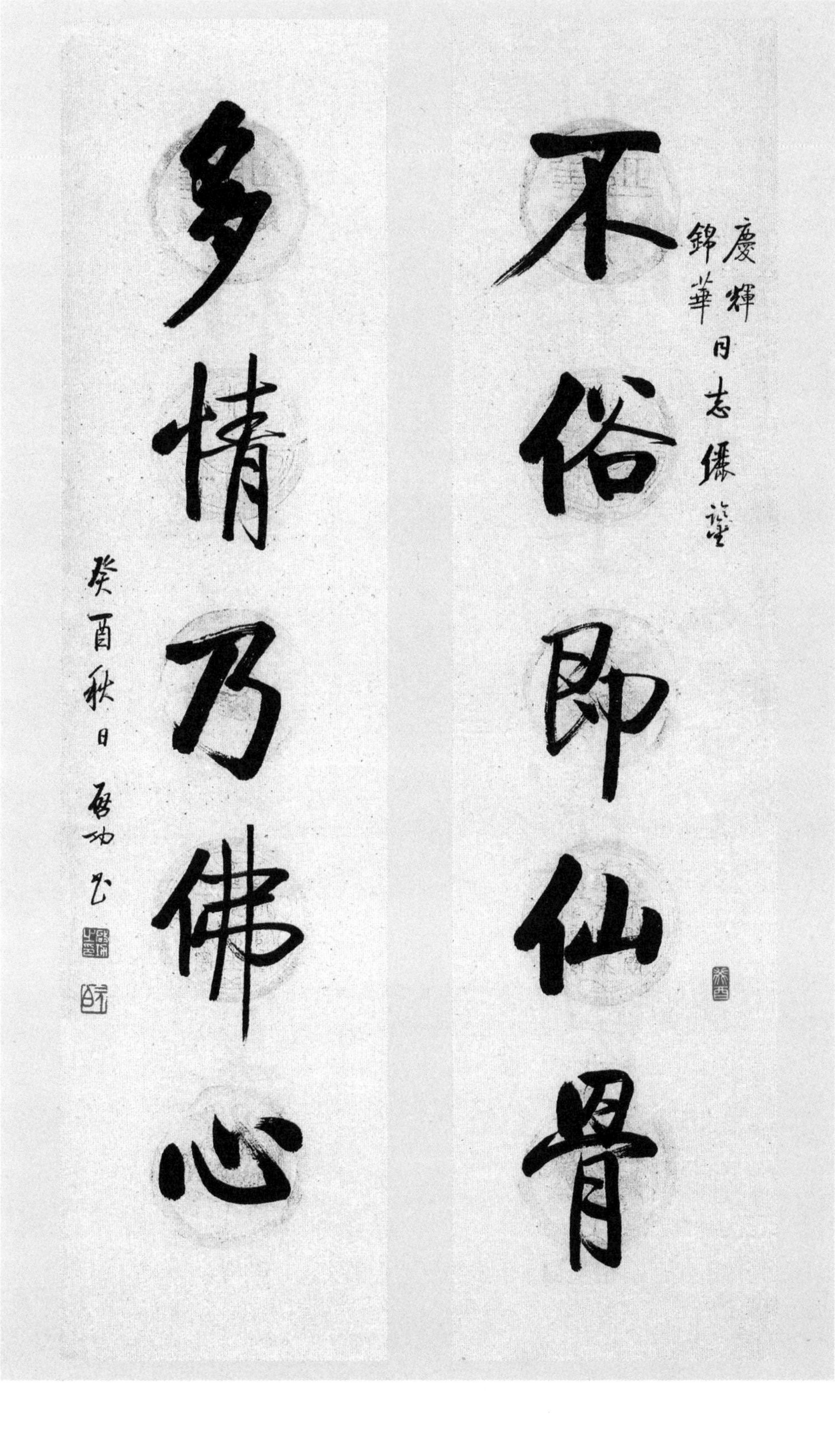
慶輝
錦華同志儷鑒
不俗即仙骨
多情乃佛心
癸酉秋日
啟功书

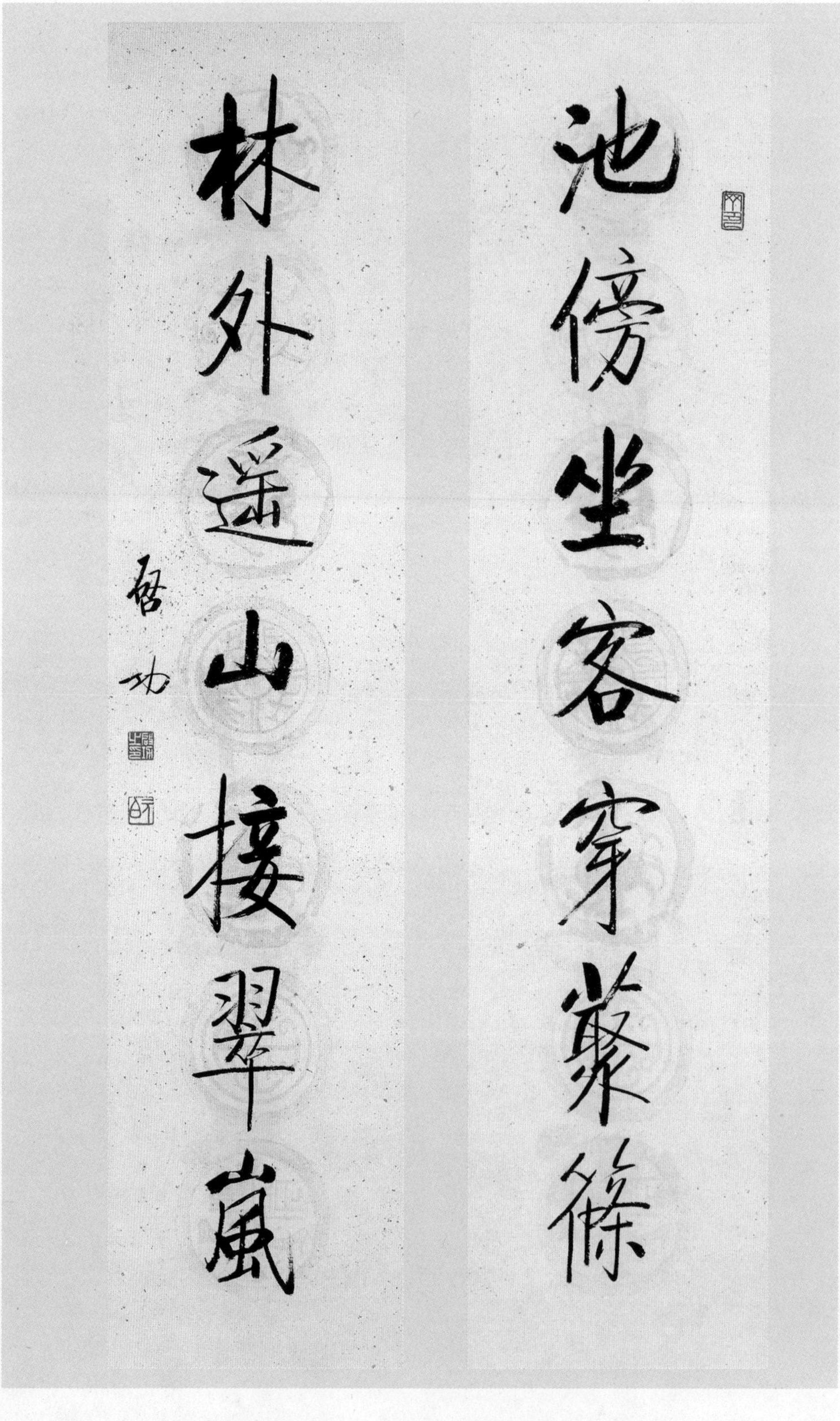
池傍坐客穿叢篠
林外遥山接翠嵐
启功

得與天下同其樂
遥青先生雅正
不可一日無此君
啓功

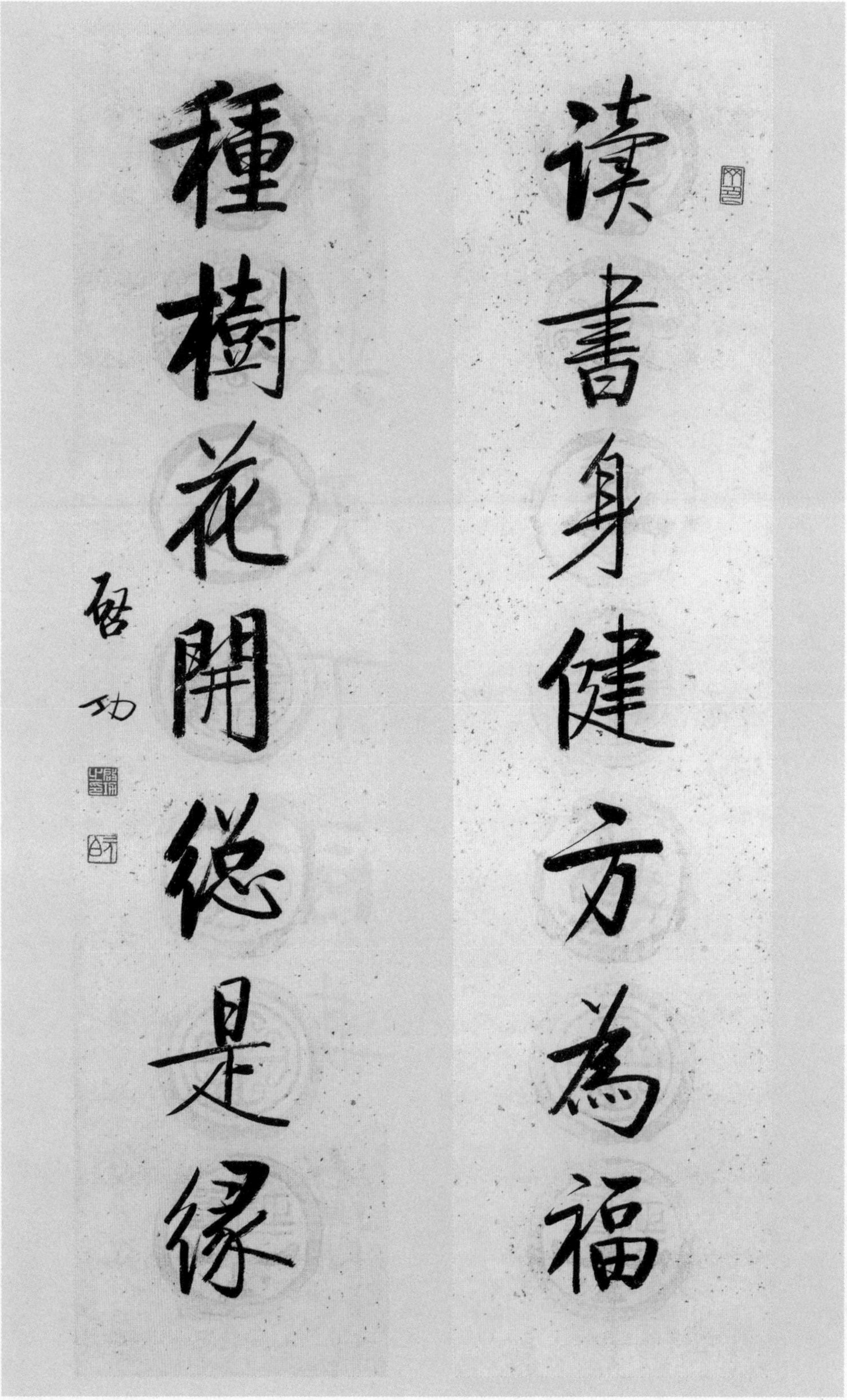
讀書身健方為福
種樹花開總是緣
啓功

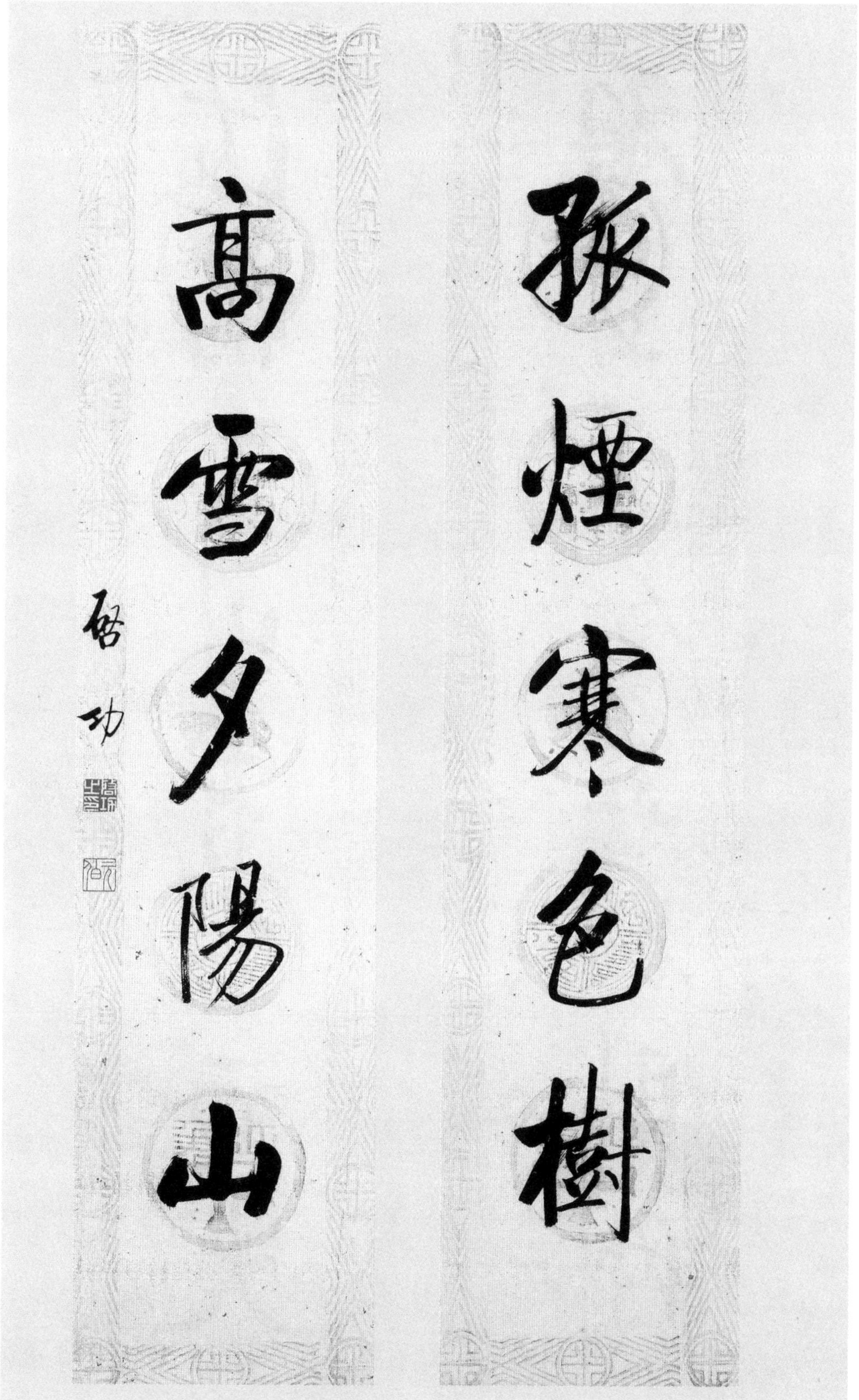
孤煙寒色樹
高雪夕陽山
啓功

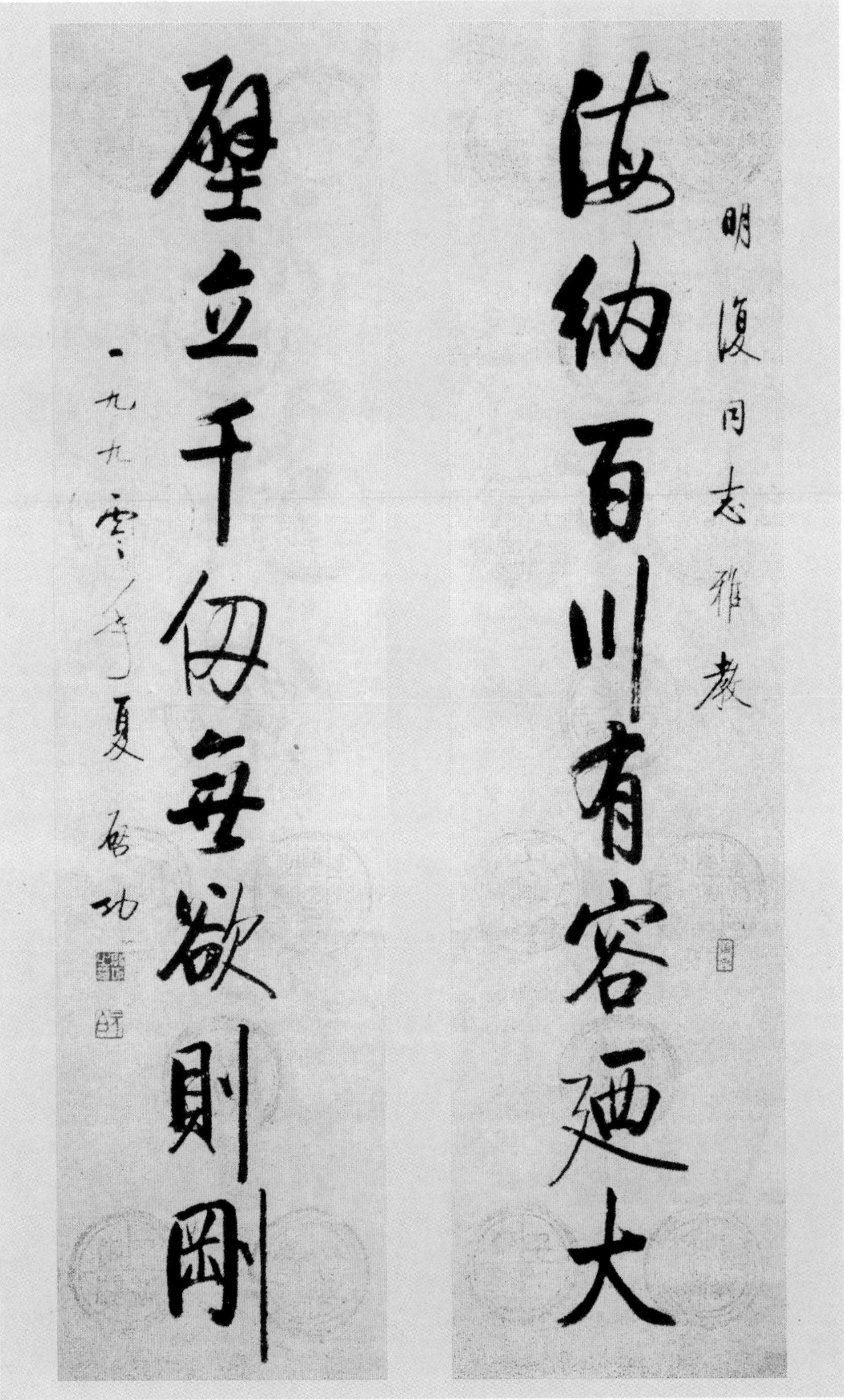
海纳百川有容迺大
明復同志雅教
壁立千仞無欲則剛
一九九零年夏 啓功

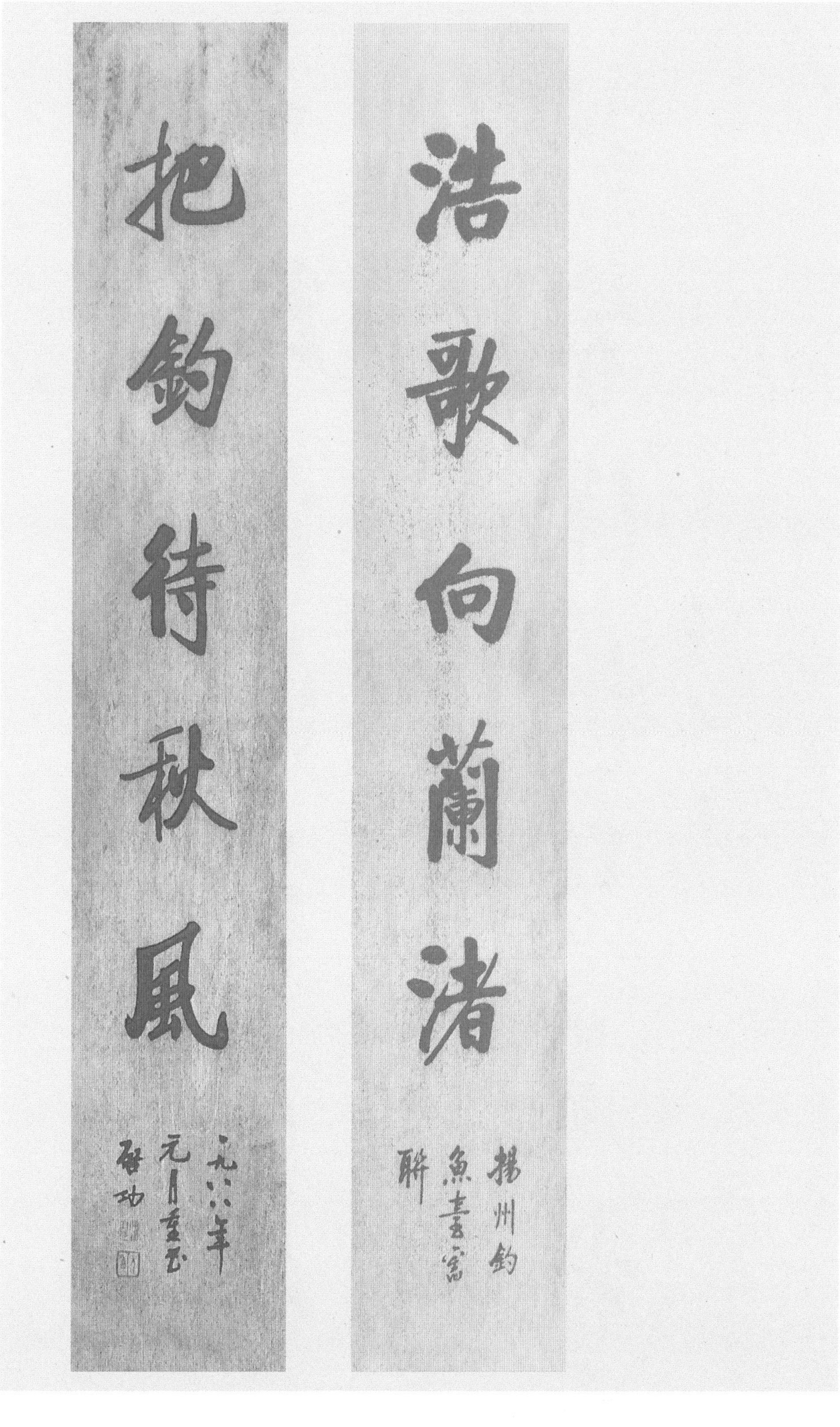
浩歌向蘭渚
揚州釣魚臺賓館
把釣待秋風
啓功

一路沿溪花覆水
幾家深樹碧藏樓
尔尧先生正
启功

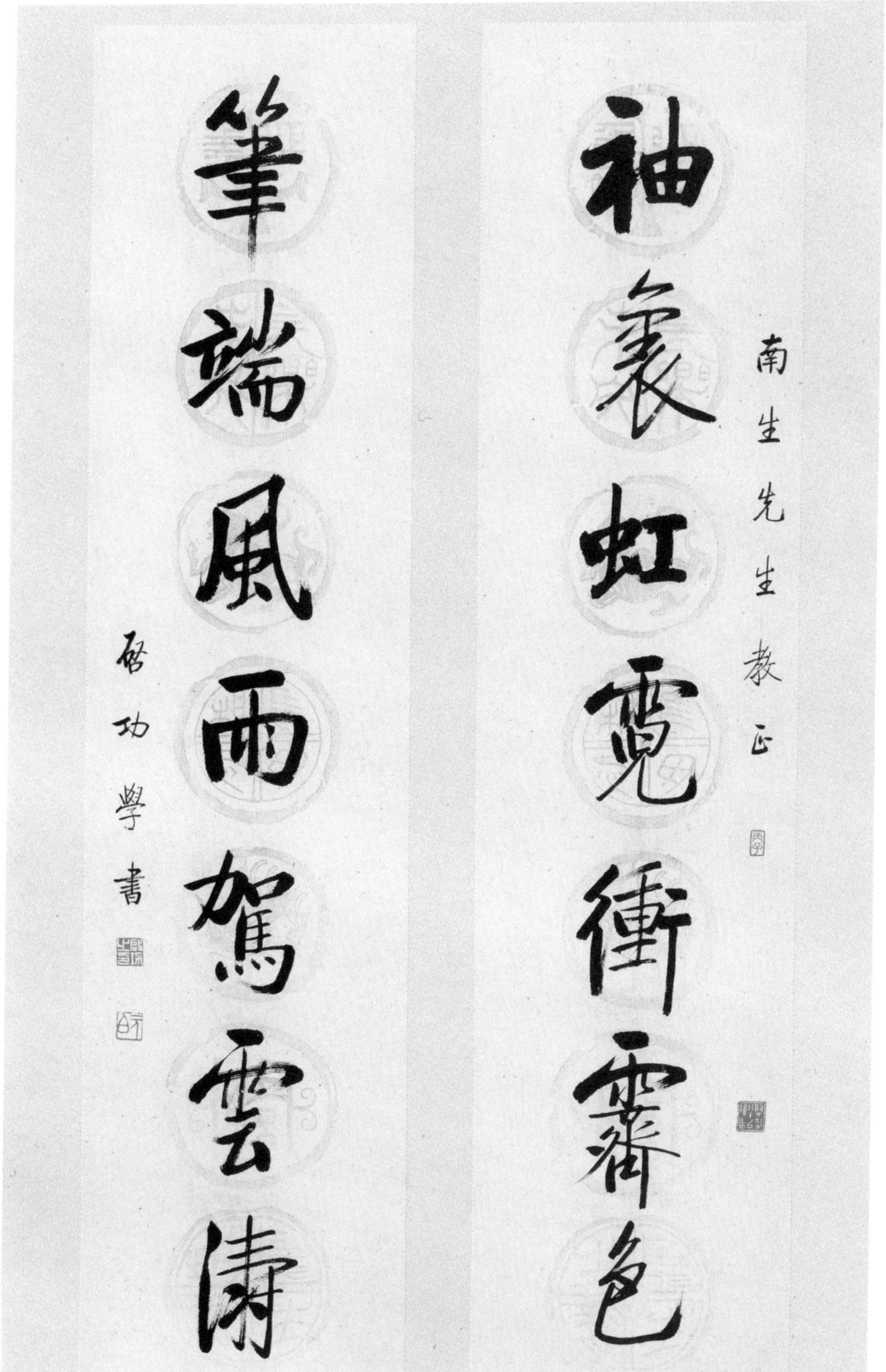
袖裏虹霓衝霽色
南生先生教正
筆端風雨駕雲濤
啓功學書

联

花片飛紅留墨沼
竹陰搖綠上書籤
啓功

超二十七重天以上
度百千萬億劫之中
啓功敬書

多情明月邀君共
無主荷花到處開
啓功

神画入骨髓

高影摄心胸

志森吾兄正 启功

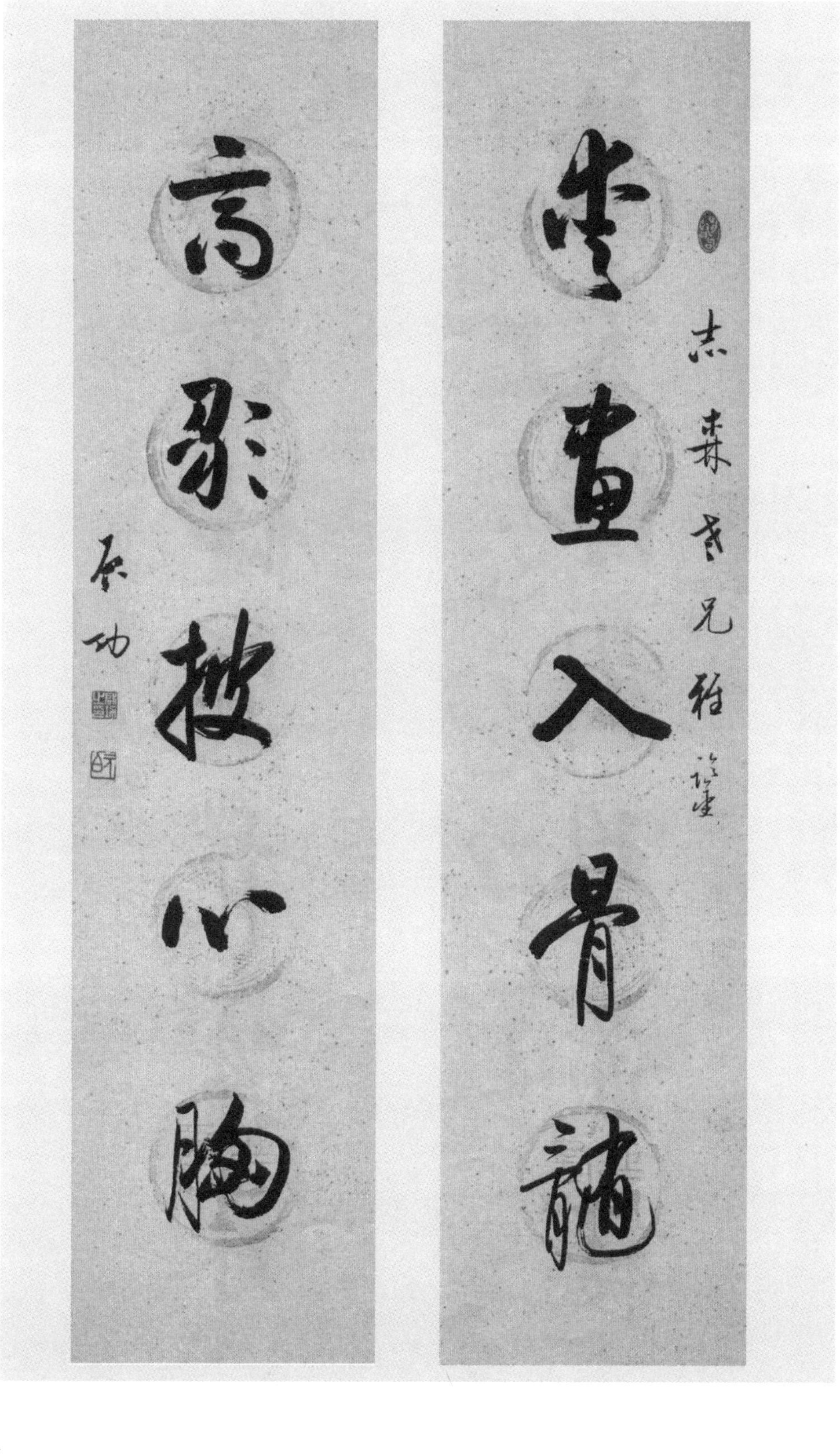

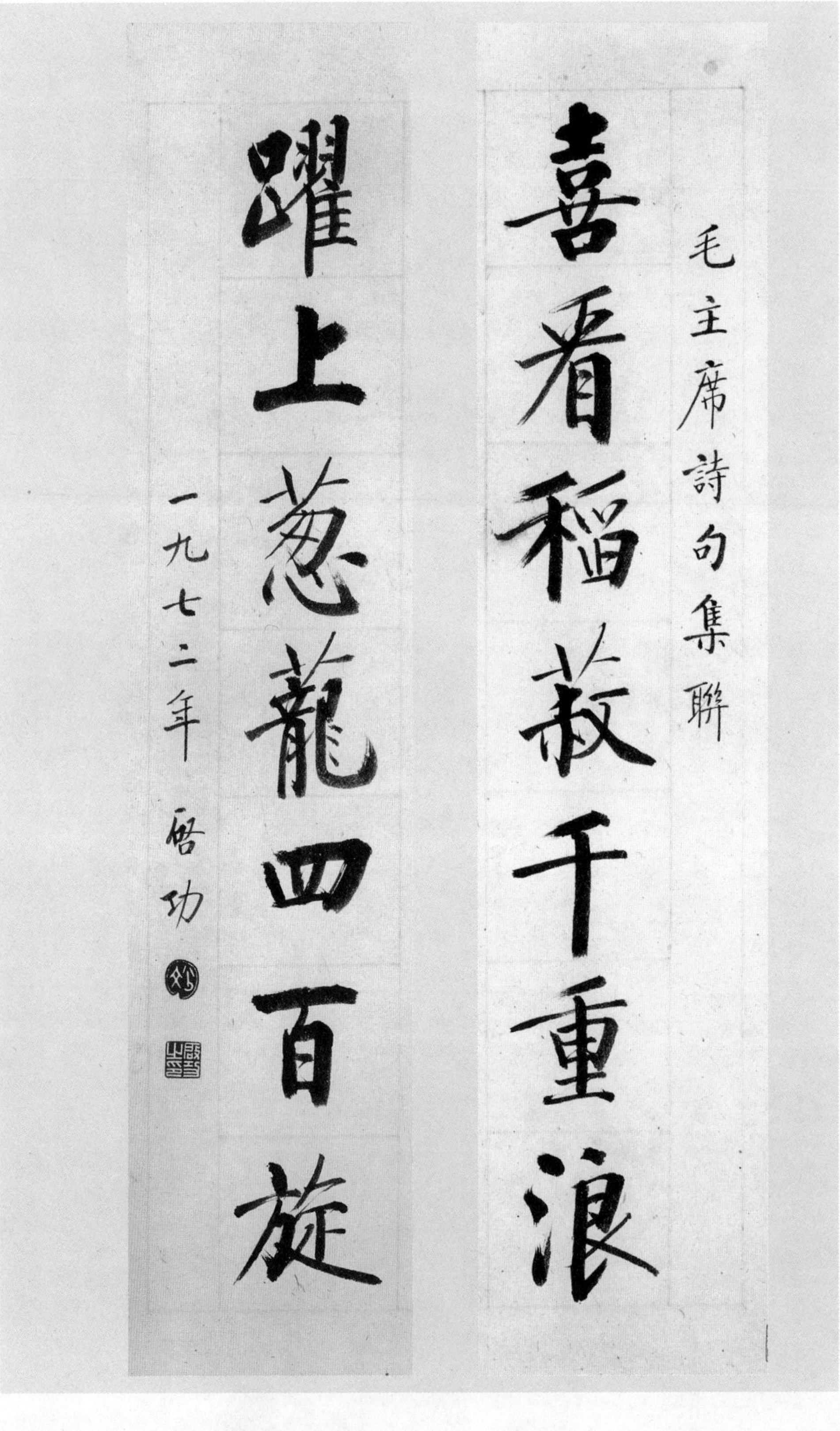
毛主席詩句集聯
喜看稻菽千重浪
躍上蔥蘢四百旋
一九七二年 啓功

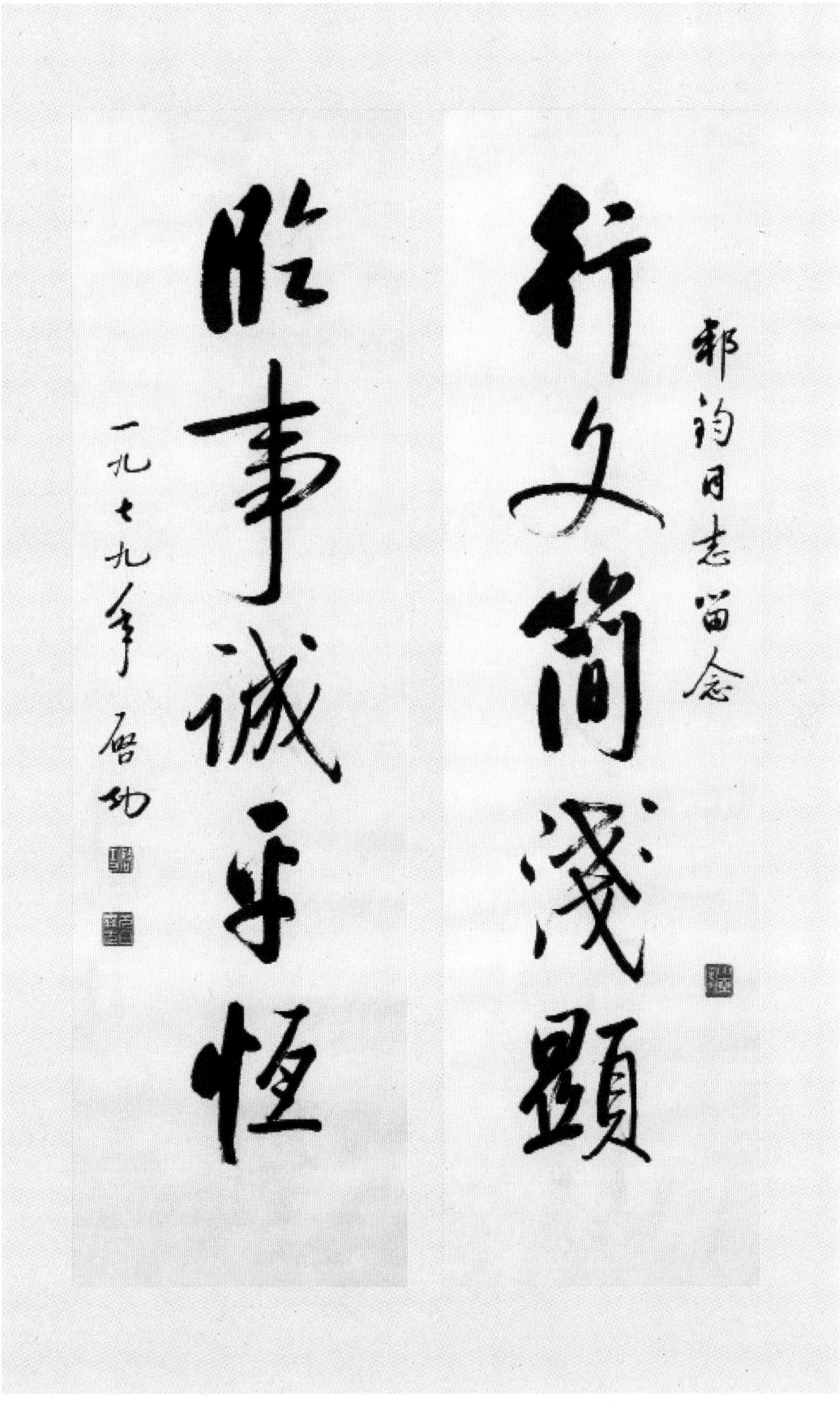
行文简浅显
临事诚乎恒
一九七九年 启功

作文簡淺顯
行事誠平恆
啓功撰句并書